靈魂的出生前計畫

你與生命最勇敢的約定

羅伯特・舒華茲——著
張國儀——譯

推薦序

受苦生命渴求的意義——與靈魂攜手合作

心靈工作、文字書寫、虔誠而勇敢的靈魂 王理書（Mali）

身為人類的我們，在生命遭逢重大考驗或災難，身心受創備受煎熬，苦撐難耐時，常會問：「為什麼是我？」「為什麼這樣的事情會降臨在我身上？」無論是承擔犯錯責任的自我貶抑或罪咎感，或自認無辜的憤怒與怨恨感……都導向更深的苦念：「我壓根兒不想要這些經驗」，或是「這苦難是無意義的」。

從事心靈陪伴工作多年，我領會到：當事人能從心靈煎熬解套的第一步，是「接納已經發生的事實」，而事情能轉化的契機則來自於：「接納之後，當事人擁有不同的眼光看待已經發生的事情，擁有不同的感受與態度，在愛的動力下，事件有了不同的動力流，進而有了療癒和內在蛻變，或是，外在情境有了轉圜與新發展。」受苦的苦澀雖還在，卻有了成長的甘甜，和積極迎接挑戰的熱情。最終，苦難來到了意義感，愛與感恩成了主要動力，圓融感承接了苦難帶來的殘缺與遺憾，而生命有了整合。

接納，成了療癒和轉機的最重要的第一步，卻也是最困難的一步。

《靈魂的出生前計畫》要告訴我們：「生命的苦難是自己的靈魂一手策畫的，在受苦的底下，有更大更深的發願，是勇敢靈魂以肉身來學習與進化的歷程。」

這對在苦中抗拒之人聽來如此冷酷的論點，同時也是從苦中歷練後成熟人的領悟。若我們能被作者動人的故事和豐厚的研究資料所打動，被這深度的眞實所觸動，即使在抗拒苦時都願意信任背後的意義，那麼，對於發生在己身的苦難，就有了接納的神聖基礎。

這是作者羅伯特．舒華茲發下宏願做此嚴肅議題探討的第二本書，第一本《從未知中解脫》（方智出版），觸及了身體病痛、養育肢障子女、耳聾與眼盲、毒癮與酒癮、摯愛死亡、意外等人生基本苦難的十個故事。本書則探討了流產／墮胎、長期病患的照顧、寵物與人的關係、施受虐的關係、性別認同、亂倫、領養、自殺、強姦與精神疾病等重大生命課題。

作者花了數年探訪這些勇敢的靈魂，寫下他們的生命遭遇以及因應的心路歷程，並找到兩位以上可信靠的通靈者，訪談事件相關當事人的靈魂，了解靈魂對此人生遭逢的背後意圖，並側寫記錄當事人在擬定靈魂出生計畫的會議過程。

這豐厚的資料，滿足了我心理學者內在的求知欲，也佐證了我身爲靈性工作者內在的驗證需求。而本書提供的多元視角不僅止於此，多個故事的背後，還有當事人指導靈的訪談，並邀請得到許多信望的約書亞，爲這些當事人提供中肯而可具體實踐的建議。令我激賞的是，在流產的案例中，作者保留資料直到本書才出版，爲的是想明白，因爲流產而心寒澈骨的芮貝嘉，在知曉靈魂出生前計畫後，那些哀傷與愧疚感是如何因此而轉化。**本書對此議題探討的嚴謹態度與資料的多元和豐厚，是目前市面上有關靈魂出生前計畫的衆多書籍的翹楚。**

我好早就知悉並體驗到靈魂出生前計畫的神聖性，然而，在助人實務的應用上，卻不容易在當事人心靈最困苦時，提出此眼界來爲其解惑。在靈性的角度我臣服並信任神聖的計畫，然而，對於人類的苦難，我的感同身受與不忍，依然會讓我回頭質疑靈魂計畫的慈悲與愛。這樣的困難，是靈修者在面臨人類視角與靈魂視角的差異時，找不到足夠的實質案例來銜接的處境。

在探討亂倫議題上，作者這樣反思：「對不幸遭到近親性侵的人來說，這樣極大的創傷，怎麼可能是由靈魂規畫出來的？如果非要由我來說出這樣的話，要怎麼做才能灌注滿滿的愛與同情？我很擔心有亂倫經驗的人覺得自己有錯，儘管靈魂層次的我們不會覺得有錯或罪惡。」抱持如此謙卑與審愼的態度，作者訪問了黛比的生命經驗，如同大部分的亂倫受害者，黛比壓抑了被父親性侵的經驗，直到成年後記憶恢復，經驗了很長一段痛苦與釋放的歷程；之後黛比透過靜心，感受到靈魂層次的眼光，逐漸走出傷害，並成爲這個領域的輔導人，陪伴有類似遭遇的女性。

在經歷完整的心理療癒旅程後，作者邀請了《靈性煉金術》的作者潘蜜拉的通靈對話和約書亞訊息，黛比明白了自己與此世亂倫的關鍵當事人——父親與外公的前世因果，並了解此生把亂倫放入靈魂的出生前計畫的主要目標：（一）她想要解決過去靈魂間的恩怨糾葛；（二）

她想要療癒存在原生家族中好幾世代的集體女性與男性能量的痛苦。至於，選擇亂倫作爲靈魂計畫的男性，主要是爲了透過性侵脆弱的小女孩而產生的羞恥與愧疚來產生覺醒，透過加害與受害的角色對調，來醒覺自己過去世靈魂的怨恨，而學會處理自身內在的無價値感，不去遷怒他人。另一位關鍵他人是黛比的母親，在靈魂計畫上，則是同意要透過這件事情的煎熬來學會面對兩難的處境，經驗無力、恐懼和羞愧，來找回力量和勇氣，藉此獲得更大的療癒。在靈魂出生前計畫的會議上，黛比的靈魂對父親的靈魂說：「你不會造成我永久的傷害，我夠堅強也有足夠的力量來承受被你操控和利用的經歷。我可以從中學習到，天命不會因此而挫敗。而這也是我對你表達無條件愛的支持方式。然而，這次之後，如果你選擇要再次創造同樣的糾葛，我就不會再參與了。」

過去，在諮商工作的歷練中，我有陪伴亂倫事件當事人的經驗。

在與亂倫的父親強制諮商工作時，這男性除了承擔法律上應得的後果之外，在心靈療癒的角度，我必須穿越他的種種抗拒，支持他能感受到愧疚、自責、痛苦，甚至是更深的內在，低自我價値感或被壓抑和失控的欲望之外，更需要融合重建他的尊嚴，讓他能再次感受到生命的美好與自身愛的能力。這極度困難的挑戰，需要治療師具有無條件接納與愛的決心，以及對於亂倫事件的背後深度意義感的篤信，才能通過種種難關。這種慈悲，超越人性的對立的矛盾，而這份篤信，只有訴諸靈魂經驗的綿長與寬廣視野，才得以建立。

在面對受苦中的女性，即便信任著這發生有其神聖意涵，我需要如其所是地支持她的主觀受害感，恐懼、哀痛、自貶、憤怒、困惑、無助、對父母既忠誠又怨恨的衝突等情緒。苦難是自身的計畫這樣的靈魂論點，在主觀情緒沒有被承接與理解、接納與疏通之前，若給得過早或草率，幾乎等於在傷口上撒鹽，幾近冷酷。若能有本這樣的書，能同理當事人擁有這些情緒，是自然而然的正常人性展露，而又提供一個機會，參考類似命運的他人，在後續心靈成長的寬闊視野提供一種可能或假設性思考，讓當事人能整合恨與愛、脆弱與勇敢、無助與計畫……這是無比的慈悲與恩澤。

我推薦這本書，給在生命中受苦、渴求意義和更大力量的勇敢靈魂；給從事陪伴心靈的助人者；給對靈性充滿熱情卻無法在現實生活中整合的求道人；給受愧疚折磨擔憂自己讓子女受傷的父母；給憤世而欣羨他人命運的嫉世者；給渴求神恩卻又苦無實證的懷疑論者……因爲，無論現階段你的人格樣貌如何呈現，骨子裡，你是勇敢的靈魂。透過此書，你有機會明白：流產或墮胎的哀傷背後有如何的深愛，照顧長期臥病親人的沉重背後有多堅定的許諾，施虐與受虐關係的折磨糾葛底下有多大的解脫企圖……無數生命與靈魂的感動與答案，等候你來閱讀與領會。

推薦序

與靈魂最勇敢的約定

光中心主持人　周介偉

從小自戲劇或大人的口中，對人生遭遇坎坷者的評語就是：「這一切都是業障呀！」總讓我以為人生中不幸悲慘的際遇，是上天對一個人的可怕懲罰，因此對這些「異常」的遭遇總是抱著恐懼、同情、埋怨、忿恨或避之唯恐不及的態度，而致力於圖求人生的豐足穩定。然而，舒華茲的《靈魂的出生前計畫》《從未知中解脫》（皆為方智出版）這兩本出生前計畫著作讓我們明瞭，原來那奇特的人生遭遇是我們與靈魂最最勇敢的約定。

因為人生是一場靈魂來體驗的大戲，靈魂要的不是人格心智上所求的外在永久、安穩，靈魂要的是經驗、感動於各種愛的面向的呈現與體驗。

就像所有好看的戲劇一樣，在人生困局中，身為主角的你我會有什麼樣的內心掙扎、做出怎樣的反應和決定？這當中充滿了情與理、神性與人性、恐懼與愛的糾結，置身其中的主角要如何走出來，亦或逃避退縮？

所以這些艱困的人生際遇，都有遠遠超過我們表面上以爲的靈性意義與重要性，它是我們靈魂到人間一遊最重要的目的。有了出生前計畫的生命觀，能讓我們：

一、不再看輕遭遇不幸之人，反而會致上最高的敬意，因爲愈勇敢的靈魂才會選擇看似愈難的主題和路徑來體驗。

二、不再當受害者，不再比較、埋怨、悲憤於遺憾命運的安排，因爲那都是你的超意識（靈魂）做的選擇，沒有好壞貴賤之分。對於怨恨的加害者，你也可以釋懷，他們往往是你靈魂的好友，來扮演黑天使與逆境菩薩的催化劑角色，藉此來協助你的人間體驗。

三、勇敢面對來到當前的人生狀況題，不再埋怨或閃躲，它可是生命中靈魂一直在等待的上場打擊機會。看看這一次、這一球，我會怎麼表現、怎麼感受，從而願意好好面對、接受，然後穿越！

我很敬佩作者研究及撰寫這二本書的動機，更深深爲書中的眞實案例所感動。因此我建議讀者也推薦給身邊對生命有負面傾向看法的親友，讓我們以更高角度看自己、更寬的角度看人生，看到人間的豐富與美好，讓我們一起完成我們跟靈魂最偉大與最最勇敢的約定！

目錄 contents

推薦序：受苦生命渴求的意義　王理書（Mali）　2

推薦序：與靈魂最勇敢的約定　周介偉　7

前言——13

我面臨的各個人生困境，不是空虛、毫無意義的苦難；我知道一切的發生，最終的目的都是爲了讓我變得更好。了解出生前計畫，不僅大大減輕了我的痛苦，也讓我看見生命非凡的意義。

療癒——19

我們的人生經歷並非由我們的出生前計畫所決定，而是由我們「如何回應」這個計畫來決定。我們的回應創造了我們的經歷，並帶來可能的療癒。

靈性的覺醒——46

靈性覺醒就是一個人開始放下過去習得的想法與概念，知道生命不僅止於頭腦捕捉到的東西，生命中看似隨機的事件背後皆有其意義，而宇宙中有股更強大的力量想要引導你平靜歡悅地呈現自己。

流產及墮胎——69

無論對這位母親來說，這段時間是多麼的短暫，但對這孩子來說都是足夠的。這樣的母親以充滿熱情的方式扮演了孩子靈魂的孕育人和護持者。

病患照護——104

很多人在出生前同意要經歷阿茲海默症，是因爲這樣的疾病能讓生命簡化到某種程度，而得這個病的意圖就是要去學習如何活在當下。這份經歷帶給照護者的禮物是，你能夠看著自己的怨恨、憤怒不斷重複出現，而有機會不讓那些情緒影響你原本健全而充滿愛的言詞和行動。

寵物——138

會投胎到肉身的動物靈魂通常是爲了要進一步、更有目的性地去了解人類的經歷，好讓他們再次回歸到動物形體時，能夠對他們那困在進化輪迴與過程中的人類友伴，有更好的幫助和服務。

虐待關係——168

我想要的就是愛你，我想要體驗躺在你雙臂中被你愛著的感覺。我會在你身上看到我，而我也希望你會在我身上看到自己。我看得見你的美好，我希望將這樣的美好展現給你看——你的溫柔、你的慈悲心，在我身上都會變得更加強烈。

前言

我們是否在出生前就計畫好了我們的人生？

我這輩子都只把挑戰當作是無意義的受苦，因爲幼時遭受過虐待，我知道身爲一個無力抵抗的受害者是什麼感覺。然而，當我得知發生在生命中的種種挑戰有可能是自己的靈魂計畫的，也了解到靈魂爲什麼要計畫那些挑戰時，那感覺不只是震撼而已。

了解出生前計畫，不僅大大減輕了我的痛苦，也讓我看見生命非凡的意義。我知道我童年痛苦的受虐經驗，並不是遭受到發怒的神或殘酷宇宙的懲罰。這些事情的發生不是隨機任意、無跡可循的；我面臨的各個人生困境，不是空虛、毫無意義的苦難；我知道一切的發生，最終的目的都是爲了讓我變得更好。

你會在本書中讀到一些在出生前就計畫好他們這一生經歷的人——和你一樣。我會花很長的時間跟這些人聊他們某一段特定的人生經歷，然後再與四位非常有天分的通靈者一起研究他們的出生前計畫。

這四位通靈者所擁有的天賦都有其獨特之處，向大靈讀取資訊的方式也各有不同；也因此，不同的通靈者會讀取到同一個出生前計畫的不同部分。也正是因爲如此，每個受訪者在過程中，都會與超過一位以上的通靈者進行對談。藉由這種方式，我們可以看見更充實、更豐富的畫面，了解爲什麼某個人要在出生前計畫這樣一場特別的經歷。

在與通靈者的對談中，我一向都會以這個重點問題向大靈發問：「這場經歷是出生前就計畫的嗎？如果是，爲什麼？」接下來更深入的探討與發問會自然地從大靈的回答中開始衍生。

在與大靈的討論及本書其他的章節中，我都使用了像是「更高」「更低」「好」「壞」以及「正面」「反面」這樣的詞彙。這些詞彙只是用來反映我們的人性面向並方便進行討論而已，其中沒有任何批判我們靈魂的意思在內。我們的靈魂不會用階級性的字眼來看待宇宙，或對其做出批判或分級。

從我們出生的那一刻起，我們就擁有自由意志，也因此，任何時候，只要我們不想、不願意，我們都可以不遵從出生前計畫的安排。我們每個人都是這樣做的，而這麼做的結果就是，我們創造出——我們的振動吸引了——那些看起來一樣絕不可能是在出生前就規畫好的經歷。當你在閱讀本書時，你會很想問問自己是否在人生中計畫了某場特殊的經歷，比較好的問法是：**「如果是我在出生前計畫了這場經歷，那我究竟是為了什麼？」**如果，眞的是你自己計畫了這些經歷，那麼自問這個問題能夠帶給你力量，讓你從這些經歷中汲取你所追尋的所有學習和意識的拓展，這比是不是自己計畫了這些經歷要來得更加重要。

你的嚮導

當你決定閱讀這本書，你就已經踏上了一段將會照亮一切黑暗的旅程，也因此會將更深層的意義帶進你的生命中。而在你開始這趟旅程之際，你一定會想知道你的嚮導有誰。以下要介紹幾位充滿智慧與慈愛的通靈者及靈性的存有，我非常榮幸能與他們合作，而我自己也從他們身上學習到非常多的東西。就是透過他們，我才能找出本書故事中的主角在出生前擬定了怎樣的計畫，以及這麼做的原因。

芭芭拉．布洛斯基與亞倫

芭芭拉．布洛斯基在剛生完第一胎沒多久就突然失去了聽力，在極度的痛苦和憤怒之下，她祈禱有人能來救她。在此之前，她已養成了天天靜心的習慣多年，就在她祈禱的隔天，一股強大的能量在靜心時出現在她身邊。她真的可以看到他的臉，面部特徵清楚可見，一雙銳利的藍眼睛、高聳的顴骨和額頭、一頭白髮及一絡垂掛到胸口的長鬚，全身閃耀著明亮的光芒，就像是在黑暗中看到了一把明亮的火炬。芭芭拉感覺得到他身上有一股深沉的愛泉湧而出，他自稱是亞倫，是芭芭拉的老師。

一開始芭芭拉很害怕，不是怕亞倫，而是怕接受了亞倫和他的教導之後，她的人生將從此改變。亞倫天天在芭芭拉的靜心中出現，並不強迫她做任何事，慢慢的芭芭拉完全地信任亞倫，並展開了一段改變生命的探索及療癒之旅。

後來，芭芭拉成立了深泉靜心與靈性諮詢中心分享亞倫的教導，迄今已達二十餘年。

寇爾比・米德雷

出生在一個問題家庭，有個酒鬼母親、兩次糟糕的婚姻、三次乳癌復發。

把自己的出生前計畫發揮到極致，一九七三年開始研究調查各種不同的指導、諮詢和療癒的方法。一九九四年，開啓了通靈能力，能夠看見別人的前世，也能與每個人的靈魂——更高層次的自己——對話。自詡爲「說故事的佈道者」，開始以此幫助他人。

史黛西・威爾斯與指導靈

天生的通靈者，從小就能看見和聽見各種靈體、氣場的光環，而且能與動物心電感應，也能夠知道他人的種種事情。

平時藉由四位指導靈的協助，從事通靈服務和進行其他超自然的工作。

在本書中全程陪伴史黛西進行每場通靈的，是她最主要的指導靈——大靈。他的外貌就是一位大家都能想像得出模樣的年老智者，手臂下夾著一本《阿卡西紀錄》。

潘蜜拉與約書亞

潘蜜拉．克里柏（Pamela Kribb，《靈性煉金術》作者，方智出版），二十六歲到三十二歲之間，經歷離婚及幾次感情創傷，放棄了哲學學術生涯，三十二歲時遇到一位靈性導師和心靈解讀者，開始了深刻的內在蛻變。三十三歲那年的某天晚上，她感受到約書亞（耶穌的希伯來名字就是約書亞）的存在，一個非常莊嚴且擁有深刻覺知的能量。之後，開始傳達、解讀約書亞靈訊，擔任靈性諮詢師。

療癒

在閱讀本書各章之前，最好先有些概念性的架構認識，才會得到最有意義且最有效的療癒。就讓我們先從最基本的問題開始吧：

爲什麼我們要在出生前爲自己的人生計畫某些人生經歷——包括困境呢？

平衡因果 vs. 化解因果

因果有時會被認爲是一種「欠債」，其實它是缺乏經歷平衡的結果。舉例來說，你有個肢障的孩子，決定用一生來好好照顧並愛護他，然而在這世結束後，你或孩子，甚至是你們兩人，可能會覺得有什麼地方不太平衡。在靈魂的層次上，你會想要找個方法來處理這世的不平衡，因而你們一起再計畫另一次轉世，互換彼此的角色。你選擇成爲一位肢障的孩子，並要求前世的孩子來當父親或母親。

靈魂感受到的因果平衡，並非對另一個靈魂做些什麼，而是藉由體驗之前所沒有經歷到的而獲得。例如，你前世小孩的靈魂會在經歷過照顧他人的體驗後，取得因果的平衡，而你的靈魂同樣也會在體驗過接受他人的照顧之後，得到平衡。如果你是在前世拋棄了這個孩子，道理也是一樣。雖然你很可能會選擇在來世「彌補」你前世的孩子，然而這樣做並不會產生因果的平衡，反而是你親身去經歷被父母拋棄的體驗，平衡的感受才會產生。

當我們談到這個主題時，約書亞說：「仔細聽好，因果不是像大家想的那樣，並非只要你對他人好，一切就能一筆勾消。**人不能靠著施恩於他人來平衡因果，而是要靠親身去體驗他人的經歷。**」

「平衡因果」和「化解因果」也是兩件不同的事。當靈魂經歷了某一事件的所有面向，因果就平衡了。但要化解因果，就必須徹底解決引發不平衡狀況背後的原因。比方說前世你一直認爲宇宙間的資源是有限、不夠所有人使用的，而這個信念在你心中創造了極大的恐懼，大到讓你最後選擇去偷竊鄰居的食物。等到那世結束，你回顧時很想平衡那段因果關係，便計畫讓自己在來世遭受某些物質上的損失，也決定要帶著恐懼的能量和虛妄的信念再次回到肉身中，目的就是要療癒恐懼和虛妄的信念。

你爲來世所計畫的體驗會平衡這份因果，卻不一定能處理你的恐懼或虛妄的信念。如果放著不管，這份恐懼和虛妄信念很可能會促使你做出其他行爲，因而產出更多的因果。原始的因果只能在這深藏的恐懼與虛妄信念獲得療癒後，才能完全消弭。你會在靈魂的層次上察覺到這個事實，所以你可能會計畫在下次轉世時，讓自己去體驗貧窮或經濟困窘的狀況，**這不是對你在前世偷竊所做的懲罰，而是反映出你需要療癒的部分何在**。儘管我們都不喜歡痛苦，也討厭折磨，但這卻是非常有效的療癒機制，即便我們根本不知道療癒會在何時、以什麼方式出現。然而，若我們能對「療癒」有覺知，也許就懂得學習痛苦背後的課題，而不必吃那麼多苦，就得到所需要的療癒。

有次約書亞形容因果是「對自身和世界的虛妄認知……因果信仰的是恐懼和彼此分隔。」我相信，在這個人類進化的關鍵時刻，我們正在回歸到合一的意識狀態中，在那樣的意識狀態裡，我們的恐懼和自以爲的分隔，也會慢慢被療癒。這樣的療癒可能會來得非常快速，甚至在一瞬間就發生。約書亞是這麼說的：

因果的化解很可能在一瞬間就完成了，只要靈魂了解到自己眞實的本質爲何：純粹的神性、完整的靈性。這樣的理解將讓人從內心深處湧現平靜。當靈魂能夠確實掌握住這個洞見時，就很容易能從因果的禁錮中釋放自己。

《聖經》中有個故事，講的是我身旁另一個被釘在十字架上的罪犯。他因我釋出的憐憫能量而深受感召，也因爲他在死亡過程徹底臣服，我告訴他：『今天你將與我一同進入天堂。』在那一刻，一切因果得到完全的消弭，這樣的覺醒在他接下來的轉世中將緊緊跟隨。

這裡有個關於二元性（生活在三次元世界）的矛盾。愈沉重的因果能帶來愈大的啓發，而徹底挖掘過自身黑暗面、並肩負沉重因果的靈魂，可能成爲最了不起、最有同理心的指導人。他們可能花了非常長的時間才讓自己獲得自由，但他們會告訴你，困難的不是他們經歷過多少磨難，而是去看清這些磨難並不眞實，是因爲自己相信恐懼和分離，才會產生這些痛苦，其實每個人打從一開始就是自由的。

透過承受痛苦磨難來化解因果並不困難，困難的是這得打破長久以來深植人心、迷惑人性的那個幻象。關鍵就在於你得覺醒，明白自己眞正是誰（靈魂），並且記得神無條件地愛著你、你是自由的，然後放下此刻。這很難懂嗎？你一定會這樣覺得吧。

這本書希望幫助你記起你是誰：你是那個浩瀚、聰慧、充滿愛、無所不能、永恆且神聖的本體，而且是你計畫了自己的人生。一旦你愈來愈能想起自己是誰，你就更能清楚地看見，你可以平衡並化解因果，用你需要的方式獲得你需要的療癒。你是自己所有人生體驗的偉大創造者，這些體驗包括你在出生前所計畫的人生挑戰，以及你在此刻和每一個當下所創造出的療癒。

療癒殘留未解的能量

我們也同樣計畫了人生挑戰及其他經歷，來療癒我們意識中各種與因果無關的能量和面向。

我們的人生計畫設計好要療癒某種前世殘留未解的能量，其中包括了批判（對自己或他人）、指責（對自己或他人）、憤怒、愧疚，以及其他許多負面情緒。如果在生命結束後我們的意識中依然保有這些情緒，它們就會在靈魂中遺留下殘跡，然後我們的靈魂就會想辦法來改變這些情緒，藉由計畫出能反映這些情緒（有些時候則是讓自己完全浸淫在這些情緒之中）的人生體驗，好讓我們有機會去處理。

爲他人服務

在靈魂層次上，想爲他人服務是計畫某種人生體驗的主要動機。這種渴望是「合一」意識的自然體現，而合一正是我們存在非肉身家園時的自然狀態。所謂的「合一」，是指宇宙間其實只有一種本體。你、我及其他所有人，都是這個「一」的個別呈現。正因爲如此，「爲他人服務」這個說法，其實應該是「爲看起來是他人的人服務」。

這麼說好了，在靈魂層次的你和我共同計畫一場人生經歷。在這個「合一」的意識狀態中，你知道我其實就是你。這個認知並不是一個概念，而是你眞正「體認」到我就是你、你就是我。那麼，很自然的，你就會想要爲我服務。反過來說，既然我也體認到你就是我，當然我也會想要爲你服務。

爲他人服務是達到靈性進化的快速道路。當你付出，你同時也獲得。當你教導，你同時也習得。一個常見的錯誤是（其實並沒有錯誤這回事，一切經歷都是要讓人學習）：在追求靈性成長時太過專注於個人自身的成長，而這種成長與爲他人服務無關。過度專注在個人自身，即便這樣的專注是爲了靈性的成長，都有可能反過來減緩一個人進化的速度。當我們轉世到肉身之中後，通常都會忘記這個事實，但我們的靈魂卻很清楚。因此我們會計畫爲他人服務，只爲了促進那個我們皆爲其中一份子的「一體」的進化與擴展。

「服務」是什麼意思呢？當然，可以視服務爲一種慈悲的舉動。我們最常見到透過慈悲來服務的角色，就是養育子女的父母。不過不可否認，有時候最負面的角色也是我們在出生前先計畫好的。的確，**在人生中帶給我們最多挑戰的人，可能是遵從我們的指示才這麼做的**。

然而，在我們生命中扮演負面角色的人，不一定全都是因爲我們的請求而這麼做。舉例來說，在本書〈強姦〉那一章裡，你會看到一個強姦犯的較高靈魂意識，允許他靈魂的較低意識去計畫一場強姦的經歷，這麼一來，那個較低或較黑暗的靈魂意識才有機會療癒它的憤怒。而這個被強姦的女子，儘管沒有要求這樣的經歷，但她在出生前就知道這很有可能會發生。她的靈魂同意了這樣的計畫，而我會在那一章裡探索其中的原因。

靈魂的三個層次與療癒虛妄的信念

就我個人的理解，我以為身為靈魂的我們就是愛。而約書亞為我釐清了這個困惑，祂解釋：「靈魂同時是愛，也是非愛。靈魂是正在體驗人生的你，而透過這些體驗，它從非愛轉變為愛。」

靈魂有三個「層次」：神性、靈性及肉身人格。我們的核心本質是神性的自己，有些人會直接稱之為大靈、神或我即存在。這部分的靈魂是全智全愛的，而這也是天堂的模樣：永存不朽、合一、一切如是。

靈性則屬於修練中的國度，這是我們二元性中的一元。靈性會透過經驗而成長，它可能會犯下我們所認為的錯誤，也可能會忘記自己內在與神的連結，並感覺到自己與愛之間失去了關聯；但正是這份愛創造了靈魂，而靈魂也因爲愛才能成長。

每一次轉世中的肉身人格，都是靈性這個廣袤、強大能量的一種展現。人格是由靈性的啓發而生，靈性則透過人格的經歷而獲得學習，特別是人格所體驗到的各種情感、感受。有許多療癒能在我們轉世之間、回歸天家時產生，而我們也的確在那兒獲得了療癒，但有些療癒卻只能透過以肉身去克服困境而產生。在非肉身的國度中，我們擁有高深豐富的知識，但在人世的生活卻能帶給我們絕佳的機會，將這些知識轉化成爲眞正有所感的體驗。這就是擁有智慧和成爲智慧本身之間的差別。

靈性比肉身人格懂得多，但這並不代表靈性就一定等同於神性。靈性是多維向度的，它能夠在不同的向度中現身，或同時轉世到不同的肉身中。我們每個人在這一世中所產生的療癒，也能療癒其他同樣由靈性所創造的肉身人格，而他們的療癒也能夠療癒我們。在〈精神疾病〉那一章中，你會看到米凱拉在出生前就同意要讓自己經歷多種精神重症，如此一來她才能夠療癒自己，而且藉此也可以療癒她靈性的不同轉世肉身。

問題來了：爲什麼神或上帝允許精神疾病或其他苦難發生呢？答案之一是：**神本身是不設限的**。若神不允許靈性去計畫轉世並體驗某種經歷，那麼神就是變成是有所限制的了，而這與神的天生本質完全相反。因此神同意靈魂可以去經歷各種形式的無知、恐懼，甚至是邪惡。

當靈性在做轉世到人間的計畫時，是同時由知與無知、愛與恐懼所創造出來的。其中的無知包括虛妄的信念，最常見的像是：「我不値得」「我很渺小」「我孤苦無依」「愛讓人很痛苦」「人生沒有什麼東西是可靠的」「活著就是受苦」等等。靈魂會依據信念來吸引各種人生情境。隨著時間，世界會將信念反射給人格，慢慢的他們就會開始在意識上有所覺醒。當人格了解到信念所具備的創造力，以及外在世界不過是人內在世界的反映之後，他就會開始去療癒這些虛妄的信念。

這麼做需要的不只是動機和覺醒，也必須要有理解到虛妄信念並不眞實的經歷。如果我們能以自己很値得、愛很安全、生命充滿歡愉的態度來處世，就比較能創造出這種正面的經歷。隨著時間流逝、反覆經歷這些正面的體驗，虛妄的信念最終將被轉化。最重要的是，我們無法藉由強迫自己以不同的想法來看事情而改變虛妄的信念；虛妄的信念會在我們的感受改變時改變，而且也只有當我們的感受有所不同時，才辦得到。你能不能感覺到自己很値得、充滿力量，而且一點都不孤單呢？你能不能感覺到生命的喜悅和可靠？**想真正得到釋放，一定要先從感受的層面來處理你的信念，而這可能是一輩子的工作**。

如果外在世界是我們內在信念的反射，而我們就此反覆地重演這類經歷，甚至一輩子都在累積信念的證據，那我們要如何療癒虛妄的信念呢？我們必須了解，會受苦，是因爲我們對自己編造出來的故事深信不疑。舉例來說，你的情人離開你，其實並沒有所謂的好壞。但是，如果你對這件事的反應是「永遠都不會有人再愛我了」，或是「我永遠都不可能得到幸福了」，你就創造出了一個讓自己痛苦不堪的故事。在大腦創造出這個故事前的那一秒鐘，你其實擁有約書亞提到的所謂「抉擇時刻」。就在那一刻，你選擇了要如何去回應這起外在事件。你的內在有個地方專門負責做回應。當你意識到這個地方的存在，你就同時開始覺察到自己眞正是誰：你並非受害者，而是個強而有力的創造者。就在這覺醒之時，療癒便開始了。

靈魂利用困境和苦難來製造「需要做選擇的情境」。如果你從未經歷過任何困境或苦難，如果你身旁總是圍繞著善良慈愛的人們與平靜祥和的情境，那麼你根本沒有做選擇的需要。你這個肉身人格會過得很快樂，但這樣一來你就失去了向內心探尋、憶起自己眞正身分的動機。你那渴望著能夠處理好未癒能量的靈魂，會覺得少了些什麼，也會因爲殘存、未處理的虛妄信念而困惑不已。你的靈魂希望能從內心進行療癒，而既然你是靈魂延伸出去的肉身形體，就代表你是靈魂的一部分，因此你能將療癒帶給靈魂。

如果你的靈魂有未受療癒的部分，你也不需要在療癒完成前持續受苦。正如潘蜜拉所說：「成長的過程並非是線性的。擁有大量負面情境的人生也可以被轉換成平靜祥和的人生，這使得靈魂有能力從創傷經歷中復原，並專注在自己的其他面向上。靈魂並不會被強迫去選擇不好的情境，直到它發現自己有這個需要。雖然看起來好像不是這樣，但最終，你的靈魂還是希望你能療癒到全身心都沉浸在喜悅中的程度。」

對比讓學習更深刻

我們透過對比而學習。對比幫助我們更了解我們是誰，也能讓我們產生強烈的情感反應，而我們要透過情感和感受，才能成長和學習。如果我們能夠完全遺忘人世間的經歷不過是一場安排好的舞台劇（一部我們自編自導的劇碼），那麼這些情感和感受就會更加強烈。當我們相信人世間的這一遭完全是眞實的，那麼其中的風險賭注感覺就會更高，而我們的情感也會更形強烈。如果我們能夠用充滿愛的方式去感受自己的情緒，並且學習如何處理，人生經歷的強度將能夠加速我們的進化。

對比在反面學習的計畫中更是格外明顯。

在這類的出生前計畫中，靈魂會特別規畫出與它想學習的事物剛好相反的情境。反面學習計畫中有太多不確定因素及變化。最常見的計畫是讓想要學習合一意識的靈魂，轉世到一個與其他家庭成員明顯不同的家庭裡。這會讓他與家庭成員之間產生摩擦，甚至遭到排斥，因而讓他感覺到自己孤立無援。這種孤立無援的感受促使他向內尋求，而隨著時間，他會進入一種感覺並知曉內在神性存在的狀態。當他感覺到自身內在的神聖性，也就能感知到每個人內在的神聖性。他終於明白神充滿於一切萬物與一切存有之中，而祂就是一切存在的核心本質。這份覺醒是合一意識的曙光，而合一意識正是現下人類快速前進的目標。

人生挑戰讓自己和靈魂都更豐盛

我經常被問到：「爲什麼我要吃這麼多的苦，才能讓我的靈魂進化和療癒？」這個問題很合理，也很自然，答案是：人生挑戰於你、於你的肉身人格和你的靈魂，都大大有益。

知名的靈學導師、療癒者和通靈者費藍德（John Friedlander）曾以下面這個例子來討論這個問題。假設長年以來，或者是在許多份不同的工作中，你都得和一些很難搞的人共事，你對於和這些人一起工作深感厭倦並壓力沉重。有時你會覺得這已經超過你所能負荷的了，所以你經常會幻想自己中了樂透，這樣一來你就可以退休，而且就像你跟朋友說的：「再也不用跟這些混蛋一起工作了。」

若你的出生前計畫是要學習善良與寬厚，那麼你中樂透的夢想如果實現，那就很難達成你的學習目的了。你要學習的生命課題主導了你氣場的能量，而正是這股能量創造了你的經歷。因爲人的小我心智並不了解「和混蛋一起工作」與學習善良和寬厚之間的關聯，所以你可能會覺得你的人生境遇很不公平，甚至很嚴峻。但是，當你漸漸培養出善良與寬厚的心，你會深深豐富了自己及靈魂。

你和靈魂之間締結了一份美好、意義深遠，並且互利互惠的夥伴關係。

出生前計畫的擬定過程

當你結束了在人世的生命歷程後，你就會回歸到你的靈魂之中。在這句話裡用「回歸」這個說法有誤導之嫌，因爲你與你的靈魂從來沒有分開過。然後，你的意識會融入你的靈魂之中，使之更爲完整。你的靈魂會因爲你帶回來的一切，而更加豐富。

最後，你的靈魂會開始渴望另一個新的肉身生命和新的人格產生。到了你可以再次投胎轉世時，你的能量開始形塑（組成核心本質）你的新人格，而這就是你在來世將成爲的人。這個人格是全新的。你在來世成爲的人，和現在的你完全不一樣，就像今世的你和前世的你也完全不同。產生這個新人格的過程，是一場神聖的誕生，它並非由你的靈魂獨力完成，而是靈魂與神攜手共同創造的。

到了某個時間點，希望擁有新轉世的念頭愈來愈強，這時就會出現一個計畫小組，而你的出生前計畫就是在這裡打造出來的。在這個階段中，你會接收到多位指導靈的意見，祂們會向你解釋接下來這一世的人生目的和挑戰。**你可以表達你所有的感受、疑慮和疑問**。如果你對這份計畫中的任何一部分感到不安，你的指導靈和靈魂都會對你伸出援手，用愛與同理心來給你安慰。你擁有自由意志，所以這份生命藍圖一定要在你同意之後才能成立。即便你可以反對，甚至說不，但因爲你感受到你的靈魂和指導靈那深沉的善意和智慧，所以你很有可能會同意進行這份計畫。你的靈魂很感激你的同意，也很感激你即將在接下來的人生中所做的一切。你的靈魂和指導靈都對你展現的勇氣致以最高的敬意。

神與你的靈魂一起打造這份計畫時，靠的是直覺而不是邏輯。你的靈魂很清楚有哪些地方需要努力，並且渴望能夠親身去經歷那些領域。而神回應這份渴望的方式，就是提出各種出生前計畫，供你的靈魂選擇。你的靈魂接收並消化這些選項，就像你在看電影螢幕時一樣。**整個計畫過程很難以線性的時間來計算，長度也因個別靈魂而異**。

自由意志的選擇

自由意志與出生前計畫一同織就了一張豐富而錯綜複雜的畫面，要了解它們如何協力發揮作用，就讓我們用例子說明吧：喬治這個靈魂經歷過許多世人生，每次他都做好了出生前計畫，卻都在進入肉身生活之後，因爲別人的期待而改變了他的計畫。在每一次轉世結束後都會進行的人生回顧中，喬治發現自己有這樣的傾向，便下定決心要對此進行療癒。因此他的靈魂計畫好，要把與他人唱反調的能量帶入肉身之中。

在喬治的靈魂小組（一群大致進化到同樣階段，並經常一起投胎轉世，互相扮演對方生命中重要角色的靈魂）中有個靈魂叫莎莉，和喬治剛好完全相反。它在肉身時總是習慣指揮別人該怎麼做，將自己的意志強加在他人身上。在做人生回顧時，莎莉發現自己有這樣的傾向，便下定決心要對此進行療癒。所以她的靈魂計畫好，要把控制他人的能量帶入肉身之中。

於是，知道莎莉計畫的喬治，來到莎莉的面前跟她說：「我知道妳要把掌控他人的能量帶入肉身，目的是要療癒這個傾向。而我則是要把跟別人唱反調的能量帶入肉身，也是爲了要療癒。何不讓我們在我三十歲那年結婚，雖然我們都知道這很可能會是一段驚濤駭浪的婚姻，但是我們希望的是我能從中學會爲自己挺身而出，而妳能夠學會尊重他人的想法。因爲看見了這個計畫中的大智慧及可能的靈性成長，莎莉非常高興地同意了。一般說來，即便計畫了挑戰性很高的困境，靈魂之間都會有種合作無間的歡欣感。

假設喬治二十五歲時找了份工作，這份工作的雇主非常冷酷無情，對待他完全沒有一絲尊重和善意。而喬治鼓起了勇氣爲自己發聲，他告訴老闆：「夠了，你不能再用這種方式對待我。如果你想要我繼續留在這裡工作，你就得尊重我，而且要表達出你的善意。」在那一刻，喬治爲自己挺身而出，而他的振動頻率因此有了大幅的增加。若他能持續維持這樣的振動頻率直到三十歲，而如果莎莉沒有達到類似的振動頻率，那麼根據吸引力法則，這時可能會出現兩種情況：**一是喬治和莎莉根本不會相遇；一是他們相遇了，卻對彼此完全沒感覺**。而在這兩種情況下，他們計畫好的婚姻根本不會發生，因爲各自不同的振動頻率讓他們無法在一起。莎莉的靈魂在計畫時可能會考慮到這樣的可能，於是她會做出另一個因應計畫。在這個因應計畫中，莎莉會遇到另一位夥伴，他將提供莎莉學習的機會。

這個例子描繪了出生前計畫和自由意志如何以最隱微的方式互相牽引：喬治運用他的自由意志來學習他計畫好的課題，因而不再需要去經歷一段滿布荊棘的婚姻。

不再透過受苦而學習的新人類

雖然人生挑戰能夠爲人格和靈魂帶來大幅的成長，但是，**成長並不一定要吃苦**。身爲人類，我們完全能夠自由地去探索我們的意識，並運用我們的創造力。數千年來，我們所做的決定有愈來愈多是基於恐懼和彼此分離。現在，這個決策過程開始有了改變，因爲有愈來愈多人開始用**愛和同理心**來下決定。人類正在靈性成熟的進化頂端。約書亞如是說：

雖然透過對極端狀況來進行探索是個實際可行的過程，但現在是時候創造一種新平衡，並且超脫透過受苦來學習的方式了。受苦是種覺醒的方式，但這不代表大家不能去找其他更愉快的學習方式。我們不批判苦難或負面情況，但於此同時，我們也會盡一切力量來幫助你們跳脫。

人類已開始進化，比過去更清楚認知到所有生命背後的一體。人類現在已經能夠打破恐懼與彼此分離的假象，開始擁抱他們眞正的天命：成爲通往新世界的靈感與門戶，這個新世界是許多不同本體共享的家園，在那兒，一切和平共存，歡欣並充滿了創造力。

新人類將能跳脫「藉由受苦來學習」的框架。不再受到恐懼的牽制後，我們會發現，好奇心、創造力與愛將成爲我們成長與學習的動機。當恐懼消散而我們感到比過去安全時，我們會更加沉浸在與生俱來對彼此的好奇心中，我們會捨棄不必要的界線，允許自己去感受他人所感，以深沉的同理心與他們連結。當我們感到能夠自由並安全地呈現自我、分享自身的豐富與多樣時，創造力將會成爲我們更大的動機。愛將能夠用目前我們還無法允許自己去想像的方式，來拓展人類的意識。

擁抱遠大於戰勝

抗拒人生及其所帶來的挑戰的人，通常會擺出這種姿態：「我一定會打敗它」。如果你對宇宙發出你要戰勝某件事的號令，你只會讓宇宙爲你送來更多你不想要的東西。

當你排除掉「戰勝」（或其他同樣頻率的「打擊」「搏鬥」「征服」等）的能量，宇宙就會像音叉一樣感受到了你的放下，這時它將謙卑服從地爲你服務。無論你是不是有意識地刻意這麼做，宇宙都會讓你身旁環繞著與你共鳴的頻率振動。

當你想著「我要打敗它」，你身體裡的細胞也會回應你，將自己從原本健康的狀態變成不舒服的狀態，任何形式的療癒都會被你擊退，完全不在你的選項之列了。想要打敗某件事的能量所帶有的緊繃感，可能也會出現在你人生的其他領域之中，像是財富、人際關係或私人領域的狀況。

假設你戰勝了癌症，但其實就算癌症痊癒了，也不是因爲戰勝的能量，反而可以說儘管有這股能量，它還是被治好了。儘管你的意識頭腦可能認爲你身處一場與癌症對決的戰役之中，但你的想法、語言和行動產生的能量有種優勢，它們會與比「戰勝」更高頻率的振動產生共鳴。

數千年來，全世界的人都因爲試圖要打敗某個人生困境的挑戰，而在不知不覺間將衝突傾軋帶入了他們的人生之中。和平、歡欣、豐盛、療癒，以及其他所有祝福，都不是宇宙用「戰勝」任何東西的方式創造出來的，反而是用**擁抱一切事物的態度**所創造的。

爲什麼要問「爲什麼」？

當你問「爲什麼」某件事會發生或正在發生，這時你會產生一股強大的能量，將你尋求的答案吸引到你身邊來。無論你的意識頭腦是否察覺到答案，這股透過發問爲什麼而被吸引來到你身邊的能量，都具有非常深厚的療癒效用。我並不是要你執著地不斷問爲什麼，**反而是要在你問了為什麼之後，就放手把問題交由宇宙去處理，而往往最大、最重要的療癒就會在此時出現。**當你問爲什麼，宇宙就會回應，雖然不一定是用你能夠察覺的方式，或是在你希望它出現的時間裡。

若說發掘人生中重大事件背後的深層意義，對我們來說大有助益，那麼爲什麼我們不在投胎進入肉身時，就牢牢記住我們的出生前計畫呢？這有幾個原因。正如前面提到過，少了我們對「另一個世界」的記憶，能夠讓我們在人世的一切感覺起來更加眞實，而這樣的認知會讓我們去體驗各種強烈的情感，而透過這些情感，我們能在肉身裡學習到更多。此外，如果我們帶著對出生前計畫完整的記憶來到人世，這就像是在參加翻書考試一樣：當答案能藉由某些方式提供給我們時，我們可以學到的東西就少了；當你兩手空空進入試場，靠著自己去搜尋、探求並整合出答案，這時才會出現最大的學習效果，而這就是你現在正在做的事。同樣的，發現我們想要問的問題並找到答案，也是這趟旅程中非常有價值的一部分。若我們早就知道答案是什麼，我們根本不會去尋找題目。

發問為什麼的最終目的，並不是要讓我們的頭腦去搞懂我們完整的出生前計畫是什麼，而是要敦促你臣服於你的心。當你聽見心的呼喚，你就已經在實踐出生前計畫了，即便你的頭腦完全不知道那是個什麼樣的計畫。

受害者意識

此刻在我們的星球上，重大的意識轉換正在發生。這樣的轉換完全仰賴肉身中的我們提高自身的振動頻率，也就是說，我們只要做一個充滿愛的人就行了。當我們提高我們的振動頻率，地球也會跟著提高振動頻率。非肉身國度中的指導靈、天使、至親好友及其他存有，都能夠對我們傳送愛、智慧、光和靈感，但我們一定要能夠接收這些禮物並將之具體化，因爲這些深愛我們的非肉身國度存有無法替我們轉換人類意識。

受害者意識，也就是認爲自己遭受某人、某次經歷或整個人生迫害的想法，是非常低頻率的振動。當我們了解自己是所有經歷的偉大創造者，儘管我們可能不知道自己爲什麼、又是如何創造了某件事物，我們就能擺脫受害者意識，提高我們的振動頻率，於此同時，也提高了地球的振動頻率。如果你的出生前計畫或現在的你希望對提升人類意識有所貢獻，要知道，擺脫受害者的心理設定對於提升人類意識來說，是非常強大美好的方法。

受害者意識是種虛妄的信念，而且已經成爲我們受限的習慣性想法的一部分了。它還有個誘人的次要好處：這是一種獲取他人同情的方法，也是與同樣認爲自己是受害者的人產生緊密連結的方式。

我們不需要去批判受害者意識及其次要好處，也不是要批判認知自己爲受害者的這個選項，我單純只是要讓大家看到，**這只是一種選擇**。而另外一個選擇是，憶起我們眞正的身份和力量，我們是內在靈魂的呈現，而這個靈魂計畫了我們現在正在經歷的人生，知道我們是自身經歷的創造者，而非受害者。這樣的覺醒能提升整個世界。

受害者意識大多會有自我延續的傾向。若你相信自己是個受害者，你就會以受害者的頻率振動，你的能量會吸引那些確認你覺得自己是受害者的事情發生。要打破這個循環的關鍵是**放下責難**，因爲責難會讓你處在受害者意識的振動頻率之中。如果我們能對自己同意的出生前計畫負起責任，放下責難可能就會容易許多。這種自我負責的態度是一塊沃土，讓更寬廣的意識與對自我的了解得以綻放。

批判是一位好老師

與受害者意識相同，批判也以非常低的頻率在振動。批判造成分隔，分隔造成恐懼，而恐懼造成了我們這個世界中絕大多數的問題。目前人類意識的轉換，有部分是要回歸到「萬物爲一」或一體意識之中，這樣的意識在我們非肉身國度的家園中是很自然的狀態。若我們處在對彼此的批判之中並因而彼此分隔，我們就無法回到「萬物爲一」的意識裡。**察覺到出生前計畫的存在，能讓我們比較容易放下對他人的批判，因為屆時我們就能夠了解，所有的人生計畫都是因愛而生、以智慧為本。**

社會對有某種經歷的人抱持特別嚴厲的批判，像是街友、酒鬼、毒癮及愛滋病患者：「她的行爲太糟糕了」「他根本沒有努力嘛」「她很脆弱」「他得靠他自己了」。其中對愛滋病患者的批判尤其惡毒：「他一定是濫交才會這樣」「她活該」「愛滋病是上帝懲罰那些同性戀的方式」。然而，這些經歷都是出生前就計畫好的，而且這些計畫全都要膽識過人才辦得到，是很多人不敢嘗試的。當我們了解了出生前計畫，我們的批判不但會消失，更會轉變成對那些勇於面對這類挑戰的靈魂的尊敬與讚賞。

不過，批判也可以是很有用的工具，幫助你更了解你的人生計畫。問問你自己：「我對身邊的人的哪些特質批判得最爲厲害？」然後再問：「與之相反的特質是什麼？」那麼在你出生前，你非常可能希望讓自己培養並表達那相反的特質。而說到你會去批評某人的某個特質，很可能是因爲在某次前世中你自己有那種特質，而且現在的你一定也還有（某種程度上）。**所有對他人的批判，其實都是對自己的批判的偽裝**。如果你自身沒有你所批判的特質，你根本就不會在別人身上看到這個特質，不然就是即便看到了，你也不會有任何批評。

因爲我們在外在世界中所經歷的一切，都是我們內在實相的投射，**只有等到我們真正對自己完全沒有任何批判的時候，我們才能夠不去批判他人**。不說任何批評他人的話語，或是不做任何批判他人的動作，並不代表這個人眞的完全沒有批判之心。**真正能看出是否有批判之心的指標，是「我們看待自己的方式」，因為那也是我們看待他人的方式**。

在這裡必須要小心不要陷入「對批判的批判」。雖然我們沒有人喜歡被批判，但我們有很好的理由選擇在人類進化過程的這個時間點上，投胎到這個慣於批判的人世。簡言之，批判是一位很好的老師，有些人透過受批判的經歷而獲得最好的學習。這樣的經歷是最有效的學習方式，在其中能夠培養出同理心、同情心、感情上的自立，以及各種神聖的美德。我們在出生前所做的計畫，就是培養與展現這些美德的機會。

對靈魂的怒氣

如果你經歷過創傷，而且感覺到這樣的創傷經歷是你的靈魂所計畫的，那麼你可能會對靈魂感到怒火中燒。若是這樣，不要認爲這樣的憤怒是不好的，也不要責怪自己感覺到憤怒。你的憤怒及其他任何感受，都是可以理解而自然的，也都是正確而眞實的。榮耀這些感受、尊重這些感受，不要壓抑它們，反而要用愛擁抱。要知道，你的情緒並不是你這個人，情緒只是你攜帶的東西。正如你所攜帶的任何一樣東西，情緒在你準備好的時候，是可以放下的。在我與約書亞的談話中，提到你可能會對靈魂感到的憤怒：

不要把憤怒看成是實相，認爲『我的靈魂做了個錯誤的選擇』，而是把它看作你內心受傷最重的部分。把它當成小孩，它需要你的關注和療癒的力量。不要擔心這憤怒會讓你疏遠你的靈魂，或是你的靈魂會覺得受到冒犯。感覺到憤怒並無大礙。

把這個憤怒的孩子攬在你的雙臂之中，看看會如何。你會發現這個孩子不止是憤怒，還很孤單、難過。它渴望你的陪伴和指引。從你發自內心與這個孩子連結的那一刻起，療癒就開始了。若果眞如此，你與靈魂就同步了，愛會流遍你全身，並由你的內在開始進行療癒。

好好處理憤怒，不要與之對抗。你受傷的部分需要感覺到來自你這個主人的那股聰慧、溫柔並充滿憐惜的能量。

抗拒的強大拉力

當你抗拒因為某些人生經歷而引發的情緒，像是恐懼或憤怒，這時痛苦就產生了。俗話說：「你愈掙扎就陷得愈深」；當你專注在某件事上，你就把能量給了它，而抗拒就是一股非常強大的專注力。那麼你該如何放下對負面情緒的抗拒，讓療癒充滿它們堅固的內裡呢？

要做到這點，你該做的事就和你並沒有這些情緒時一樣。例如，我揭露自己曾經是個受虐的孩子，這讓我感到非常恐懼（同時我也對此感到羞恥）。對我來說，這是件非常私密的事。若我讓自己受到恐懼與羞恥的影響，可能就會選擇不分享這部分。但我自問：「這種時候勇氣會怎麼做？」**我藉由讓自己脆弱**（脆弱也有其力量）**而面對我的恐懼和羞恥，這讓我感受到更高的自我尊重及自我評價**。我並不比你更勇敢。你也能夠藉由勇氣告訴你的方式，放下你對人生中某些情況與事件的抗拒。

若你覺得自己缺乏勇氣，記住，當你的靈魂在計畫你的人生時，你是有機會屈服於恐懼並說「不」的，但你卻勇敢地答應了。**只有最勇敢的靈魂才會選擇投胎來到人世，而你就是其中之一。人生挑戰計畫愈是艱難，你同意進行這個計畫所展現出的勇氣就愈大。**如果你忘了自己有多麼勇敢，這本書會幫助你想起來。

當恐懼升起，記得：你在出生前就知道，在肉身中體認恐懼是你計畫的一部分，唯有勇敢的人才會計畫恐懼。把恐懼納入計畫中所需要的勇氣，與現在要將之轉化所需的勇氣相同。要知道，你進入肉身就是一種證明，證明你有將恐懼轉化成愛所需的勇氣。你渴望將恐懼轉化爲愛，這就是你選擇在這個意識轉換的特殊時刻化爲肉身的原因之一。

我們是爲了療癒而來

出生前計畫這份合約要做的事，對每個人來說都是相同的：擁抱並轉化所有不和諧（沒有愛）的能量。我們在任何一世中沒有轉化的能量，都會在這一世中出現，好讓我們有機會這麼做。我們都在出生前要求能擁有這樣的機會，而其實這也是要在這個時間點出生在肉身國度的先決條件。我們來到人世是爲了要融入我們完整的本體之中，並藉由這麼做來療癒我們殘留在每一次生命中尚未被整合的能量。

當我們抗拒生命中的任何一面，我們同時也拒絕了療癒的發生。當某一面有了障礙，所有面向都會出現障礙。最終，每一個人生挑戰的目的都是相同的：**賜予我們機會去擁抱我們一直在抗拒的東西**。而每一個人生挑戰也都會以同樣的方式被療癒：藉由我們了解到自己所想、所說及所做所爲具有多大的力量。**我們的人生經歷並非由我們的出生前計畫所決定，而是由我們「如何回應」這個計畫來決定。我們的回應創造了我們的經歷，並帶來可能的療癒。**

你在這個時刻以肉身來到這個世界，是爲了要藉由憶起自己是靈魂的意識覺醒來進行療癒。當你看見你靈魂的光，並且知道眞正的你就是光，療癒就會到來。

靈性的覺醒

七年前，我經歷了一次震撼的靈性覺醒，當時我並不知道自己正在覺醒。我感覺到自己被一股強大卻看不見的流，以極快的速度在改變、擴展著。我不知道這股流要帶我去向何方，但我直覺而歡欣地將自己全然交託。

現代這個時間點上，全世界的人已經慢慢開始覺醒了。在覺醒的初期階段，你可能會感到迷惑、惶恐，甚至可能不知道接下來該怎麼做。這一章將提供了解靈性覺醒的架構，我選擇用自己的經歷來說明，因爲我對自己的事知道得比較清楚，說來也會更加切身。

瞬間轉換到新生命之中
——我的故事

我曾自行創業當行銷顧問，我還滿喜歡工作中的某些部分，卻也未曾有過太大的成就感。

我想就算我消失在地球表面，也根本沒有人會注意到。我一直很渴望創造「專屬於我」的世界，但也沒有什麼想法或作爲。

我的背景相當普通：來自美國俄亥俄州郊區的普通家庭，受過以科學方法爲基礎的一般教育。這樣的我，第一次想到要探索自己生命獨特的意義。我告訴身邊的親友，說我感覺到有個呼喚，但不確定是什麼，我去找專業諮商師、做了性向分析測驗，卻一點幫助也沒有。

最後，我決定跳脫一般的框架來思考：找個通靈者吧。

我在二〇〇三年五月七日與這位通靈者會面，只向她透露了一點點自己的事。她向我解釋，每個人都有自己的指導靈。透過她，我得以與我的指導靈對話。他對我的一切知之甚詳，不止是我做過的事，還包括我所想、所感覺到的一切。比方說，他提到了在五年前我對神所做的一個禱告內容。那是個非常難熬的時刻，我向神發出了求助。我的指導靈告訴我，當時有好幾個非肉身的存有對我伸出了援手。而我則是目瞪口呆。

我急於想了解自己此生經歷的痛苦所爲何來，便詢問指導靈我面臨過的幾個重大挑戰。我小的時候受到母親嚴重的精神虐待，受虐次數頻繁。他們向我解釋，這些挑戰都是我在出生前便計畫好的，並非爲了要受苦，而是爲了藉此而有所成長。

我與母親的靈魂在這場經歷中大部分的情節規畫，是奠基於我們前世的經歷。前世裡我是個女人，母親當時則是我的兒子，我的婚姻狀況非常糟糕。最後我讓自己脫離了婚姻，並帶著兒子一起出走。但是離開丈夫，卻讓我和兒子深陷貧窮。我兒子不但把貧窮的生活怪罪在我身上，更深深地憎恨我。我死的時候年紀不大，而兒子雖然在我過世時已經成年，卻一個人孤伶伶地過著貧窮的生活。他覺得被我拋棄了。因此，他的憤怒化成了他靈魂的一部分，變成了他的靈魂亟欲療癒的一股能量。出於愛，我的靈魂選擇給他的靈魂一個機會來療癒這份憤怒，而這個機會就是讓我們母子的角色對調。

想達到這樣的療癒，並且將其意義發揮至最大，最好的方法大概就是讓我前世的兒子能夠以行動來發洩他的怒氣。爲什麼？**因為最強大的療癒會發生在當你感覺到負面情緒蠢動，但你最終卻選擇不付諸於實際行動之時**。壓抑是種選擇，它讓你將「負面」情緒趕出你所能覺知到的意識。如果我前世的兒子不能處在一個力量高過於我的位置上，那麼他可能就沒有機會去眞正選擇他究竟要或不要表達他的憤怒。這就是我們靈魂的計畫——一場我在出生前就同意了的計畫。

聽到這裡，我全身戰慄不已。我的意識頭腦完全不知道出生前計畫這回事，卻直覺感應到他們所說的話都是眞的。

當時我還無法理解，但這次的通靈者諮詢卻開啓了我走向了驚人的靈性覺醒。我後來才了解到，這樣的覺醒其實是一種「憶起」：憶起我的內在靈魂是誰，更明確地說，是憶起了我計畫自己要在這世界裡要做的事。

第一次超自然體驗

接下來幾個禮拜，我照常生活，但指導靈說的話卻時時刻刻出現在我的腦海裡。接著，我人生中的第一次超自然體驗發生了。

我凌晨三點醒來之後，就無法入睡，便想著來吃點東西好了。就在我來到廚房時，我看到有東西在我周圍的空氣中移動。這東西是黑色的，看起來更加恐怖，我嚇壞了，僵在門邊動彈不得，心臟狂跳不已！接著卻完全找不到剛剛在動的東西。我深呼吸一口氣，讓自己冷靜下來，再次準備走向廚房。

又來了，我周圍的空氣中又有東西在動！而且不管在動的是什麼東西，它還是黑色的。我又再次僵在門邊動彈不得，心又再次狂跳不已。我掃瞄了整間房間，沒看到任何奇怪的東西。我一動也不動地站了好幾分鐘，深呼吸告訴自己：「我不知道這裡發生了什麼事，但一定要吃到宵夜！」我踏進了廚房，那黑色的東西又再次出現。

這次我發現了一件重要的事：無論它是什麼，它的動作與我是連動的。於是，我跟它玩了起來。我發現我看到的是一圈薄薄的黑色線條，描繪出我頭部、肩膀和手臂的線條。這道黑線與我的表皮保持著約十五公分的距離。如果我站著不動，它也不動，這也是爲什麼我呆立在門邊時看不到它的原因。但只要我移動手臂，這條線就會在空中盤旋個幾秒鐘，然後慢慢停在離我手臂十五公分之上的空中。

最後，我走到了冰箱旁，發現冰箱裡的燈泡所發出的光，正好足夠看清這條黑線的模樣。所以，在凌晨三點十分，我站在打開的冰箱前，像隻準備起飛的鳥搬拍動雙臂，看著這道細黑線在空中舞動！

之後，只要我一有空，就會上網去搜尋。一週後，我碰巧看到一些提到「以太液狀體」（etheric fluidium）：「以太」是「非肉身」的意思。這篇文獻解釋，以太液狀體是肉體與人體氣場之間的外緣線，是以液體流動狀態存在著，就像我看見的那樣。我那時就明白，那道黑線是我的氣場的外緣線。

我相信是我的指導靈和靈魂創造了這個體驗，好讓我的靈性覺醒更進一步，並讓我轉換到正在開展的新生命中。

後來，我有了一個更驚人的體驗，讓我永遠改變了看待自己、生命及宇宙的眼光。那天下午，我出門去散步，踏上人行道上時，突然對每個我遇到的人，湧出了一股全然無條件的愛！不論是坐在駕駛座上的計程車司機，透過玻璃窗看到正在工作的理髮師，街上推著嬰兒車的母親，當我看著他們的時候，一波又一波無條件的愛朝我沖刷而來。

當我環顧身旁，每看到一個人，我都能感受到我對他們純然、不設限的愛！

我從不曾經驗過如此強烈與深刻的愛，而且我也從來不認爲有這樣的愛存在。這眞是一個超凡的體驗。

我直覺知道發生了什麼事：我正在與我的靈魂進行深刻且親密的溝通。事實上，我的靈魂對我說：「這份愛就是你，這就是你眞正的本質。」我相信是我的靈魂創造了這次的體驗，來協助我即將開始進行的工作。

後來，我認識了一位女性，她能夠與自己的靈魂溝通，也同意讓我與她的靈魂談談出生前計畫。她的靈魂鉅細靡遺地告訴我她的出生前計畫，我們討論了各種人生考驗，以及某些人選定某些考驗的原因，這些談話非常振奮人心。我在人生中受到的種種磨難，使我對他人的痛苦格外敏感，因此我對於能讓其他人了解到出生前計畫、並因此達到可能的療癒，感到非常興奮。最後，我決定寫書，與他人分享其中的重要意義。

我與幾位天賦極高的通靈者前後會面不下數十次，和好幾個智慧的靈魂就大方向談論了我的人生考驗及出生前計畫。我這才發現，我的計畫就是寫作一系列這個主題的書。

靈魂爲什麼要規畫靈性覺醒？
——與潘蜜拉及約書亞靈訊對談

我非常開心，能夠和潘蜜拉一起進行與約書亞的通靈。約書亞是投胎到我們這個星球上的肉身中最偉大的老師，也是最慈愛的存在。我希望能從約書亞那兒知道，我是否計畫了讓自己在這一世中覺醒，原因爲何？我想要了解覺醒在我們的生命中扮演了什麼角色，該怎麼做才能將覺醒發揮到極致，特別是如果這覺醒包含了對出生前計畫的覺知？還有爲什麼有那麼多人在這個進化的時刻裡開始覺醒呢？

「我想先談幾個與靈性覺醒有關的概念，」約書亞開始他的談話，「你們（肉身的靈魂）經常或活在一個帷幕或雲霧的背後，包括是非對錯、該如何活、該如何處理自己的情感等。當覺醒發生，一道陽光將穿透這些雲霧，打開你的眼界，讓你用嶄新的眼光看待一切。這方式實在太過新穎，因此大部分人一開始接觸到時，都會感到坐立難安。**靈性覺醒不一定是件舒服愉快的事，因為它會強迫你走出你的舒適區**。

「在《靈性煉金術》這本書中，我詳細深入地描述了覺醒的四個階段，說明了釋放以自我爲中心的意識、轉化成以心爲本的意識，會是什麼狀況。今天，許多人都處在這個轉化階段。這個世界正在改變，靈性覺醒是一段內心的旅程，在其中，你得將外在確認的事實一個一個釋放，直到你發現自己的核心本質爲止。」

我對約書亞的話深有同感。在經歷靈性覺醒後，我過去看待宇宙的舊觀點就消失了。然而直到今天，我仍持續努力拔除，頭腦沒那麼輕易放手。我感到自己渴望體現自身靈魂的智慧與愛，但在渴望之中也存在著抗拒。這份抗拒來自我對未知的恐懼。如果舊的我消失了，那我會是誰呢？

「當你處在這個過程中，就不再適合舊有的生活架構了。」約書亞繼續說道：「工作和人際關係會崩毀，你可能會感到孤單寂寞，找不到容身之處，也不知該何去何從。如果你發覺這件事正在發生，請你明白你正在覺醒的過程中，而願意接受這趟旅程的你是非常勇敢的。你並沒有發瘋，瘋了的是這個世界，緊抓著對與錯的想法不放，你正從中釋放。你來到這裡是爲了體驗當人類是什麼感覺，也是要爲人類的意識開展出新的視野。爲此，你向內心探索，放下對自身的虛妄評斷，將注意力導向內在核心的光與美。你的光向外閃耀，吸引了其他人，痛苦與寂寞將會消失，並啓發他人。」

我問約書亞：「靈性覺醒的意思是什麼？」

「靈性覺醒的意思是你對自己的靈魂、你更高的自我、你的神性本質有更多的覺知。意思是，你了解到你不僅僅是你的肉身和現有的人格。你發現到有個比實體世界更高的向度存在，而你感覺自己受到這個向度的指引。

「靈性覺醒可以透過許多方式發生。有些人會在吉光片羽中捕捉到他們靈魂國度的畫面，有些人會在他們的經歷中遭遇到某種轉變，促使他們持續不斷改變自己。一般說來，靈性覺醒就是一個人開始放下過去習得的想法與概念，知道生命不僅止於頭腦捕捉到的東西，生命中看似隨機的事件背後皆有其意義，而宇宙中有股更強大的力量想要引導你平靜歡悅地呈現自己。

「靈性覺醒是持續進行的過程，而非一次單一事件，靈性覺醒是在肉身中的你與靈魂逐漸融合。」

「約書亞，現代人靈性覺醒的程度是否比過去幾個世代的人要高？」

「大致上是的。有人可能會說，在這個時代，靈性覺醒的需求比過去都大。這是一個危機的時代，地球上的進化已經來到轉捩點。人類若想重現和諧的秩序，就要做出不同的選擇。很多人在渴望人生有其目的和意義的同時，感覺到自己需要在個人生活中做出改變。物質的富裕及俗世的功成名就已經無法滿足他們了。表面上看起來絕大部分的人好像還是汲汲營營於這些目標，然而，現在已經出現一股強大的暗潮，指向另一個方向。全世界有許多人渴望知曉他們靈魂的目的，明白他們在這個時代來到地球的初衷。這樣的渴望在人類的集體意識中創造出一種新的意識。」

從童年中解脫，尋找人生的目的

「約書亞，很多人寫信提到他們長久以來感覺到漫無目的，問我要如何才能找到人生目的。在我覺醒、展開現在的工作前，我人生的前四十年也一直有同樣的感覺。你如何建議？

「會體驗到漫無目的的感覺，代表你失去了與靈魂層次的聯繫。」約書亞解釋：「然而，這也表示你是眞心在尋找超越肉身生命的意義。當你感覺到漫無目的的時，你已經覺醒了，因爲你知道自己少了些什麼，而你缺少的東西是內在而非外在的。你在渴求自己的靈魂。

「請你了解，當你感受到自己的人生漫無目的，你就對靈魂送出了召喚，要他更靠近你、與你更親密地結合。你的呼喚一定會得到回應，但你需要對整個過程有信心。這是很多人會卡住的地方。他們期望改變很快就會發生，如果改變沒有發生，他們立刻就失去了勇氣，腦子裡也開始充斥負面的想法。要讓靈魂回應你的呼喚，有許多事情得先完成。保持開放的態度讓靈魂引導你，放下許多先入爲主的想法、情緒習慣，以及已經成爲你第二本能的恐懼。」

「你會透過與靈魂的連結而轉化，」約書亞繼續往下說道：「一開始，接納你的靈魂進入你，可能會讓你感覺到迷惑且害怕。但這並不是件壞事，它代表了你願意改變你的人生。一段時間之後，你可能會開始對你的生活、工作或是關係感到不滿足。你可能會想在完全不知道該怎麼做，也不知道下一步在哪裡的狀況下，掙脫一切束縛。這是件好事。這時千萬不要被恐懼絆住。時時注意你的感覺，相信宇宙一定會給你解答。**你不需要立刻去做任何事，只要讓改變在你的內在發生，就會吸引外在改變到來**。

「由內去找出人生的目標，就等同於靈性覺醒。只要你對自己所做的事感到歡快充實，你就覺醒並回應了靈魂的呼喚。」

「我在二○○三年靈性覺醒之前，做了很多無法引起自己共鳴的事，有些還是負面的經歷。」我說：「這也是我出生前計畫的一部分嗎？若是，爲什麼我的靈魂要我花這麼多年去做這麼沒有成就感的事呢？」

「你在尋找意義，」約書亞告訴我：「有時人要先經歷過各種無意義的體驗，才能明白自己眞正想要的東西。在年輕時，你被灌輸了各種無法與靈魂共鳴的想法，在很長的一段時間裡，你在實相的衝撞中驗證這些想法，這個過程就像是在剝洋蔥，你發現自己無法認同。當你接受這個事實，你就來到了你本體的核心，而這將會引導你的靈性覺醒。

「你所出生的家庭，以及童年時圍繞在你身旁的各種能量，也都是你出生前計畫的一部分。」約書亞補充道。

「我很害怕寫我的童年，」我對約書亞說：「因爲這樣很像在全世界面前裸體，讓所有人看見我最脆弱的部分。」

「脆弱有非常強大的力量，」約書亞告訴我：「它需要勇氣，而赤身裸體也是對自己眞實。」

「從你的童年中解脫，尋找你自己該走的道路，這中間花了很長的準備時間。」約書亞繼續說道：「但這些時間完全沒有白費。你在過程中發現了很重要的事，培養出了對現在的你來說深具價值及助益的技能。透過你所吃的苦，你同時也培養出非常深刻的同理心及靈性智慧。這些等待的時間，造就了更成熟、更有智慧的你。你現在之所以會成爲一位老師，不單單是因爲二〇〇三年的覺醒，在那之前發生的一切也都是原因。這兩部分的人生並不像你以爲的那樣毫無關聯，而你說的負面經歷，其實是在爲你經歷到的靈性突破鋪路。它們在幫助你更了解眞正的自己。」

出生前計畫的覺醒，常發生在人生下半場？

「我的覺醒是在我出生前計畫好的嗎？若是，爲什麼？」我問道。

「是的，這個覺醒機會的確是在出生前就計畫好的。覺醒本身並沒有辦法訂定時間表，要不要眞心開放自己並跟隨靈魂的呼喚，完全是個人的選擇。但是，你四十歲時的狀況，比較有可能讓你願意放下過去，戳破長期禁錮著你的幻象。這個覺醒機會之所以會被計畫在你的人生中，是因爲你想知道在不受他人影響下欣賞、珍愛自己是什麼感受，並且你想要以一個導師與作家的身分來和他人分享這樣的愛。

「對你來說，四十歲是對的年紀。一般說來，人到了這個年齡都會停下腳步來想想自己過去的人生，找出眞正重要的事，以及人生下半場想追尋的目標。同時，四十歲初期你的身體也會開始有變化，特別是女性的更年期開始，而這將會大大影響心理狀況。所以說，在這個年紀，透過災變或覺醒而產生的靈性轉化機會將大爲增加。」

接著我跟約書亞說了我在二〇〇三年與通靈者進行的通靈。我問：「那次與通靈者進行的通靈是我出生前就計畫好的嗎？若沒有那次的通靈，我還是會覺醒嗎？」

「那次通靈出現的可能性相當高。不過，沒有什麼事是百分之百預先決定好的。那次通靈是個強大的工具，若它沒有發生，你也會透過各種事件一步步慢慢覺醒，而且你遇到那位通靈者也只是遲早的事。」

「我的覺醒是我計畫的，我的靈魂計畫的，還是我和我的靈魂一起計畫的？」

「一起。你是靈魂的一部分，你們並不是互相分離的存在。然而，人格在靈魂之外的每一次投胎，都擁有某種獨立性。在出生前計畫中人格有它自己的決定，所以我才會說是『一起』。」

「靈魂已經覺醒了嗎？它一直都是覺醒的嗎？如果是，爲什麼靈魂會需要或想要創造一個人格來經歷靈性的覺醒呢？」

「靈魂並非完全覺醒的。」約書亞解釋道。「靈魂比人格擁有更大的覺觀，但它也同樣還在成長與進化中。他渴望探索生命並擴大意識。他渴望去經歷創造和快樂，並且持續擴展創造與喜樂的疆界。生命是無限的，而且持續在變動之中。靈魂希望以人的肉身來經驗覺醒。以非肉身型態來覺醒，其實會更容易得多，所以事實上，人格是靈魂最勇敢的一部分，也是靈魂能投胎到人世的管道。靈魂非常渴望能夠覺醒，並將之呈現在人的肉身型態中；靈魂希望能由內到外啓發物質世界，並從中找到深刻的滿足感。」

約書亞的覺醒體驗

「約書亞，這麼說有點失禮，但我想問你，你自己是全然覺醒的嗎？還有，你在身爲約書亞時就已經全然覺醒了嗎？你在那一世中是否也經歷了不同程度的覺醒階段？」

「我是覺醒的，但我也仍然在學習和進化中。即使在這裡我們也一直在拓展我們的界線，持續用新的方式來展現自己，也因此對自己有了更多的認識。我在身爲約書亞的那一世裡，有時我完全與我的靈魂同步，但也有黑暗的時刻，我完全喪失了信念，質疑自己的任務。我就和你一樣是個人，而在臨死前我經歷了靈性覺醒方面的成長。那個時候，我需要以非常透徹清明的心以及對信念的堅持，來面對即將到來的死亡。恐懼與懷疑現身糾纏，但我同時也感受到慈悲與恩典，並向生命的終點交出我自己。在人世時的我是個人，並不是個已經轉化所有人類情感的神。我生來就具有極高的自我覺醒意識，這也是我的出生前計畫中的一部分。我的人格能夠在那一世的生命中達成靈魂的任務，但我還是經歷了人類所有的情緒，像是恐懼、懷疑和憤怒。」

「在那一世中，你是如何試著喚醒人類的靈性？」

「我試著要讓他們看見他們眞正的力量，那種超越成功、財富或性別的力量。我試著讓他們看穿表相，去看見自己是多麼神聖、純眞的存有，藉此來喚醒他們神聖的內在核心。若你專注去看另一個人的這個部分，就能讓這個部分甦醒。藉由對它的體認，你就能讓人更加領會到它的存在。要幫助他人覺醒，並不是把理論或知識丟給他們就好；這其實是一種能量的傳輸。要幫助他人覺醒，你得不帶批判地傾聽他們並接受他們的一切，包括懷疑、恐懼和憤怒，藉此觸碰他們內在的神聖能量，讓他們完完全全地做自己，並發現自己內在的美好（即便他們自己看不見），這麼做也能幫助他們從現有的自我否定或不愛自己的狀態中提升。」

「你成功做到了嗎？」

「我播下了種子，但需要時間才能長成。有些人立刻就受到我教導的能量所影響，有些人則需要時間來慢慢消化。

「就長期來看，我的任務是成功的，」約書亞繼續說道：「但我說的是好幾個世紀的時間。基督精神從我的時代開始播下種子，不是只有我一個人這麼做，還有我當時的跟隨者和同伴，許多勇敢的男人和女人共同保存了這些種子。現在，更大規模的靈性覺醒開始在人世間發生，基督精神在人世慢慢站穩了腳步，數百萬人開始尋找一種以心爲本的生活方式，而不是以恐懼和批判來主導生命。」

覺醒，從愛自己開始，以讚美自己為進階

「約書亞，人要如何覺醒？」我問道。

「重點是，要以更大的同理心和理解來看待自己。你們經常會用自己認爲做錯了的事來鞭撻自己，但是，你並沒有做錯任何事，只是盡一切努力要讓自己的人生過得更好。對自己仁慈一點。了解自己是無辜的，你是個在人世中以肉身累積體驗的天使。如果能認知這個事實，你將會從痛苦中解脫。少了自我批判的重擔，你的痛苦就能得到釋放，無論是在情緒上或肉體上。你可以放心做自己，就從愛自己開始，你的人生將會出現正面的改變。你會發現，生命並沒有要懲罰你，而是要釋放你，讓你體認到快樂與自由就在你身邊。**靈性覺醒從來都是從愛自己開始。**」

「我該做些什麼才能更爲覺醒呢？」

「**你可以從恭喜自己目前已擁有的成就開始**。你擁有驚人的勇氣，才能去面對童年的痛苦和悲傷，從內完成眞正的靈性轉化。當然你內心還是有些擺脫不掉的情感讓你感到沮喪，但只要任由它們存在，你就能夠轉化它們；不要去驅趕它們，把它們看作是向你尋求指引的孩子。更進一步的覺醒並不是你現在要去做些什麼，而是允許自己好好做自己。」

「讀這本書的人都是覺醒的嗎？他們要怎麼知道自己是否已經覺醒？」

「讀你的書的人都渴望能夠覺醒，」約書亞回答：「而這就是覺醒的開始。」你愈能意識到自己的存在、愈能對自己的人生狀態負起責任，你覺醒的程度就愈高。再說一次，靈性覺醒是個循序漸進的過程。」

運用出生前計畫中的覺醒
——跟著靈魂一起進化

我問約書亞，身處困境時該如何以有效可行的方式來運用對出生前計畫的覺知。

「知道某些事會在你人生的此刻發生，絕對不是巧合。」約書亞說道：「要知道你的靈魂會允許挑戰在你的人生中發生，只有一個理由，那就是希望幫助你不再抗拒，或放下你對事件所感覺到的怒氣和憤慨。

「靈魂想要經由你而進化，而不是站在一旁看著你受苦；靈魂一直都在你身旁。不過靈魂知道，痛苦是有意義的，而且能引導你走向新的境界。所以，讓人格知道靈魂的觀點，會讓痛苦較容易忍受，因爲這時痛苦已經被放到更大、更有意義的範疇之中。

「其實每個人都可以呼喚自己的靈魂，請他解釋爲什麼你的某個人生困境會發生。如果你能對可能性保持開放的心態，不需要透過通靈者或其他人，答案自然就會浮現。在生活中你會突然有靈感或發現一些徵兆，讓你知道在苦難背後是有意義存在的，甚至能以平靜的心來看待眼前的狀況。」

約書亞的話讓我想起了靜心的重要，那是和靈魂保持連結的主要方法。在我覺醒之前，我從來沒有靜心過。自從覺醒後，我開始規律地靜心。在靜心中，真的會出現來自更高自我的靈光閃現，讓我們與靈魂有更多的結合。偶爾我也會呼喚我的靈魂來到夢中與我溝通。我會在睡前大聲說出某個特定問題，同時請求屆時讓我醒來，好讓我把夢寫下來（如果你寫字很慢，可以在床邊準備錄音機），這讓我因此得到許多有用的洞見。

「約書亞，我們有沒有可能避免出生前計畫中的挑戰發生呢？」

「會問這個問題，是源於恐懼。這份恐懼是可以理解的，但卻會阻礙你的視野。

要避免挑戰發生是有可能的，但是你不能把這當作目標；這是個負面的目標，而且你永遠沒辦法知道你迴避的是哪些挑戰。這是無法計算的。你們來到人世是爲了要信任生命，這需要你臣服於生命並放下控制權。這對人類來說非常困難，但是，有個比人類的掌控欲更具智慧、更溫柔的神聖指導者存在，試著去感受祂。細數你生命中擁有的祝福，因爲那正是這慈愛的指導之手存在的證明。你並不孤單，愛與慈悲的力量環繞著你，並希望盡一切可能幫助你活出最充實的人生。

人不太可能完全了解為何挑戰會發生，在你度過最艱難的階段後，事情的意義才會比較清楚。人們在事發一段時間再回顧那些挑戰，通常都會覺得感謝，並感到藉此學到了非常重要而有價值的東西。

「如果你覺得有某種挑戰一直在你的人生中重複出現，你可以問問自己，**這個挑戰第一次出現時你學到了什麼**。這會給你一點線索，也許現在的你想更深入地學習或掌握這個課題。另一方面，**你只要單純知道這件事背後是有意義的就好，就算你現在還不了解是什麼意義**。

「一般說來，危機會爲你帶來新的生活方式，改變你。這個被轉化了的你，能眞正了解危機背後的意義何在。你長成了新的你。這個新的你將會了解你現在還不了解或拒絕去了解的事。關鍵就是信任這個新的你其實早就活在你之中，等待著你去擁抱。這個新的你能夠跟你說話、鼓勵你、讓你安心。透過看到未來的自己來與之連結，對現在的你解釋你經歷的一切有何意義，並提供建議讓你知道該如何處理時時刻刻升起的情緒。」

靈魂如何做出同意計畫的決定？

現在我想詢問約書亞一個一直困擾著我的問題：在什麼樣的狀況下，我們同意去執行靈魂的計畫？當我們說出「好，我同意這個計畫」時，在那個我們稱爲「家」的非肉身國度中，沐浴在神之愛裡的我們，是否眞的擁有足夠的資訊來做出決定？我們眞的了解在人世將經歷什麼樣的過程嗎？

「（在出生前）決定要在你的人生中面對某種挑戰，是信念上極大的進化，」約書亞這麼告訴我：「人格很清楚這點。在出生前，靈魂會解釋給人格聽，有關他即將要面對的挑戰是非常有價值的課題，而且是人格自己很想要學習的，因爲人格能藉此達到自己的目標。假設人格的夢想是要與伴侶幸福地組成家庭，但這也有可能會讓人格在感情上過分依賴另一半，或對浪漫的愛情關係有過分理想化的憧憬。所以，儘管擁有一段美好的感情關係是個合理的目標，但在此之前，人格可能要先學習何謂情感獨立；而在獲得眞正美滿的感情關係之前，人格可能得先經歷痛徹心扉的分手或失去。

「**人格並沒有遭到靈魂的愚弄**，雖然當他在情感層面上經歷挑戰時看起來好像是如此。靈魂眞心誠意希望能夠給你安慰，他並不想要你經受不必要的痛苦折磨。靈魂時時刻刻謹記，怎麼做對你最好。你只要信任你的靈魂，痛苦就能減輕了。

「每個人格都擁有某種熱情，這份熱情代表了靈魂想藉由人格呈現出來的某個部分。這份熱情可能是繪畫、照顧小孩或成爲靈性導師。**人格的人生挑戰，必定與連結他們的核心熱情並自由地將其展現有關**。如果他們和你一樣想要成爲靈性導師，那麼他們會想要在肉身中深刻地去體會如何愛自己、何謂自我覺知，而這也是他們想要教導他人的。他們也需要以同樣的溫柔與同理心來擁抱自己，就像他們擁抱別人一樣。這將會帶他們進入那份熱情的核心，並讓他們毫無保留、快樂地展現這份熱情。」

約書亞此刻說的正是我自己出生前計畫的核心：學習愛自己。我的計畫是個標準的反面學習計畫。在人生初期我感受到許多批判，缺少他人的讚許和接納。這是我的靈魂刻意計畫的經歷，爲的是要達到兩個目的：（一）刺激我向內尋求，從自己的內在找到並培養出對自己的欣賞和喜愛；（二）製造寫作出生前計畫相關書籍所需要的熱情，這些書能夠讓其他人明白如何愛自己，並且眞正做到。

「約書亞，我覺醒之後，還是會經歷到負面情緒。我該怎麼做才能保持平靜和歡愉的心情呢？」

「接受一件事：你無法用心智來創造出平靜和歡愉。」他如此建議我：「一旦你發自內心接受了你那些痛苦的情緒，平靜和歡愉就會來到。當你擁抱那些情緒，就讓它們存在，別想著要去改變，如此就會過去了。情緒原本就是會轉換和改變的，就和天氣一樣。如果你過度將注意力放在負面情緒上，就無法以原本應有的速度消退，反而會一直縈繞不去，等待著你釋放。你的情緒有其自然的節奏，若你能信任它們，而不是試著去分析，天就會放晴。

「你正在進入下一個階段的覺醒。在第一階段中，你經歷了與靈魂之間的深刻連結，感受到眞正的充實。現在，你靈魂更深層的部分想要進入人世，帶來更多的愛與智慧與人分享，也帶給你自己。」

當我們的靈性覺醒時，我們會看得更清楚：**痛苦並非由外在的狀況所造成，而是我們的反應所造成的**，如同約書亞所說的。這樣的了解通常會爲我們帶來療癒的渴望，所以我請約書亞談談「療癒」這個主題。

「眞正的療癒來自內在，」他說：「需要的時間通常比人格期待的要久，但你的靈魂會提供各種療癒自己的工具，它會製造出各種的人和狀況來幫助你。最重要的是，你自己本身就擁有驚人的力量，神和大靈是你的一部分，你並不孤單。神希望從內在給你啓發，要連結內在這股光的力量，你必須信任。相信每件事的發生必定有其原因，而你的感覺中隨時都存在著指引。你的感覺能夠顯示出你的需要。若你發自內心誠實地問自己：『我現在需要的是什麼？』你就能從內在得到答案。你隨時都能得到答案，但這需要勇氣去執行，並時時保有你的眞心，這將引導你發覺更高的自我意識，接著是更大的療癒。

「外在的療癒方法也有幫助，只要這些方法能夠提醒人們自己內在所擁有的力量。」約書亞補充，「比起實體工具，療癒者的心的振動才是帶來更大改變的力量。唯有當人們明白何謂療癒與眞心的振動，才能從自己的內在將之啓動。」

世界性的覺醒時刻

「約書亞，我想和你談談地球目前這個時間點，這個覺醒蔓延的時刻，很多人都在談意識的轉移。到底現在有什麼事在發生？」

「現在很多人都在尋找一種不同的人生意義。在這個較過去富裕的年代裡，全世界有很大一部分的人都發覺到，物質目標無法眞正帶給他們滿足感或對自己的認同。這些人正在覺醒。同樣的，他們也意識到，在身爲國家或組織的一份子之餘，自己更是全體人類的一部分。換言之，人們已經開始發現，自己與全世界的其他人類其實休戚與共。這樣的連結帶來了「萬物一體」的體認及對地球的責任感。覺醒的過程會如何難以預料，最好的作法是專注在當下和個人的進展，而不是未來。你不需要知道未來，也能夠在現下有意識地活著。活在當下並傾聽自己的聲音，是最能帶來安全感的作法，而非去聽那些關於未來將如何的理論與猜測。」

「大家有時會談到所謂的『百猴效應』，也就是當非常大數量的人覺醒後，其他人也都會很快跟著覺醒。眞的是這樣嗎？」

「的確如此，」約書亞表示，「雖然每個人的覺醒過程都是獨一無二的，但是全體人類的振動一起提升時，跟上這樣的振動並受到啓發就會變得容易許多。最後，會有更多受到啓發的組織出現在教育及醫療照護的領域，屆時會有一股新的能量注入整個社會中，提供人類更多提升意識的機會。」

「地球之前也出現過像這樣的時代嗎？」

「每一個時代都是獨特的，地球上也曾有過靈性清明的社會，非常古老且於史有據。眼下這個時代的不同在於這次轉化的過程牽涉到全人類，而且全世界人彼此間的連結要比過去緊密更多。」

「在覺醒蔓延的時代投胎來到人世的人和靈魂有什麼好處？」

「人或是靈魂，選擇降生在這樣的時代，是因爲他們想要了結自己過去尚未了結的種種事由。」約書亞這樣告訴我。「現在在人世間生活的，大多是非常進化的靈魂，他們想要清除過去在人世所累積的陳年舊創和痛楚。活在覺醒年代有非常多好處，但同時也可能會讓人生格外辛苦。」

「每個人都會覺醒嗎？如果不會，沒有覺醒的人會如何？」

「這是沒有辦法預測的，截止期限並不存在。在我天上的父家中，有各種不同的房間。每一個靈魂都會根據它在某個時間點的振動找到屬於它的那一間。」

「生活在其他星球或其他向度空間裡的存有，也會經歷靈性的覺醒嗎？有沒有哪種存有不需要這種覺醒？」

「地球上的生命有著非常獨特的性質，因爲其涵蓋了非常豐富的各種存在與經歷。」約書亞說出他的心得，「然而，宇宙充滿了各種生命，而每一種型態的生命都在追求更高的自我覺知與自我呈現。所有生命都努力不懈地追求著更進階而永無止境的覺醒。」

流產及墮胎

對父母來說，失去孩子（無論是幾歲）都是椎心之痛，但是在孩子出生前、父母還沒有機會擁抱孩子就失去他時，父母感受到的更是一種格外銘心刻骨的悲傷。身爲父母，該如何跟尚未謀面的孩子告別？這些喪子的父母通常都會對自己、對彼此、對宇宙感到憤怒。他們不明白未出世的孩子怎麼會被帶走、當時該做些什麼才能避免這樣的事發生？他們的基因是不是有問題？一切應該要怪誰才對？

爲了要了解這些問題，我訪談了芮貝嘉（Rebecca Valentine）。她在三十四歲時因流產而失去了十六週大的嬰孩凱文（這件事發生在訪談前七年）。我們前幾次的接觸，距離她最沉痛的哀傷期已經過了很長，但我知道芮貝嘉還是帶著一些尚未化解的哀傷，以及愧疚和自責。之後我才知道，**自我寬恕**正是芮貝嘉過去幾世中持續努力的課題。爲了療癒，她將這課題帶入這一世；而現在，她又再次爲此苦惱不已。

當我發現芮貝嘉在流產七年後尚未完全原諒自己，我就將她的故事視爲本書最重要的部分。在這個人類進化的時間點上，身爲靈魂的我們渴望得到療癒，而且要再次化解那些跟我們纏鬥了數百年的問題。和芮貝嘉一樣，很多人在過去幾次前世的探尋中，都有尚未學會的特定課題，因此，他們想在這一世裡找到徹底解決的辦法。當我們在自己或他人的人生中發現這樣的課題時，最好以同情、愛和耐心來看待，並予以尊重。同時要記得，**只有最勇敢的人才會在出生前就同意要去面對並療癒靈魂的傷口**。

留不住已成形的寶貝
——芮貝嘉的故事

芮貝嘉的整個孕程原本都很順利，直到那天早晨她突然破水。她對老公魏斯大喊：「我們會失去這個孩子！」魏斯立刻打電話請朋友過來，先把其他孩子帶走。

「我跑進浴室裡，然後凱文就出來了。」芮貝嘉說：「凱文在我的手心裡，非常非常小，把拇指含在嘴裡，看起來就像是活生生的寶寶，只不過小了一號。我用小毛巾把他包起來，抱到床上，就這樣愣愣地看著他。就算我知道他已經死了，還是有種不可思議的母性需求想要保護他。我試著要把他身上的血擦乾淨，就像他還活著那樣照顧他。但是，我的大腦已經沒辦法思考了。」

芮貝嘉回到臥室裡，開始大出血，接著再度跑回浴室，然後就昏了過去。

「我在浴室的地板上醒了過來，」她回憶著，「身邊有八個救護人員圍著我，試著要找我的血管。他們說：『不要讓她閉上眼睛，讓她保持清醒，不然我們會失去她。』最奇怪的是，我可以看見他們的頭頂，還看到自己躺在地板上。我覺得好冷，根本感覺不到手和腳。當時我好想就這樣動也不動，一走了之算了。我很清楚寶寶已經死了。」

芮貝嘉從浴室天花板的高處看著急救人員，然後她看到魏斯站在門邊，看起來已經六神無主了。「我的孩子怎麼辦？」她想，「他們會拆散我的家。」這個想法一冒出來，她立刻發現自己已經回到身體裡。

「我告訴他們要用蝴蝶針才行，因爲我的血管非常細。但是沒有人聽我說話。接下來我聽到的是：『叫空勤救護隊來接手。』他們把我往樓下搬。

「來到一樓時，有個我從沒見過的男人坐在客廳裡。他有一頭深棕色的頭髮和鬍子，還有深棕色的眼睛。他長得好像我多年前交往過的男友唐尼，他非常溫柔善良。

「我們上了救護車，這名男子也跟了上來。他穿著白色馬球衫和卡其短褲，並沒有穿救護人員的制服。他握住我的手說：『甜心，妳會沒事的。』我當下立刻就覺得安心了。我百分之百、完完全全相信他。

「我說：『我需要小兒科用的針。』他說：『我知道。』他只試了一次就找到我的血管，幫我接上了點滴。接著他告訴救護車的司機：『她不需要空勤救護隊，她可以撐下去，趕快送她去醫院就沒事了。』然後他下了救護車離開。

「救護車前排有兩個人，後面則是我和另一位急救人員。他們其中一個人問：『那個人是誰？』另一個人說：『我以爲他是你們空勤救護隊的人。』第一個發問的人說：『不是，我還以爲他是你們急救小組的人。』從他們的談話中我才知道，當時有三個不同的團隊在場：義消、空勤急救隊和醫院的緊急救護人員。每個人都以爲他是另一個團隊的人。而在他下了救護車離開之後，再也沒人見過他。」

救護車火速將芮貝嘉送入醫院，進行急救。等芮貝嘉的狀況穩定下來，醫生告訴她寶寶已經死了。之後他們告訴芮貝嘉，她的胎盤撕裂，當時幾乎是流血過多、即將致死的狀態了。

「醫生告訴我：『孩子胎死腹中已經一段時間了。』」芮貝嘉回憶：「我跟醫生說：『有三個禮拜了。』醫生問我：『妳怎麼知道？』我回答：『因爲我有感覺。』三個禮拜前我在孩子的臥室裡作畫，當時我拿起了一塊白堊，突然覺得有什麼事發生了，而且我隱隱有種令人恐懼的可怕感受。我心想：『我的寶寶剛剛死掉了。』」

芮貝嘉從醫院把凱文帶回家，先將他冷藏著，直到她有力氣籌備喪禮爲止。我請她多談談流產當天她所感覺的一切。

「我當時抱著凱文的第一個想法是，喔，天啊，對不起！我手上是一個已經成形的寶寶……我因爲自己沒能好好保護他而驚懼不已，同時也帶著一份罪惡感。此外，我感受到此生中從來沒有過的、極其重大的失落感。」

謎樣的男人

「接下來的幾天，我和魏斯一起回顧了事發當天的情況。」芮貝嘉說：「唐尼就這樣出現在魏斯面前，問他說：『魏斯，有沒有我幫得上忙的地方？』魏斯說沒有，然後他就坐下了。從頭到尾他都沒說他是誰，只是靜靜坐在那兒。然後，在下了救護車之後，他並沒有開車絕塵而去，只是沿著街道徒步離開，就這樣消失得無影無蹤。

「從那時候起，我就試著要拼湊出這個人究竟是誰。我相信他是來幫助我的，而他看起來跟我認識的人長得幾乎一模一樣，更讓我相信這一點。」

「芮貝嘉，當時妳知道唐尼還活著嗎？」我問道。

「他現在還活著，在紐澤西州教書。」

「在沒有穿任何制服的情況下，他是怎麼上了那輛救護車的？」

「這就是我搞不懂的地方。」

我問芮貝嘉，如果這個身分不明的男子沒有介入，她是不是覺得當時自己應該就會死了。

「我想應該是，」她鄭重地說：「因爲他們一直找不到血管，而我已經失血過多了。」接著她說了一件非常重要的事，「當我跟他說『我需要小兒科用的針』時，才剛說完，針已經在他手上了。這麼多年來，這件事一直在我心裡縈繞不去。我完全沒有看到他做出像是去找針的動作，也沒看到他去跟任何人要。」

「這個人既不是醫療人員，也沒有任何身分證明，在場也沒有一個人認識他，但是他卻告訴三個他並不隸屬的醫療團隊，他們應該用救護車送妳去醫院，而不需要動用空勤直升機，而在場竟然沒有一個人質疑他？」我問道。

「沒錯。」芮貝嘉說。

由於無法得知其他關於「唐尼」的事，我轉而請芮貝嘉談談流產之後那幾個月裡的感受。

「我非常抑鬱消沉，」她難過地說：「我每天早上起床能做的就只有意志消沉和傷心難過而已，完全不想面對任何人或事。我怪我自己，『我到底什麼地方做錯了？』『哪些東西我該吃而沒吃？』我非常殘酷地鞭韃自己，而且長達一年都非常討厭自己。我刻意讓自己發胖，因爲我不想別人看到我的時候會聯想到任何美好的東西。」

就在流產後兩年，凱文開始回來看望他們。有一次是芮貝嘉躺在床上，突然覺得有個小孩坐在她身上，同時房間裡的燈開始一明一滅。之後沒多久，芮貝嘉就在書上讀到，死去的人可以透過電力來顯示他們的存在。有一天她問兒子塔克有沒有注意到房間裡有什麼不尋常的事。

「喔，有啊。」塔克滿不在乎地回答：「凱文來過。」

「什麼意思？」芮貝嘉傻住了。

「嗯，門打開，然後我感覺到他進來。」

「那你們有什麼反應？」

「沒什麼啊，他就爬到床上來，然後我們就抱在一起睡了。我早上起來的時候他已經不在了。」

芮貝嘉告訴我，凱文的來訪給了他們極大的安慰，同時也是她與家人在療傷過程中非常重要的一部分。

「芮貝嘉，妳覺得凱文是為了幫助妳撫平傷痛才回來的嗎？」我問道。

「我覺得是。**我覺得他回來是為了讓我知道我很好，他也很好。**」

療癒前世失去的痛
——芮貝嘉的出生前計畫

芮貝嘉心酸的經歷讓我湧現了許多疑問。除了她是否自己計畫了這次的流產，我還想了解凱文的出生前藍圖是什麼模樣。會有靈魂明知道無法存活到出生那一刻，卻還願意將能量投入這個嬰孩的肉身中嗎？從這樣的經歷中，靈魂能學到什麼？或者說，能獲得怎樣的成長呢？還有那個神乎其技、來去無影蹤的「唐尼」究竟是怎麼回事？他是誰？他怎麼有辦法救得了芮貝嘉？

芮貝嘉、史黛西和我一開始先是安靜等待著大靈，請祂將我們需要知道的事情呈現在我們眼前。突然間史黛西開口說道：「凱文來了，他和我們在一起。」。

「**我原諒妳，**」他立刻這樣對芮貝嘉說：「**這不是任何人的錯。**」

凱文的開場方式告訴了我，他清楚知道芮貝嘉仍然為了流產的事而深深自責。我們經常會以為摯愛的親人都在天國忙著自己的事，根本不會知道我們在生活裡發生了什麼、有什麼樣的感受。其實正好相反，憑藉著一份超越人世任何體驗的親密連結，他們很清楚我們有什麼感受。他們經常會來看望我們，利用直覺的提醒來指引我們，並透過夜晚的睡夢植入各種影像來愛我們。

「我現在看到了前世的影像，」史黛西說：「我看到一座碉堡，是十九世紀美國境內某個軍隊駐紮營區。那時候的凱文是軍人，芮貝嘉也是。妳是凱文的上司。在這個碉堡裡，還有個位階比妳高的軍官，但是他經常出差，所以基本上是由妳來負責管理整個營區。妳很喜歡管理這些軍人，和他們其中許多人都建立了深厚的情誼。妳和凱文的關係非常融洽，視他為自己的兒子。

「我看到碉堡外發生了衝突，有人在打架，有些士兵試著要把營區閘門關上，努力不讓印第安人闖進來。我看到妳在碉堡裡面，坐在書桌前，因為天性使然，妳實在不想加入這場戰鬥。妳很擅長言詞，但不喜歡和人有肢體衝突。

「妳透過窗子看著士兵努力抵抗不讓印第安人闖入碉堡，而凱文就站在妳身後，妳仍然坐在書桌後面。你們討論著眼前的狀況，然後妳派凱文出去應戰。有支箭正中他的心臟！幾分鐘之後他就死了。

「妳覺得應該爲他的死負責，妳無法原諒自己。凱文帶我看到這個畫面，妳跪在他身邊不斷哭泣，哭了大概有整整三天，一個月後妳才再次走出戶外。

「那一世的妳在四十九歲時死於動脈瘤，約是凱文死後十年左右。這段時間裡，妳一直放不下他，始終認爲自己不應該派他出去。他對妳來說是與衆不同的，你們之間有著非常深厚緊密的情感連結。

「在妳死後，凱文也是迎接妳的衆人之一。能夠再次見到他，對妳來說實在是卸下了心中的重擔。你們兩個人都是靈魂的模樣，你們的光體是橢圓形的白光，在手臂的地方向外延伸並彼此融合。你們非常親密地說著話。他正在跟妳說，並非妳派他出去作戰才造成他的死亡，因爲就算那時他沒有死，他也會在幾個月後的戰役中身亡；到那時候，他也不會有妳在身旁保護他。這是本來就會發生的事。

「妳無法接受這說法，一直說：『我不能原諒自己、我不能原諒自己。』就在這時，有兩個非常愛妳的人、一位指導靈，以及妳某世的母親出現了，他們帶妳離開，來到了休息的地方。我見過非常多往生不久的人來到這裡。這地方看起來很像是醫院的房間，是個小小的臥室，有一扇窗，妳躺在床上時可以看見窗外美麗的花園。這是個很適合休息的地方，採光也非常明亮。

「妳在那裡待了幾個禮拜，就只是休息。靈魂告訴我，這是一段『重新設定期』。妳得適應離開肉身重新回歸到靈魂中，找回妳的行動方式。在休息的這段期間，妳與外界的互動很少。我看到一位指導靈，還有那位曾是妳母親的人，不過我沒有看到凱文來找妳。另外還有兩個人，一個是父親的形象，另一個是妳視爲兄弟的人。一次只有一個人來探望妳，而且時間都很短，感覺是單純要讓妳安心而已。

「現在來到妳的出生前計畫會議了。房間裡有兩面牆上放著像是螢幕的東西，螢幕上播放的是妳最近這世及其他前世裡的各種影像。在靈魂小組成員進來之前，只有妳單獨與指導靈一起看著畫面，討論在這些前世裡，妳努力要學習的因果主題有哪些。

「現在房間裡已經滿是妳靈魂小組中的成員了。有些對療癒有非常強烈的興趣，不過大部分的成員都很有藝術天分。有人告訴我，在進行妳的出生前計畫會議時，妳的靈魂小組中有三分之一的成員當時都投胎在肉身之中，這三分之一的成員大都是導師。所以，妳的靈魂小組是由治療師、藝術家和導師組成的。

「妳正在描述希望這世要學習的主題。妳覺得前世的自己在情感獨立上已經有了進展，儘管並未完全克服，但是妳絕對花了夠多的時間來學習如何讓自己成爲自己的支柱。妳想要繼續學習這個課題。妳跟一位看起來是男性的指導靈在說話，他專心聽妳說話，只是偶爾點點頭，說幾句話。

「我現在看到的妳，跟妳剛往生時我看到的靈體一樣。現在，我看到妳有兩隻手臂、兩條腿，戴上了妳即將要轉世投胎的人的外貌。妳已經選擇了這世的父母，也知道自己的模樣。妳告訴指導靈，妳很喜歡前幾世裡的一些個性元素，想要把這些元素也加入這世裡。其中之一就是對大自然的熱愛，妳想要生活在有開闊鄉村景致的地方。

「妳把一個很像遊戲盤的東西放了下來，上面幾乎完全是空白的，只有幾條線在上面，但是當妳開始規畫妳的人生，它就逐漸被填滿了。我看到一位外形年紀較長、像是父親形象的人坐在妳對面，年紀看起來大概在四十五到五十歲左右，深色頭髮，但在太陽穴附近有點泛白。他有時完全是人的外貌形象，有時又會消散，這時我可以看到隱身在他外型下的靈體，特別是下半身，感覺上他好像不太能夠維持住肉身的外貌。有人告訴我，這是因爲他已經投胎在肉身中了。

也就是說，他不像妳一樣處在轉世之間的狀態，他其實是在肉身進入睡眠時，以靈魂的形式來到這裡。他對妳來說是位導師，是妳在五歲左右時認識的人。當時他對妳來說就像是位叔叔。」

「妳說的是羅特先生，他是我三歲半時搬到新家後的隔壁鄰居。」芮貝嘉解釋，「我父親是個很冷漠的人，跟孩子沒有太多互動。羅特可以說是全世界最慈祥的人了。他常常到我們家來，帶我出去玩，還會買糖果給我。但到了我六年級的時候，我們就搬家了。羅特一直都非常照顧我，對我來說，他就像是我的父親。他是個魁梧的大個子，深色頭髮，太陽穴旁的髮鬢灰白，就和妳形容的一樣。」

「妳搬到新家時，潛意識裡一定在某種程度上認出他是誰。」史黛西補充道：「在一切都還不算太晚之前，妳從他身上獲得了父親給予孩子的照顧與愛護。

「讓我繼續吧。凱文在房間後方的人群中，讓妳先把其他較複雜冗長的人生面向計畫好，等到時機對了，才走上前和妳說話。他的靈體變了，變成他在前世時的肉身形象。

「看到他的時候，妳心裡五味雜陳。妳很高興，但依然感到難過，無法原諒自己。他坐下來，握住妳的手。

凱　文　我希望妳能原諒自己。我再說一次，我的死不是妳造成的。只不過剛好我的時間到了。放下那一世的一切，還有妳緊抓不放的那些沉重、負面的牽掛。回到妳心裡，好好再看一次那一世的人生，去看看遇到我之前妳所做的正面、美好的事。

芮貝嘉　我想要補償我從你身上剝奪的時間。

凱　文　那只是很短的一段時間啊，而且時間根本沒有意義。

芮貝嘉　我沒辦法原諒我自己，我放不下。我一定要做些什麼來彌補才行。我們的關係就像是父子一樣。

凱　文　妳想要在計畫的這一世裡繼續這樣的關係嗎？

芮貝嘉　但是我不想當男人，我在這一世裡會是女人。

「你們同時有了這個想法　讓妳的子宮孕育凱文。我看到他把手放在妳的肚子上。」

凱　文　如果妳只能懷著我一小段時間，妳會沒事嗎？

「這時妳哭了起來，因爲妳覺得很難過。妳感受到前世失去他的痛苦，以及知道即將在來世懷著他，卻只能有一小段時間而已。」

凱　文　在前世我剩下的時間就只有那麼多了。如果這麼做能夠幫助妳，我願意把生命的那一小段時間當作禮物送給妳。

芮貝嘉　時間長短並不重要，我只是想要有你在身邊。知道我能夠彌補從你身上奪走的時間，這會讓我好過一些。沒有其他方法能夠讓我原諒自己了。

凱　文　妳確定這樣就夠了？

芮貝嘉　讓我懷你一段時間，之後我就能慢慢放下你，也能夠放下這份感情上的重擔。

「他搖頭，因爲他不相信妳做得到。現在，你的一位指導靈走向前來，彎下腰來與妳面對面說話。」

指導靈　妳確定能夠就此釋懷？

芮貝嘉　是的，我還是想這麼做。

「妳覺得非常傷心，繼續哭著。這時房裡的靈魂小組一片靜默，他們用愛向妳表達支持，希望妳能夠好一些，感情上不再有缺口，但他們也都還是有疑慮。妳諮詢了在場的幾個人，沉思靜心了片刻，便投胎到妳母親體內。」

同時療癒前世與今生的機會：與流產的胎兒對話

芮貝嘉一直無法原諒自己「造成」了凱文在前世的死亡。在出生前計畫中，她決定要用同樣的方式挑戰自己，希望這次能超脫因流產而引起的罪惡感和自責。在潛意識裡，她也會帶著前世對凱文的愧疚進入這世的肉身。這類的潛意識記憶，會讓人對某特定事件進行療癒時變得更加困難。如果芮貝嘉能夠原諒自己的流產，就能藉此同時療癒前世與此生的罪惡感和自責。

「史黛西，能讓芮貝嘉和凱文說話嗎？」我話才剛說完，凱文立刻就透過史黛西傳話了。

「他要我告訴妳，在妳這世還活著的時候，他都不會再投胎。他原本要在五年後投胎成爲另一對父母的孩子，但因妳還無法眞正放下他，所以他改變了計畫。這麼做他完全不後悔，而且很有信心這是對的。他說：『對於我的離開，妳並沒有像原本預期的接受，所以我希望自己能留在妳身邊安慰妳。我們已經是那麼久的朋友了，我不能在這時離開妳。』

「他也希望當妳往生時，在死後世界迎接妳。他知道對妳來說，能在這世結束後再見到他、跟他在一起，意義有多麼重大。

「他還說，妳的罪惡感有時會阻礙妳感受到他的存在。」

「我只想要凱文知道我有多愛他。」芮貝嘉輕聲說。

「他知道。他說他是你們家裡的一員，簡直就像他當年已經出生了一樣。」

「凱文，你說你希望芮貝嘉知道你原諒她。你可不可以多談談原諒，以及她該怎麼做才能原諒自己的流產？」我說。

「不原諒自己，就像是用鎖鍊把一顆球鍊在身上那樣。你走到哪，這顆球就跟到哪；當你坐下或起身，它就在你頭上盤旋，甚至占據你整個身體，從身體的中心向四面八方延伸。它會讓你孤立，讓你無法感受到全然的幸福、快樂，甚至是全然的悲傷。它就像是一堵牆。」

「但大家習以為常，覺得這樣反而好。」史黛西補充道：「就像大家寧願守著不美滿的婚姻，也不願意分開，因為這樣總好過要去面對未知的狀況。凱文告訴我，這已經變成芮貝嘉的思考模式了，而她需要擺脫這種方式。」

史黛西的見解，讓我想起自己在靈性成長過程中學到的一件事：不要去和我們的想法或感覺爭辯，反而要更注意、更放大它們。我們可以觀察這些想法或感覺，然後不帶任何批判，輕輕讓它們消散，就像在靜心時所做的一樣。

「這說來容易，做起來並不簡單，不然我就不會在這麼多次的人生中繞著這個主題打轉了。」芮貝嘉邊說邊笑，心底隱藏的痛苦昭然若揭。

「妳想要放下嗎？」史黛西單刀直入問道。

「非常想。但我還是忍不住要想，是不是有其他方法更能幫助我？因為，這模式在我心裡已經根深柢固了。」

「妳只是把簡單的事弄得更複雜而已。」凱文提出看法。

「只要下定決心就行了，而妳從來就沒有眞正下定決心，」史黛西說：「下定決心放下。」

「能夠理解這一點，就像是有了一把能夠打開心的鑰匙。」凱文告訴芮貝嘉：「放下本來就不容易，但生命是個禮物，不論活著的時間有多少，都是一件美妙的事。拿我來說，我還活不到離開母親的子宮，但是在妳肚子裡時，我同時存在於肉體之中，也存在於肉體之外，但是兩者非常接近，這裡面有許多快樂。**那段時間裡我的眼睛、耳朵和我的心，都有很多的快樂。即便我只以妳現在存在的方式活了很短的時間，但每分每秒我都非常享受**。

「爲了幫助妳釋懷，我只能說，生命是一場歡慶，而且我們永遠有時間能夠再重來。大家應該要了解，生命是會繼續的，無論看不看得到或感不感覺得到。生命是不滅的，每個人都有機會在未來再次投胎到肉身，無論是人的肉身，還是其他世界裡的其他形體。我們進入肉身生命是爲了要體驗，爲了透過我們經歷的種種來體驗挑戰。我們熱愛這個經過，而且我們所有人都時不時就會想要來上一遭。也因此我們一次又一次回到肉身中。

「要知道，雖然你看不到我們，但我們還是活著。我們經常去探訪自己所愛的人，把我們的手放在他們的心上，用我們的形體包圍著他們，好讓他們感覺到我們的愛，這麼做可能會讓他們發現到，生命是永恆的。他們看不到我們，並不代表我們就不存在。生命永遠不會結束，生命即是一切存在。生命無所不在，就像我跟我母親距離只有幾步之遙一樣，其實我們距離所愛的人也只有幾步之遙。思想的速度是很有力量的連結，**無論你是否感覺得到我們的存在，只要想著你深愛著但已經不在你身邊的人，就能立刻把我們帶到你身邊來。**」

「我可以再問他一件事嗎？」芮貝嘉說：「醫生跟我說他並沒有受苦。」

「沒錯。」史黛西確認。「他說那時候他早就已經不在身體裡了。」

「那他有去看塔克嗎？」

「他說他經常去，還說他會讓房子裡的燈忽明忽滅，這是他向家人打招呼的方式。」

每位母親都是孩子靈魂的護持者，無論時間長短

看起來，是時候讓我們來探究芮貝嘉的經歷中最不可思議的部分了——那個出現在她家中的不明男子。我安靜聆聽芮貝嘉把故事告訴史黛西，史黛西立刻就破解了謎團。

「是那位指導靈（出生前計畫會議中的那位），他就是那名男子。」史黛西說：「就是他問芮貝嘉：『妳確定妳能夠就此釋懷？』」

「我們能夠請他來，問他爲什麼要化成肉身嗎？」我一發問，史黛西立刻就開始轉述那位指導靈說的話。

「每當靈魂無法完成非常想完成的事情時，像是芮貝嘉和凱文的狀況，」他告訴我們：「我們就經常會這麼做。如果芮貝嘉死了，就無法完成這一世裡的因果挑戰。我們非常清楚芮

貝嘉還會有另外一個小孩，在她的人生中還有更多的責任和事情要完成，還有這一切對她來說是多麼的重要。她還不能死。我們會視個別情況需要而化為肉身形體。有靈視能力的人可以看見我的氣場發出特別的光，跟其他人不一樣。但是當時沒有人看見，通常也都不會有人發現。」

我問他為什麼會選擇以白上衣和卡其短褲的休閒打扮出現。

「他想要看起來休閒的樣子，」史黛西回答：「因為這樣子比較容易被大家接受，也可以營造一股輕鬆的氛圍，讓芮貝嘉和其他人感覺得到這股能量。他還告訴我，有些人看到他的打扮是不一樣的，有些人看到的他是穿著白衣的。」

「像是醫護人員的打扮？」我詢問。

「是的。」

「是不是因為這樣他才上得了救護車？」

「是的，但是他不需要以那樣的形象出現在芮貝嘉面前。他出現在芮貝嘉身邊的目的不止是要救她的命，也是要安撫她。」

「他是不是刻意選擇了她前男友唐尼的樣貌，這樣比較容易安撫芮貝嘉？」

「熟悉的形象能夠觸發芮貝嘉在潛意識及靈魂層次上對他的認識。她會記起這位她信賴的指導人兼朋友。」史黛西解釋道。

「一位母親會生下一個只活了六個小時、六天或一個月的孩子，這種情況並不表示這個孩子的生命就不完整。這個生命只是有一個理由，有時甚至有兩到三個理由，**想要稍微多經歷一下，提醒一下自己某件事，或是想要和母親多相處一下、去看看前世可能沒有看明白的事**。在這種狀況裡，**每個孩子的靈魂都會感謝母親給了他們這樣的經歷。無論對這位母親來說，這段時間是多麼的短暫，但對這孩子來說都是足夠的。這樣的母親以充滿熱情的方式扮演了孩子靈魂的孕育人和護持者。**

※　※　※

芮貝嘉花了很長一段時間來處理史黛西提供的訊息，我問她這些資訊對她的生活產生了什麼影響。

「我和史黛西談起失去凱文時，其實我早已不是過去的那個我，在很多方面我都和以前不一樣了。以前的我很開心、樂觀，而那個時候的我卻很悲傷、頹喪。因爲質疑和自憐，我早已沒了自信。再怎麼說，如果我連肚子裡的小生命都保護不了，那我怎麼配擁有我其實早已經擁有的光榮——我那三個健康、活潑的孩子呢？

「直到我得知自己的出生前計畫後，我才能夠放下自己加諸於自己的罪惡感。我可以把流產的經歷看成一種學習。這件事對我來說已經結束，因爲我不需要再去猜測那些會讓人萬劫不復的各種假設和可能。但這並不表示我從此不再難過了；我偶爾還是會爲此感到悲傷，或是去猜想他的長相、他會和兄弟姊妹中的哪一個最要好。這種情況還是會出現，不過是在可以接受的範圍內，所以不會像過去那樣令人悲痛難抑。

「與史黛西的會談改變了我的人生，讓我能夠重新活過來，好好養育其他的孩子。而這樣的經歷靠我一個人是無法達成的。」

把愛延伸給另一個人
——靈魂爲什麼會計畫流產？

爲了獲得更多芮貝嘉出生前計畫的意義，我請寇爾比與芮貝嘉的靈魂進行通靈。我特別希望她的靈魂能夠對因爲流產而失去孩子的父母說些撫慰的話。我們的靈魂會希望我們如何回應這樣的經歷？而靈魂自身又是如何看待這樣的經歷呢？

「午安，你想要找芮貝嘉的靈魂，我來了。」透過寇爾比，有人對我打了聲招呼。

「謝謝你今天來到這裡。」我說：「我想問的是，讓她肚子中的凱文小產，是不是你在芮貝嘉投胎轉世前就計畫好的？如果是，爲什麼要這樣呢？」

「我的人格芮貝嘉，在出生前要求我**讓她以各種形式來體驗身為母親的感覺**。她是個完美的志願者和載體，她了解在這樣的狀況中，**概念**才是最珍貴的禮物，而非生命本身。

「當靈魂進入肉體，儘管最後無法離開母體、成爲獨立個體來經歷這個世界，**它還是能夠透過母親來認識這個世界**。這個靈魂可能曾在其他的生命形式中遭遇太多苦難，想先試試水溫；也許這個靈魂已經習慣了其他生命形式，從來沒有到過人世，想試試是什麼感覺，就像你們試穿帽子一樣，不管喜不喜歡，你都會再拿另一頂來試試。而芮貝嘉身爲母親的力量非常強大，所以她能夠理解，也願意開放各種機會讓自己去嘗試。」

「爲什麼凱文的靈魂會想要成爲受精卵卻無法經歷出生呢？」我問道。

「即便是因爲強姦或在憤怒之下受孕，當精子遇到卵子的那一刻，都是神對生命與創造的愛的極致呈現。凱文想要感受這樣的愛並牢牢記住這樣的感覺。當人出生之後，他會忘記子宮裡大部分的事情。**凱文想要感受創造之愛帶來的善意與祝福，然後把這感受帶回來，療癒他累世的因果**。凱文希望這能成爲他的禮物，讓他有足夠的力量能再回來，帶著更多對人性的信心及對這個世界的愛，**在未來的轉世中完整地經歷懷孕的過程並出生為人**。

「你說成爲受精卵卻沒有出生的經歷能夠爲凱文帶來療癒，可以說明這樣的療癒是怎麼進行的嗎？」

「這小小的肉身感受到全然而完整的滋養、包圍、擁抱，並且被母親環繞，這種感覺是人以肉身狀態所能感受到最偉大、最全面的愛。人長大後所尋求的狀態，像是孩子的擁抱、做愛、與朋友一同在溫暖的火爐前暢談歡笑，其實都是想重新創造那種包容一切的肉體之愛。當靈魂一離開肉體，就會接觸到神的愛。但是，如果靈魂在肉體裡就無法接收到愛的感覺，這種成爲受精卵卻無法出生的經歷有時就能夠**提醒靈魂：人類能夠對另一個人類懷有不可思議、美好且包容一切的愛，並幫助它的人格為接下來的投胎做好準備**。就如同母親懷抱著尚未出世的孩子，我們也都被神呵護在手掌心裡。我們都在母親的子宮裡。」

這是個很重要的說明。我見過許多人帶著恐懼的負面能量，從這一次投胎轉世到下一次投胎轉世，爲的是要療癒恐懼；但這是我第一次聽到能夠把愛這樣的能量重新帶回肉體裡的說法。很顯然，凱文在過去的幾次前世裡，不太能感受到被愛的感覺。在子宮裡，他受到芮貝嘉愛的洗禮，親密地感受到她對他的所有思緒和感覺。他想要帶著這份覺知回到靈魂之中，再帶著這份感覺的記憶進入來世。

「**這是把愛延伸給另一個人的方式，一種對他人的服務。**」芮貝嘉的靈魂繼續說道：「這麼做讓凱文和芮貝嘉之間產生愛的聯繫，會在他們來世重新投胎時，發揮美好的作用。**要做芮貝嘉所做的事而依然保有對這個世界的信心，需要非常強大的決心與勇氣**。

「而凱文呢，當他再次投胎時，他會用一生的時間來還原那份模糊的愛的感覺，儘管在出生時他已經遺忘，卻始終在內心保有一點關於這份愛的知覺。當他在來世遇見芮貝嘉，他們的相遇將會打開他心中的那扇門，那份愛將呈現在他眼前，並因此讓整個世界更了解這份由前世奠基的愛所誕生的生命。這將讓他們的生命更豐富，而芮貝嘉將會對前世的小產有些模糊的印象，這時她會突然感受到療癒，而且應該會知道那是凱文的影響。這也同樣能讓這個人格（芮貝嘉）對人性、對愛有更深刻的理解。他們將會共同孕育一個小孩，這個孩子會是眞正無條件、無私的愛的集合體。這將會是件非常了不起的事。」

「我們已經大致了解爲什麼凱文想要有小產的經歷了，那爲什麼你會想要芮貝嘉擁有這樣的經歷呢？」

「母親、孩子、信仰與信念的傳承，已經成爲芮貝嘉最近幾次投胎轉世的主題了。我會說『最近』是因爲芮貝嘉有幾次前世並不是女性。過去有一世裡她也發生過流產。當時的丈夫責怪這位妻子（芮貝嘉），所以她將流產視爲自己人生中最大的失敗。之後她再也無法生育，一直放不下自己始終空盪的子宮。她嘗到了身爲母親的苦澀，不過身爲母親本來就是件苦樂參半的事。」

芮貝嘉的靈魂說：「有些流產是爲了要**用一種情感衝擊來回報另一種情感衝擊**，有些單純只是因爲靈魂來了以後發現這個載體並不是它要的，但是它希望自己是完全準備好的。無論是流產、謀殺、飢餓、婚姻或是愛，所有發生的事情都無法只用一個邏輯性、情感性或靈性的理由來說明，否則靈魂就得來來回回投胎三、四次才能完成想做的事。人世間有太多可以學的東西，有太多面向了。」

「你說有時候在出生前計畫流產是爲了要用一種情感衝擊來回報另一種情感衝擊，可以針對這部分再說得更詳細一些嗎？」

「如果一對情侶的其中一方拋棄了另外一方，其實不一定要用相同的方式才能平衡彼此之間的因果。有一種拋棄是在兩個人都化爲肉身時可以進行的。一位非常渴望孩子到來的母親，在腹中嬰孩夭折時，也會有一種被拋棄的感覺。」

「也就是說，如果我理解的是正確的話，有時候在某一世的伴侶關係中，有一方拋棄了另一方，那麼被拋棄的那一方就會變成是……」

「那個小產的嬰孩，」芮貝嘉的靈魂代我回答：「而在前世拋棄別人的，就是那個失去至親的母親。」

在這樣的出生前計畫中，這位母親並非是因爲在前世拋棄了他人而遭到懲罰。根本沒有懲罰這回事。這位母親是「自己選擇了想要去體會被拋棄的感受」，因爲她也讓別人經歷過同樣的感受。在靈魂的層次上，我們尋求「理解」，也因此我們會想去經歷各式各樣的狀況和感受，藉此培養出同情心和同理心。從肉身有限的觀點來看，我們經常只專注於事件引起的痛苦，但當回歸到靈魂之中，就會很高興地發現我們打開了自己的心，也拓展了自己的靈魂。

「能不能請你告訴我，還有什麼原因會讓靈魂計畫流產呢？」我發問。

「為了要教導自己何謂希望；為了要感受身為母親的感覺，但不需要用一生的時間來當母親。

如果一個靈魂絕大多數時間裡都投胎爲男性，那麼有可能在它一開始化身爲女性的前幾世裡，會安排一次懷孕最終卻沒有生產的經歷，藉此來讓女性的振動能量慢慢穩定進入到這個靈魂的肉身之中。說到男性與女性生活的不同，像是吃什麼、做什麼工作、在社會上如何應對，其中的差異其實比大家想像的都要小，但是懷胎這件事差異卻很大。男性的身體裡帶著生命，卻無法像女性一樣能在體內賦予這生命形體。」

「你剛剛提到了希望，流產如何能幫助靈魂教導自己希望的意義呢？」

「當一個女人想要孩子，並且試了又試之後還是流產時，爲什麼她不會瀟灑地聳聳肩，說一句：『噢，我想還是算了吧』呢？這個女人經歷了多少次的人工受精、醫師會診，以及任何一切她所能做的事，來呼喚孩子的靈魂來到她與丈夫的身邊？**流產能夠教導人學習堅忍、希望、相信自己，以及永恆的寬恕**。不會因爲流產而責怪自己的女人，能夠成爲其他人的典範。經常出現的狀況是，如果這裡有五個流產過的女人，其中一定有一個比其他人經歷過更多次有流產經驗的前世，而她就能夠成爲比較沒有這種經驗的人學習希望與堅忍不拔的典範。如果我們的生命循環中有某種經驗比其他人豐富，我們就會用這經驗來教導別人。」

「你提到了寬恕。你會計畫流產這件事，是不是也是希望芮貝嘉能夠學會如何原諒自己呢？」

「正是如此。要知道，其實根本沒有什麼需要被原諒，她並沒有做錯任何事，反而還給出了一份禮物。如果有什麼可以透過這件事及你的書來讓人學習的，那就是即便一個女人受精後只懷孕四天，小生命就結束了，**她仍然是將那些細胞當作禮物送給了那個靈魂**。她還是用自己的方式、透過她的子宮，感受到上帝輕輕的撫觸。這永遠都是一件能讓她領受到祝福的事。我希望芮貝嘉能夠發現自己是完美的，我希望她能夠發現自己對凱文所做的一切，完全不遜於她爲其他孩子所做的。**無論在人世間看起來是什麼模樣，在她子宮裡的每一顆果實都是完美的，也都純淨無瑕地盛開著**。

寬恕能擦掉寫在黑板上的一切：給經歷流產的父母

「讀到這些話的部分女性可能流產過，她們可能會說：『我已經嘗試過各種方法來原諒自己了，但我還是辦不到，我該怎麼做才好？』」

「一切強求不得，慢慢來。如果你有個孩子一直說：『我不夠好』或『我怎麼這麼笨』，你要怎麼做呢？你會擁抱這個孩子，你會盡你所能給他愛和信心，然後放手，因爲你知道已經盡力做了一切該做的了。芮貝嘉必須要愛自己到這個程度才行。當愛在子宮中被創造出來，那份愛就會被包裹在母親的卵子裡。這就是我們（的靈魂）對自己的愛，我們將之帶來這個世界，使之更加彰顯。爲什麼大家都喜歡看到自己的親生骨肉有著自己的眼睛、自己的想法、自己的動作和習慣呢？那是因爲**這彷彿就是一種被允許愛自己的方式**；但是，就算沒有小孩也還是可以愛自己的。你並不是自己的孩子。就像芮貝嘉會原諒她的兒子、她的女兒所犯的錯一樣，就像她會盡一切可能去安慰他們、肯定他們的價值一樣，**她也一定要這樣對待自己**。這就是凱文短暫停留在她身邊所要教導她的部分課程，也是他帶來的禮物。

「在芮貝嘉學會原諒自己之後，身爲靈魂的你能夠獲得怎樣的進化呢？」

「**當靈魂學會原諒自己，之後投胎為肉身時就會更有力量**。這些靈魂不太容易受到世人的影響，儘管有人說他們沒用、說他們錯了。有些靈魂對於自己爲何來到人世及注定要做些什麼，有著非常堅定的信念。**這些就是學會原諒自己的靈魂**。寬恕能夠擦掉寫在黑板上的一切；於是你有更多的空間可以揮灑，寫詩也好，導公式也好，甚至是畫一幅美麗的畫，這一切都將會是在乾淨的黑板上進行，而不是寫滿了沒用、笨蛋、不夠好等字眼。人世間大部分的課題最終都會進入到：『我這個人不足夠。』但就算是在最艱困的狀況中，靈魂依然知道自己是一切俱足的。但是人格忘了這件事。我們是萬有的一部分，我們與一切相互連結、與宇宙每一瞬間的愛相互連結，愛永遠都是自我俱足的。當你認爲自己不足，這是因爲你覺得自己沒有人愛，或是不可愛，又或者是你覺得自己沒有足夠的愛。」

「我們來談談哀悼的過程吧。對那些讀到這些文字，並且還深陷在流產悲傷中的人，你會建議他們怎麼療傷？」

「很重要的是，要了解他們在哀悼的究竟是誰。他們並不是在哀悼那個孩子，**他們哀悼的是那個孩子本來可能擁有的一切，他們哀悼的是自己的希望**。如果他們知道那個孩子對他們完全沒有懷抱任何惡意、他們沒有做錯任何事、他們並沒有任何問題，那麼要療癒就會容易一些。有些人因爲父母的過世而悲痛萬分，是因爲他們還有好多話來不及說。如果那些人在失去深愛的父母之前，就把該說的話都說了，而且表達出感恩之意，那麼他們就能在心裡仔細收藏好對父母的回憶。他們會非常高興知道父母現在已經不需要再困在那個可能已經難以使用的身體，或是不好過的生活裡了，而且他們知道彼此之間的愛絲毫沒有減損。所以，正在哀悼的人並不是沒有權利哀傷，或是這麼做很傻。如果一種情緒能幫助你淨化悔恨或失望，它並不傻，但是，之後就放下吧。哀傷並不能給那條生命任何意義。你來到人世間，並不是要爲了你沒有的東西而一直神傷，是要爲你做的事而高興，並且把那些美好與其他人分享。這麼一來，一切才會有加乘的效果。」

「讓我們來談談父親的哀傷吧。因爲有時候當流產發生，大家會忽略父親這部分。」

「男女的能量是不同的。男性不會感受到身體內在的空虛，不會感覺到空蕩蕩的腹腔。對男人來說，他們會想的是：『是不是因爲我的種不好？』這是男人的天性。對他們，還是同樣一句話：你沒有失去任何東西。那個同意要與你的靈魂相交的靈魂還是實踐了它的諾言。這個孩子依然影響著你的人生，而你可以帶著這份影響，用美好、充滿力量的方式呈現在這世界上；也許你也可以將這些感情轉化到另一個孩子身上，一個有血有肉、卻沒有父親疼愛的孩子。

「精卵結合時，無論這個孩子有沒有被生下來，這個男人都已經是父親了。這將會烙印在他身上，他永遠都會有身爲父親的能量。他可以再嘗試去生一個自己的孩子來展現這份能量，或是把這份能量分享給已經存在於人世間的其他孩子。這份禮物永遠都是他的，身爲父母是一種宣告生命存在的能量，這是種效果非常強大的藥。」

「你說這裡面沒有任何失去，我懂你的意思，但是剛經歷孩子流產的母親或父親可能無法理解。能說得更詳細一點嗎？」

「這感覺起來絕對是一種失去，沒有人能夠否認這點，但我想要鼓勵這些傷心的父母去了解一件事：**孩子還是你的**。人會爲死亡而傷心難過，因爲他們覺得自己失去了某個人。當某人搬到地球的另一端，你這輩子可能再也見不到他了，但是你並沒有失去他。流產就像是這孩子移動到世界的另一邊去了。要知道，你爲這個世界又增添了一份愛。一切事物都有意義，特別是創造出生命並且對這條生命展現出如神一般的愛，這絕對不會是毫無意義的。

「你在懷著這個孩子的時間裡，同時撫慰了你自己的靈魂，以及這孩子的靈魂。他們對你的愛會就此留在你身邊。不要用局限的框框來看待這件事。**把你的能量、你的愛、你打算給予這個孩子的一切，投射、發揮到其他地方**。如果你眞的太想要擁有一個眞正的孩子，那麼去愛另一個孩子，就等於你在愛你失去的那個孩子，而它的靈魂會知道的。它不會覺得你不愛它了，因爲當這個孩子離開肉身，它就會知道愛沒有所謂的多或少，因爲愛就是愛。」

我問芮貝嘉的靈魂還有沒有什麼想要補充的。

「**身為人母與人父的能量……請將其視為你帶到人世間最偉大的禮物**。這是人性中的神性顯現。千萬不要浪費這份禮物，以爲妳流產或墮胎就代表妳是個很糟糕的人。**以想成為母親或父親的願望為榮**，無論是透過你的肉身或爲他人服務的形式來做都好，因爲這份能量已經完整地形成了。這份能量既不是流產、也不是墮胎，這份能量是個機會，讓你向外拓展，並成爲神的手指，用愛來撫觸另一個人。而這份愛正是使這個世界的傷疤癒合的良藥，你們每一個人都有。」

墮胎

在討論出生前計畫流產的篇章裡，少了墮胎這部分的考量，似乎就不完整了。在流產的狀況中，母親、父親及受到影響的其他人都不是在意識清楚的狀態下選擇了流產，但墮胎就需要至少母親這一方有意識的選擇才會發生。當一個女人選擇要墮胎，她是不是在實踐她的出生前計畫呢？這個決定是不是她和這個未出世的孩子的靈魂一起做的呢？如果靈魂知道自己將被墮胎，爲什麼它還會想要將自己的能量與這個胎兒連結呢？

爲了要回答這些問題，我請史黛西請來她的指導靈，一起討論有關墮胎這個議題。

靈魂與肉體相遇的那一刻，才是生命的起點

「我感覺到還有另一群存有跟我的指導靈在一起。」史黛西一開始就這樣說道：「我的指

導靈想要爲其他爲數衆多的存有表達一點意見。」我對史黛西的話感到驚訝。在我們進行過的多次通靈裡，她從來沒有這樣開場過。對我來說，其他存有的出現顯示出靈魂認爲墮胎這個主題是個重要的人類議題。

「關於墮胎，你有什麼想要告訴大家的嗎？」我問道。史黛西沉默了一會兒，她正專注在她的指導靈身上，等待他說話。

「羅伯特，你好，」他傳來了問候，「因爲對本書的期待，我們今天齊聚在此，這本書將會是一部集衆人之力而成的成果。我說的『我們』，除了史黛西的指導靈我之外，還有長老委員會的成員，他們是目前現存的所有靈魂小組的支援小組，特別關心以人的肉身形體爲教育方式的學習。我們今天來到這裡，是要告訴你有關個人投胎轉世的各種選擇，所謂的投胎轉世，也就是透過被稱爲人間的這個教育系統，以肉身形體反覆去經歷體會的一種學習。

「墮胎從來就不會只有一個理由，或是只爲了一個不變的理由。墮胎的原因非常多，各有其背景，同時存在於化爲肉身的人格中，也存在於母親與嬰兒的靈魂之中。要知道在受精時，靈魂尚未完全進入胎兒的體內。在很多狀況裡，其實懷孕的前三個月，靈魂根本完全沒有進入胎兒中。通常，母親和孩子的靈魂會在懷孕的前三個月裡，在出生前計畫規畫區碰面，以敲定最後的一些細節安排和雙方的認同；若是這些在之前的計畫中都已經確定了，這個階段裡就會進行最終的確認。因爲這樣的過程實在太常見了，幾乎已經是標準程序了。不過要注意的是，還是有很多母親在受精的那一瞬間，就體驗到與未出世的孩子之間靈魂的連結了。我們可以說，約有兩成的人類受孕狀況是如此，特別是在現代。然而，大部分女性都是逐漸感知到與肚子裡孩子的靈魂有所連結。這種狀況隨處可見，從懷孕四個月、五個月到八個月都有，也就是說，基本上是從孕程的四個月之後才開始的。有時候是因爲母親太焦慮了，有時候是因爲這個孩子的靈魂還沒有以很明顯的方式完全附著到胎兒身上，或者是沒有花太多時間待在母親身旁的緣故。

「我們會說這些是想描述，**在懷孕的前三個月裡，靈魂不會全時段停留在胎兒身上**，而這正是大部分墮胎的時間點，而且我們要強調，這是大部分自主性墮胎會選擇的時間點。因爲這些墮胎是自主性的選擇，所以被評斷爲是自然的，同時也是神的作爲。我們想告訴你們，你們都是神，所以，你們做的事怎麼可能不是神的意旨呢？我們鼓勵你們走出人類對生命的本質及生命初萌芽時的本質的有限思考——生命的起點在於：靈魂與肉體相遇的那一刻。

「當胎兒的身體降生到圍繞著生命的光芒中（肉身世界）時，通常靈魂都會急著要進入身體，在最後一刻進行全面的探索並安住其中。這種靈魂與肉體之間急切又緊密的結合，通常會對進入身體的靈魂造成極大的迷惑和混亂。

「這樣一來你就能更加了解，靈魂與肉體及其內部的神經系統進行結合時，當拙火的能量（儲存在脊椎底部的生命能量）開始充滿，而且身體與靈魂之間多重的通道打通連結時，所有動作都是非常快速而緊湊的。

「你們也要了解，在墮胎的過程中，無論這個動作是由母親、醫生，或是在任何形式的協助下所進行的，又或者這件事是否是自然發生，**當胎兒死去時，靈魂並沒有附著在胎兒身上**。它沒有痛苦，所以母親不需要揹負著愧疚的包袱。

「我們想要你的讀者知道這些，因此對他們自身的經歷有更深的了解，並且原諒自己，他們可能以為自己是殺人兇手，或是會評論做這件事的人是兇手。其實有很多種載體（意即身體）都能讓靈魂獲得成長的體驗。有些靈魂會與自己靈魂小組裡的另外幾個靈魂形成深厚的情感，把他們當作家人看待，而且通常會選擇一起投胎轉世成為家人或朋友。有時在這種情況裡，其中一個靈魂小產或被拿掉了，那麼它就不會選擇其他身體來投胎，直到靈魂家族中有人回來為止。這是那個孩子的靈魂的選擇。我們希望母親們知道，她們的經歷只屬於她們自己。她們可以選擇感到悲慘而滿懷愧疚，想著她們要為自己毀掉某個人的出生機會負起責任，又或者用更開闊的覺知來看待這件事，知道其實這只不過是提供了另一個機會給這孩子的靈魂，無論他之後是否還會由同一個母親誕生。我們想要母親們看見，她們並沒有對孩子造成任何傷害；她們並沒有殺死任何靈魂。靈魂會繼續存在，而他準備好的時候，就會將自己的一部分放入肉身之中。他會依照自己想要的經歷和成長，來選擇最適合的父母。

「**靈魂和人一樣，也可以改變心意**。所以當靈魂選好一個家庭，然後母親也懷孕了，這時候如果胎兒的肉身無法存活而小產了，或者這個母親選擇拿掉孩子，那麼這個孩子的靈魂可能就會選擇等等看這位母親還會不會再懷孕，或者選擇其他的經歷。委員會將檢閱現有的選項，透過指導靈讓靈魂看到，要獲得想要的經歷和成長，目前最好的機會還有哪些。

「不需要去設定一套標準來評價那些選擇把孩子拿掉或自然流產的女人。是的，悲傷是一定的，因爲希望和夢想將因此而破滅，但是其實根本不應該悲傷，不該爲了靈魂的死亡而心碎不已，因爲靈魂根本不會死亡。唯一有的只有融合，母親最常在懷孕第四個月或第七個月時感覺到這樣的融合。但是，即便靈魂進入了胎兒體內，也只不過是短暫停留一小段時間而已，可能是幾分鐘或幾小時，有時可能會一次停留個幾天也說不定。就像是人將要死之前一樣，這個人的靈魂會進進出出身體，但還是保持著連結，所以在懷孕期間，靈魂同樣也會來來去去。靈魂大部分時候都不在體內，特別是懷孕第七、第八或第九個月的時候。我們要再次強調，**靈魂完全進入胎兒體內是發生在生產過程中**，他會讓自己與神經纖維緊密結合，因爲這些神經系統能讓靈魂操縱身體。正是在這個過程中，那層神祕的面紗經常會被揭露出一些端倪。靈魂會在要出生時的前幾分鐘感到非常困惑，因爲這時候與另一個世界的連結漸漸消失了，靈魂已經看不見那個世界了。他唯一看得到的是眼前的景象，那些包圍著他的東西。在大部分情況下，那是母親的子宮或出生時經過的產道。誕生，無論是自然產還是剖腹產，對靈魂來說都像是一場甦醒的過程，完全不知道自己是誰或身在何處。」

史黛西沉默了下來。我知道指導靈們想要傳達給我們的訊息已經告一段落。現在是發問的時間。我請史黛西進一步說明靈魂在懷孕四個月及七個月時，與胎兒的連結是如何變得更加密切。

「我看到靈魂形成了一條像是尾巴的東西，環繞著胎兒的脊椎。我看到的是胎兒五個月時的狀態。感覺起來他好像在安撫著胎兒一樣。雖然靈魂並不會完全停留在肉身之中，但是彼此之間的能量連結已經產生了。」

「是不是所有的墮胎都經過這個與胎兒連結的靈魂的同意？」我問道。

這時史黛西個人的意識暫時隱去，換成她的指導靈透過她開始說話。

「是的，一定都是的。」他表示。「有時候母親這部分得做一些解釋或者去說服。一旦了解這是最好的決定之後，無論如何孩子的靈魂都一定會同意。我們不能說每個靈魂對這個決定都很高興，偶爾會有一些靈魂表現出很失望的樣子，這也是靈魂在成長中需要接受的一部分。」

「爲什麼靈魂會願意將自己的能量與一個已經知道會被拿掉的胎兒連結呢？」

「對某些靈魂來說，經歷短暫的懷孕期有點像是在做櫥窗購物一樣：透過櫥窗來看看另一邊有些什麼，自己可能會挑選哪些東西，對某些靈魂來說就夠了。無論時間多麼短暫，只要單純四處看看、稍微有點概念、知道所謂的連結是什麼感覺，就可以了。要記得，只有人類會做出與時間相關的各種評價。對靈魂來說，一切皆爲一體，我們並沒有用時間長短來衡量經驗重要與否的價值觀。存在過的就是存在。」

病患照護

爲什麼有人會計畫讓自己揹負起照護這等沉重、得承受情緒強烈起伏的工作呢？爲什麼會有靈魂想要處在被他人照護的狀態中呢？爲了尋找這些問題的答案，我訪談了鮑伯（Bob Barrett）。進行訪談時，鮑伯七十歲，此時他已經照顧臥病在床的妻子凱薩琳長達十四年，而這段照護經歷始自他退休後的隔月。正因爲鮑伯照護妻子的時間這麼長，加上事情發生的時間點是如此不湊巧，讓我相信這絕對是重大計畫的一部分。

在我們進行談話前，鮑伯說，照護妻子的經歷促使他走上個人的靈性成長之旅，他開始相信，他和凱薩琳正在履行他們出生前訂下的約定。這個新觀點讓他在艱困到差點就想放棄的時刻裡，依然把持堅定的態度。我想知道的是，鮑伯對自己出生前計畫的了解，是如何強化了他的決心，改變了這場照護經歷的呢？

愛妻卻成為親密的陌生人
——鮑伯的故事

「我在遇見凱薩琳的那個晚上就愛上她了。當時我們都是美國密西根州立大學的一年級生，我們一見到對方就立刻來電，分享了各自人生中各種誇張有趣的故事，不斷嘻笑玩鬧。當我與她吻別時，她向後退開，說我根本不知道怎麼接吻。我請她教我，她說我可以自己對著鏡子練習。不過，我們第二次約會時，她花了整整一小時來教我。從那時候起，我倆就再也離不開對方了。」

鮑伯和凱薩琳在大四那年訂婚，畢業之後立刻就結婚了。他們所有的財產就是衣服、鮑伯父母送他們的一輛車，以及鮑伯祖父母給的一百塊美金。隨著時間過去，缺少物質財富反倒讓他們之間的牽繫更加穩固，共同努力打造著屬於他們的夢想生活。

婚後，鮑伯和凱薩琳還是在密西根州立大學多留了一年。凱薩琳教小學以賺取生活費，鮑伯攻讀MBA學位。

「她是位非常棒的老師，」鮑伯驕傲地說：「凱薩琳是個非常外向、有活力、善於社交的人，她充滿了自信和決心，打定主意一定要過比小時候更好的日子，因為她兒時是在勞工階級家庭中長大的。父親並不贊成她念大學，但是她去辦了助學貸款，完成了自己訂下的目標。我既愛她又佩服她有這樣的決心，還有她靠自己完成的所有事情。」

鮑伯和凱薩琳育有一子兩女。由於鮑伯擔任美孚化學公司的管理職，經常得出差，所以凱薩琳主要的責任就是照顧孩子。在閒暇時間裡，她擔任宗教活動的志工，活躍於讀書會之中，還成爲相當出色的烹飪高手。

「在我們婚姻的前三十五年裡，凱薩琳都非常注重外貌的保養。」鮑伯這麼對我說：「她偶爾也會仗著美貌和別人打情罵俏，但我們的關係始終非常穩固，而且充滿了愛。我倆都不允許有任何人或事介入我們之間。」

擁有成功的事業多年後，鮑伯在一九九四年四月退休。五月時，他和凱薩琳前往加州參加婚禮。婚禮結束後、搭飛機回家之前，他們在一家機場旅館裡享用了一頓靜謐的晚餐。就在這時，事情發生了，從此改變了他們人生行進的方向。

「凱薩琳說：『噢，天啊，我忘了吃抗過敏的藥了。』」鮑伯回憶著說道，他的聲調頓時感傷了起來。「『你可以上樓幫我到房裡把藥拿來嗎？』所以我上樓拿了藥下來，當時她一口氣吃了六、七種不同的藥，然後我們就開始點菜，之後我們一邊吃飯，一邊像平常一樣東聊西聊。

「突然之間，我發現怎麼只有我一直在講話呢？我看向她，她也盯著我瞧。我喊她：『凱薩琳。』沒有回應。『凱薩琳，妳還好嗎？』沒有回應。我伸手握住她的手臂，輕輕搖了搖她。『親愛的，妳怎麼了？』還是沒有回應。」

於是鮑伯叫了救護車，將凱薩琳緊急送往醫院。她被留在醫院觀察了幾個小時，但因爲醫生找不出任何問題，只好讓她出院。

回到家，凱薩琳完全變了一個人，所有家務都落到鮑伯身上。她對朋友和平常喜歡做的事全都失去了興趣，之前已經存在許久但狀況一直都算輕微的脊椎側彎問題，突然之間卻痛得讓她受不了。凱薩琳的醫生推測她可能是中風，卻又沒辦法確診。

「我沒有辦法和她溝通。」鮑伯難過地說：「她只是不斷跌進疼痛這個深淵，愈來愈深。她不停地吃藥，從可待因止痛劑、嗎啡，到煩寧鎮定劑。

「自從加州那次事件之後，凱薩琳整個人發生了巨大的轉變，我已經不認識她是誰了。我們最後一次做愛就是在那次。雖然她很想要維持我們一直都很享受的親密關係，但是我發現我根本做不到，因爲對我來說她簡直就是個陌生人。」

鮑伯說，凱薩琳現在每天要睡十八個小時，且飽受風濕和關節炎帶來的慢性疼痛所苦。她已經有十五年沒有煮過一頓飯，對食物和營養的興趣也消失得無影無蹤。「她很少運動，以前她看起來比實際年齡年輕許多，而且很有魅力，但現在她看起來卻比實際年齡蒼老許多，整個人像是小了一號，彎腰駝背地蜷縮著。」

鮑伯和凱薩琳每天早上都要經過一套令人沮喪的例行公事。凱薩琳起床後，鮑伯會先問她需不需要上廁所。通常她不會回答。所以鮑伯會再重複一次問題。如果凱薩琳說要，他就會扶她去洗手間。接著，他會問她想不想再回床上睡一下。同樣的，還是沒有回答。然後鮑伯會到廚房去喝杯咖啡，之後他會問凱薩琳是不是已經上完廁所了。還是一樣，他不會得到任何回應。接著他會再等個十分鐘，進廁所去扶她從馬桶上起來，再慢慢陪她走回床上。

「然後我會給她吃早上的藥。等到她吃完煩寧，我會用湯匙餵她摻在蘋果泥裡的其他藥。她會問我蘋果泥裡面有什麼。儘管已經說過了上千遍，我還是會再說一次。等她把蘋果泥都吃完，就會跟我要煩寧。儘管我已經解釋過上千次了，我還是會再解釋一次，告訴她十五分鐘前她已經吃過煩寧了。說完這句話，我們就會展開一場爭論，她堅持我把她的煩寧藏起來不給她吃。最後我會跟她說，我才不管她相不相信我說的話，但是我絕對不可能再給她吃一次煩寧。

「等到爭論結束後，我會問她是不是餓了。沒有回應。所以幾分鐘之後我會再問一次。她會說：『你爲什麼要問我？你餓了嗎？』我會說：『拜託，妳只要回答我的問題就好，妳——到——底——餓——不——餓？』接著她會說：『有什麼可以吃的？』我不會回答這個問題，因爲她根本不會記得我說了什麼。

「我會到廚房去把可以吃的東西放在她面前讓她選。她會問這是什麼、那是什麼。然後她會開始試吃眼前的選項，完全不說她到底想吃哪一樣。整個過程可以長達三十分鐘。最後我實在受不了，要她趕快做決定。當然最後她會決定要吃什麼，可是她覺得我在生她的氣。」

之後一整天裡，他們兩人之間的對話也沒比這好到哪裡去。「因爲她已經完全跟生活脫節了，她跟我之間根本沒有話題。所以我們在一起時，要不就是我告訴她我今天做了哪些事情、讀了哪些東西，或是在電視上看了什麼節目，不然就是提醒她有哪些預約的約會。我會念書給她聽，但是她經常想不起幾分鐘前才聽過的內容。」

鮑伯要面對的狀況還不止每天的生活。多年來，他和凱薩琳都非常喜歡去他們位在瑪莎葡萄園的第二個家。但現在，凱薩琳卻經常在出發的前一秒鐘取消旅行，理由是她找不到她的眼鏡或假牙。最近，儘管凱薩琳跟著鮑伯一起去了葡萄園，但從頭到尾整整兩個禮拜，她都完全沒有起身梳妝或踏出家門一步。

此外，凱薩琳有時候會出現幻覺。有次鮑伯在半夜驚醒，因爲警察拿著手電筒照著他的臉。警察是凱薩琳叫來的，她說鮑伯把一個女人囚禁在閣樓裡，所以她要請警察搜索整棟屋子。當警察告訴凱薩琳沒有人在閣樓裡時，凱薩琳跟他們說，那個女人一定是利用鮑伯建造的祕密樓梯逃走了。一直到今天，凱薩琳都深信不疑有人住在他們的閣樓裡。如果她有件衣服或首飾不見了，她就認爲是那個女人偷走的。

經過幾次類似的事情之後，鮑伯傷透了心，幾年前他曾想過要離開凱薩琳。有個讓他很難過的原因是，孩子們竟然把大部分的照顧工作都丟給他。他有幾次想過自殺，雖然都只是想想而已，並不是很認眞。但是最後鮑伯既沒有離開凱薩琳，也沒有傷害自己，反而踏上了更深層的靈性道路。「我有一大堆問題但沒有答案，所以我開始閱讀。」他說。

鮑伯開始閱讀有關生理疼痛的書，從中學習到心理、身體、情緒和健康之間有非常重大的關聯。有一天，鮑伯的哥哥寄給他一本《與神對話》（方智出版），終於出現一道曙光。

「我讀了《與神對話》，書中每一句話對我都有深刻的意義。」鮑伯激動地說道：「我也讀了作者尼爾的其他作品，每一本都讀了至少六次。經由這樣的閱讀，我記起了投胎轉世的事。這更讓我相信，我正在經歷的一切並不是意外。我感覺到，凱薩琳這麼做是爲了要讓我的靈性更加開展，讓我的控制欲降低，讓我更能接受生命中的一切發生。這也讓我相信，**凱薩琳是因為愛我才會同意做這些事**。一旦我開始了解這一切都是計畫中的一部分，所有事情看來都不同了。這讓原本讓人完全無法忍受的事情，都變得不但可以忍受，還令人期待。」

「鮑伯，對那些不相信投胎轉世或出生前計畫的人，你有沒有什麼想說的？」我問道。

「不管你知不知道背後有個計畫在進行，計畫都還是會照常進行，而且一切都是爲了你好。**讓我支撐下去的是，知道的確有投胎轉世，而且凱薩琳在投胎前就同意要出現身體上的障礙，好讓我成為全職的照護者，學習有關善良、耐心、同情與愛的課題**。

「我相信，只要我們跟著計畫走，我們的靈魂就能因此而有長足的進步。」

鮑伯與凱薩琳的前世因果

很明顯，鮑伯已經看見了他與凱薩琳的經歷中更深層的意義與目的。然而，鮑伯與凱薩琳可以選擇學習其他的人生主題，並且挑選其他的靈魂一起進行。爲什麼他們會選擇彼此呢？爲什麼特別選擇這個課題呢？我希望亞倫能夠爲我們回答這些問題，也希望他能提供智慧給許多正爲照護所苦的人。他們該怎麼做才能夠找到其中的目的，甚至轉化這樣的痛苦呢？

剛開始的幾分鐘一片沉默，因爲此時芭芭拉的意識正慢慢退開，而亞倫進入到她的肉體中。

「獻上我的祝福與愛給你們兩位，我是亞倫。」我立刻感覺到來自他的那份深深的暖意。「我能提供給你們的只是我自己的見解。我不能保證這就是全部的眞相，不過是我所見的眞相。如果我說的話跟你體認到的眞相不同，就請忽略我吧。」

亞倫向鮑伯詢問了他與凱薩琳的出生年份，這樣他才能夠調出阿卡西檔案來查詢。「這一切對你來說非常沉重，你眞的已經失去你的妻子了。」他對鮑伯說道：「你發現自己被一個就各方面來說都是陌生人的女人給綁住了。你一定經常感到孤單、憤怒、困惑且挫敗。所以，我想要把重點集中在你們轉世之前是如何訂定這份計畫的。

「但我要特別提一下凱薩琳的狀況，因爲我想她的某些症狀是有治療的可能的。每個人都有正面與負面的部分存在，對大部分人來說，比例是一半一半。每個人都想要讓自己更趨向正面的發展，並且放下一些過去累積的負面特質。而你照顧凱薩琳有一部分原因也是爲了想要達到這個目的。一個人不需要達到絕對負面的狀態才會吸引外界的負面能量靠近。我不喜歡『附身』這個字眼，但是我不知道還能用什麼字眼來說明。我清楚看見在凱薩琳身體裡，還有另一個本體存在，它和凱薩琳共同住在這個身體裡。而這個部分巴西的一個治療中心有個大家暱稱爲『大神約翰』的人可以幫得上忙。他可以幫忙釋放這個靈魂，這麼做不只是幫凱薩琳，同時也是幫助那個住在凱薩琳身體裡的靈魂，它需要放手。」

我被這個狀況嚇到了。我從來沒有碰過任何人在不情願或不知情的狀況下，與另一個意識體共同分享一個身體。有關負面本體的探討並不在本書的範圍內，但是簡短的說明或許能夠有些幫助。當一個人的氣場因爲病痛或使用藥物與酒精而變得脆弱，附身的狀況就有可能會發生。擁有健康能量的身體，是不太可能會碰到這種現象的。

選擇照顧人，來療癒逃避的傾向

亞倫繼續說道：「你們兩人都有一些因果，所以你們想出的辦法就是，在這一世的人生裡遇見某種特定的挑戰，只不過這個挑戰實際上會是什麼，就可能不需要那麼明確地被界定，因爲它有各式各樣的可能。舉例來說，凱薩琳有可能是被卡車撞倒，也可能是先天有基因上的缺陷，到了這個年紀才突然發病。在你們的情況中，實際狀況是什麼幾乎是無關緊要的。對凱薩琳來說，她只決定要變得沒有行爲能力，並沒有設定是哪一種無行爲能力，而你也只是選擇要照顧她而已。爲什麼？爲什麼你會做出這樣的選擇？

「你這一世的投胎並不是爲了安逸或方便。**你投胎到這一世最主要的原因是為了要去愛、去釋放，並平衡過去的因果，形成一個嶄新而更為健全的行為模式。**」

亞倫提出了平衡因果與釋放因果之間非常重要的差別。當我們採取一些行動來彌補前世的所作所爲，我們就平衡了因果，而釋放因果則是當我們修正了引發我們製造出因果的潛藏信念、態度或人格特質。如果我們沒做到後者，我們很可能會一直重複同樣的行爲模式，製造出相同的因果。

「我在這裡要談到兩次前世。在較早的那次前世裡，你和凱薩琳結婚，但是你們的性別和這一世相反。你是女性（母親），而她是男性（父親）。你們的一個女兒在五歲前一直都是美麗又健康的，但是這個小女孩卻染上了類似小兒痲痺的病。於是她全身癱瘓，而你負擔起一切照顧的工作。你們還有兩個更小的孩子，一開始爲了避免他們感染同樣的病，便把這兩個孩子都送走。不過幾個月後，他們又回來了。你的下半生看起來就是要照顧這個生病的孩子。但因爲你很愛這個孩子，你受不了眼看著她身處這樣的狀況，所以你帶著兩個更小的孩子離開了，把這個生病的孩子留給她的父親，而在那一世裡，這個父親就是凱薩琳。你的內在並不喜歡自己做的這個決定，而你當時的出生前計畫有一部分就是要留下來照顧這個孩子。其實就是這麼簡單。

「鮑伯，你要學習的並不是如何成爲一個六根清靜的人，而是用愛來處理這一切。而我看見你的確是用愛來面對了。你照顧她，她知道的。現在你已經釋放而且平衡了大部分的因果。

你是不會離棄她的。」

我很高興聽到亞倫這麼說。藉由他對凱薩琳的愛和服侍，鮑伯不但平衡了前世種下的大部分因果，也療癒了他遇到困難就逃跑的潛在傾向。這一世，他做出了不同的選擇。

「其實你的狀況不應該像現在這樣艱困的，我等會兒再說明。」亞倫說：「現在我想說明有關第二次前世。在那次前世裡，凱薩琳是母親，而你是她的兒子。她是個非常慈愛而美麗的女人。你父親幾年前就過世了，你也沒有其他兄弟姊妹。在你十六歲那年，你母親因爲一次馬車意外而受傷，變得半身不遂。

「在這之前你已經一肩挑起一般父親會做的家事了，現在，你還得承擔照顧母親的責任，這位母親也就是凱薩琳。鮑伯，你做到了。事實上，幾年後你結了婚，還是把母親接到家裡來住，同時照顧妻子和母親。然而，你心裡卻帶著怨恨。你確實完成了出生前計畫中照顧母親的這部分，但心裡卻沒辦法帶著愛去完成。簡單地說，你在這世就帶著愛負起了照顧的責任。愛並不代表你就絕對不會有怨恨或痛苦，而且你不但要去愛他人，也一樣要愛自己，要像照顧凱薩琳一樣地照顧自己。你這一世的計畫大致上就是要遭遇某個艱困的狀況，然後讓自己用愛去克服這個挑戰。

「亞倫，凱薩琳在這些計畫裡的角色是什麼呢？」我發問，「她是否同意讓自己行動不便，藉此提供鮑伯機會來實踐用愛克服挑戰的目標呢？」

「是的，基本上她是同意的。」亞倫回答：「在現在這世裡，透過同樣的約定，會有某些狀況發生在凱薩琳身上，造成她行動不便，好讓鮑伯有機會實踐目標。看起來這好像對凱薩琳造成很大的負擔，但是請記住，人生其實不過如彈指般短暫。

「凱薩琳也在學習。在我提到的第一段前世裡，這位父親（凱薩琳）懷抱著滿腔憤怒，覺得自己被拋棄了；在第二段前世裡，這位母親在受傷之後，覺得自己沒有資格接受別人的愛和照顧，因爲她不想成爲兒子的包袱。你當時心裡有怨恨，所以她也感受得到那份怨恨。她用你當時的負面能量來助長自己對行動不便的憤怒。

「在這一世，看起來好像又是凱薩琳再次掉入黑暗的深淵。但這一次你並沒有任何情況惡化，不過仍然有一些可以協助她走出來的方法。你可以經常和她聊以前的凱薩琳是什麼樣子，雖然你其實已經看不太出來她原來的樣貌了。不斷嘗試帶她走出黑暗，不斷鼓勵她走出來。」

「我有種很強烈的感覺，我應該要接受她的選擇。」鮑伯說：「我不知道自己應該多堅持，或是說服她去做一些事情好走出黑暗。」

「這的確很重要，」亞倫承認，「你不能強迫她，但是**愛會讓門一直開著**。你可以一天問她兩三次，在她醒來的時候，你可以說：『天氣好好，跟我一起開車出去兜兜風好嗎？』這類充滿愛的堅定回應，可以減弱她體內負面本體的能量。我們絕對不要認爲它是個入侵的外來本體，它只不過是負面的能量罷了。你愈是給予它負面能量和壓迫，就愈會增強它的能量；但你愈是給予它善意，它的能量就會愈低。」

亞倫說得非常對。只要傳送愛給它，這些對人世有所依戀的負面靈魂就有可能會離開占據的居所；愛的高振動頻率會讓它們感覺不舒服，就會離開。此外，當我們愛的人生病了，也千萬不要助長病人對生病這件事可能會有的負面情緒，這一點非常重要。

「要記住，凱薩琳體內還是有正面的部分存在。」亞倫對鮑伯說道，「她就好像是一扇窗戶，上面沾滿了厚厚的灰塵，你根本無法看見裡面有什麼。你不斷試著要把上面的髒污清洗乾淨，但這扇窗本身原就是乾淨透明的。讓她知道你看得見她純淨透明的本質；**當她的鏡子，幫助她看見自己**。」亞倫提醒鮑伯，凱薩琳其實和我們所有人一樣，也是由光組成的，她的本質神聖無比。他同時也提醒我們，我們會召喚出別人最吸引我們注意的特質。所以當我們專注地去看另一個人的光，我們就會將那光放大。

「你提到這個挑戰並沒有事先敲定會是什麼狀況。為什麼最後凱薩琳是生病，而不是其他的狀況，比方說車禍？」

「其實這也不完全是隨興的結果，」亞倫回答，「裡面有幾個原因。在跟鮑伯一起的第二段前世裡，凱薩琳出了意外，變成肢體障礙。因爲那場車禍她受到太多身體上的痛楚，所以她在規畫這一世的時候，心裡有個強烈的想法是：『我知道我需要變得行動不便，但是這一次就不要有那些難受的肉體痛苦吧。』同樣的，在某次鮑伯未參與的凱薩琳的前世裡，她是位妻子，而她的丈夫因爲中風而失去了半邊身體的知覺。凱薩琳確實照顧了她的丈夫，但這位丈夫對自己無法自由行動也無法自理生活的事實，充滿了不耐。所以，**她需要有一段行動不便的人生經歷，好讓她培養對自己，以及對前世那位丈夫的同理心**。」

「你可以再多說一些嗎？關於因為生病而需要他人照顧這件事，是如何幫助凱薩琳成長的？」

「在母親（鮑伯）離開，把患有小兒麻痺的孩子留給父親（凱薩琳）的那一段前世裡，凱薩琳想要離開，卻因為責任感而留了下來。然而，她心裡卻充滿了怨懟，有時會以非常粗暴的態度對待孩子。她（凱薩琳的靈魂）深知自己需要去經歷肢體的損傷，並對粗暴的行為感到害怕。而她在接下來的一世就這麼做了，也就是她出車禍的那一世。但因為她經歷到怨恨，她的目標就有點被打亂了。她讓自己陷入了不值得的感覺，以及其他不健全的人格特質裡，並遷怒於人。所以她需要再回來與鮑伯重新建立一段關係，選擇一場比較不那麼痛苦、卻還是很難受的肢障經歷。她不知道鮑伯會給她什麼，他會再次怨恨她嗎？又或是這一次他能夠昇華呢？無論她會接收到什麼，她要做的是不再掉入自憐自艾，或是覺得自己不值得或絕望的感受。」

「為什麼凱薩琳的病痛正好在鮑伯退休一個月後發作？」我詢問，「這絕對不是巧合吧？」

「會在那個時間點發作，是因為當初的決定是不要讓這件事干擾到他們早年的生活，不要影響到鮑伯工作和賺錢的機會，也不要影響到家庭生活和孩子。你也許可以這樣形容，就是把糖果硬生生從嘴裡拿走了：突如其來發生的狀況、對退休後生活的期待——這都是計畫的一部分。鮑伯在投胎前有點害怕如果這個情況太早發生，他可能會離開凱薩琳。這件事得等到他非常清楚他絕對不會、也不可能拋棄凱薩琳的時間點才發生。

「這份照護的合約僅限於凱薩琳與鮑伯之間，並不包括孩子們。」亞倫補充道。

「有些人可能會批評鮑伯的孩子都沒有盡力照顧母親。」我說。

「既然你無法得知完整的計畫是什麼，那麼問題就很簡單了，你只需要問：同理心在哪裡？當某人發現自己處在批評他人的情況裡，那麼這個人絕對可以假設，出生前計畫的安排就是要強迫他進入會讓他去批評別人的情況中，好讓他能夠技巧性地試著去處理這些批評，進而放下批判的心，給自己以及相關的人深深的、無條件的愛。」

學習活在當下：阿茲海默症的出現

我請亞倫對那些正在照顧他人，並且感到沉重、憤怒、快要受不了，或者單純只是不明白爲什麼會發生這種事的人說些話。

「我親愛的朋友們，你會感到憤怒，一點也不奇怪；你會感到怨恨，也一點都不奇怪。請記住，**生命是一場學習**，其中出現的某些事情一定是因爲要讓你去學習，而往往大家要學習的課題，**都是如何給予自己及他人一份深刻的愛**。當你在心裡感受到怨恨時，仔細觀察自己是怎麼看待、處理這樣的怨恨的。你是不是覺得會生病都是別人的錯？接著你是不是會開始攻擊自己『這不是他們的錯，我不應該怪他們』？去觀察頭腦無論對自己還是對他人，都是如此具攻擊性。毋須懷疑，**你會身處在這樣的狀況中，是因為你選擇了要學習如何用更健康的方式來處理憤怒和怨恨**。你能夠真正坦然面對自己及自己的存在嗎？你能夠真心接納他人及他人的痛苦嗎？

你能夠進入無盡寬廣的慈悲之中，開始以更寬闊的心胸來看待充滿批判的頭腦嗎？你得開始明白一件事：『我不需要完全相信自己所想的一切。只因爲頭腦有了怨恨或對自己生氣的想法，並不表示我就得照單全收。』當你開始這樣做，就會對事物有更多的同理心。」

我問亞倫現在有很多人在照顧阿茲海默症患者，他想對這些人說些什麼？又爲什麼阿茲海默症在這個時代會如此盛行呢？

「最主要原因是，現在的人都活得夠久，久到讓這樣的疾病有機會發生。」亞倫回答：「人在投胎轉世前都會先簽訂一份合約，但是每個人都還是擁有自由意志。所以，儘管這份合約裡寫的是要成爲他人的照護者，但這個照護者可以選擇自己是否要離開。發展成阿茲海默症的過程比突如其來的意外或中風來得緩慢，所以如果這個照護者已經明確要放棄自己的角色了，那麼這個本來要得阿茲海默症的患者有可能也就收回成命，不讓自己出現這樣的症狀，或者是讓症狀比較輕微一些。」

亞倫的理解與我了解的出生前計畫相互呼應。如果一個靈魂想要擁有被他人照顧的經歷，但是在出生前卻無法確定照護者未來的態度，又或者是照護者本身不確定自己會不會留下，那麼緩慢發展的阿茲海默症就能夠提供一個安全的「測試」，藉由過程中的發展來看看這個靈魂想要的經歷能否發生。

「很多人在出生前同意要經歷阿茲海默症，是因為這樣的疾病能讓生命簡化到某種程度。」亞倫繼續說道：「一旦你得了這個病，生活中就不再有所謂的計畫了，也不再有過去或未來；你不會再爲昨天或明天而煩惱。對很多人來說，這是個很有用的催化劑，**而得這個病的意圖就是要去學習如何活在當下**。」

「你問我會給正在照顧阿茲海默症患者的照護者什麼建議，很簡單的一點就是：要記住，你正在照顧的是一個美麗的靈魂。這份經歷帶給照護者的禮物是，**你能夠看著自己的怨恨、哀傷、憤怒不斷重複出現，而你有機會鍛鍊自己，不讓那些情緒影響你原本健全而充滿愛的言詞和行動。**照護者若愈能夠以圓滑、善意、對方可預期的方式去回應阿茲海默症患者，就愈能夠消除他們的恐懼；照護者愈是用恐懼來回應，阿茲海默症患者就愈容易變得更加負面、消極。某種程度上，他們就像是氣壓計。不過，有時不管你怎麼做，他們的反應都還是非常激烈。這時就記住，**他們並不是針對你這個人。**」

我問亞倫，鮑伯怎麼知道他已經平衡、釋放了與凱薩琳之間所有的因果呢？就一般來說，我們又怎麼知道自己是否平衡並釋放了與我們在照顧的那個人之間的因果呢？

「當人恐懼或有壓力時，身體就會緊繃收縮。這種反應有時會以心臟病、高血壓、肌肉疼痛與免疫系統疾病等方式呈現。當我們能夠技巧性地去處理壓力，就可以感覺到身體放鬆、不再緊繃。每個人都可以學習解讀身體的這種起伏變化。這裡的問題是：『我會對壓力產生反應嗎？抑或是我有能力在心智不受到影響的狀態下與壓力共處，並且不會想要攻擊任何人，也不會因爲恐懼而全身緊繃？』當一個人能夠在每天的起伏中始終盡可能帶著善意、愛及從容隨性的態度，這個問題的答案就很明顯了。當你照顧這個生病的人一段時間後、當你的頭腦不再被眼前的狀況盤據、不再想著要攻擊自己或他人，你就可以合理推斷這份因果已經被釋放並平衡了。」

接著亞倫把注意力直接轉向鮑伯，他一直在一旁靜靜消化著亞倫說的話。

「鮑伯，在此讓我再給你一個建議。等凱薩琳的心智比較清醒的時候，你可以提醒她：『有時候妳會生氣、害怕或充滿敵意，我想要趁現在我們都很清楚冷靜的時候，告訴妳我可以怎麼做，來幫助妳找回那個眞正慈愛的自己。』也許你可以坐在她身邊跟她說說話、幫她梳梳頭髮、抱抱她，然後對她說：『我愛妳。』若之後她還是大吵大鬧，當然你不需要坐在那裡挨打。不過如果你常常這麼做，她有可能會慢慢放鬆下來。**你需要在她情緒平穩的時候讓她知道，她情緒失控時你會怎麼做**。」

「一想到未來，我只希望凱薩琳比我早走一步，這樣我才能夠一直照顧她到最後。」鮑伯回答，「我的出生前計畫有提到這個部分嗎？」

亞倫溫柔地說：「計畫裡並沒有針對這個部分做任何決定。事情有太多可能了。你的目的是要一直陪在她身邊，所以對你來說最關鍵的是，一旦你下定了決心要用愛來完成這件事，你就要學會信任。如果事情最後無法如你所願，那也一定是有原因的。你非常努力去釋放和平衡你過去的因果，你應該爲自己感到驕傲。請以自己爲榮。」

對家庭負起責任，讓人格成熟

爲了要知道照護這個課題還能讓我們學習到什麼，鮑伯和我請史黛西和她的指導靈，進入鮑伯與他的靈魂家族在出生前進行的對話中。

我很好奇史黛西會在鮑伯的生命中看見什麼樣的因果主體？而鮑伯的出生前計畫會議又會向我們揭露什麼資訊呢？由於我們並沒有與亞倫談到鮑伯與凱薩琳的孩子，我特別要求史黛西聽聽他們在會議中說了些什麼。爲什麼他們會在出生前同意擁有一個老年時喪失行動能力的母親呢？

史黛西開始說道：「鮑伯，你的靈魂決定要在這世特別聚焦在兩個因果課題，這是你爲自己做的決定。我用一句話來描述你最主要的因果課題：**透過對家庭的責任來讓人格成熟**。在幾次前世裡，爲家庭付出，確保家人都得到照顧、吃飽穿暖，對你來說是一大挑戰，而且是個你覺得自己做得不太好，所以想要處理得更好的挑戰。你覺得這麼做能讓自己成熟，同時也能讓你的人格擁有更多的同理心。你在幾段前世裡，包括這世也是，都在**學習如何成為好的領導者**。過去身爲領導者的你，曾經有過自大且自私自利的表現，而你已經受夠了這樣的自己。所以你想要擁有更多同理心，也想對家人付出更多關愛。」

「沒錯，」鮑伯對史黛西說：「在照顧凱薩琳之外，我也同時照顧凱薩琳的母親。這並不是我退休時的計畫，但是我很高興自己這麼做；隨著時間過去我也發現，這件事讓我獲益良多。」

「你的計畫就是在人生的最後階段聚焦在這個特定的因果挑戰上。」史黛西說：「你想要成爲一個有耐心、願意合作、處事圓滑、善體人意並懂得妥協的人。我聽到你在出生前計畫會議中提到過好幾次。我不斷聽見你說要自己一個人去經歷這一切，在這個階段的人生，你不想要像前半生一樣，習以爲常地享受時時有人隨侍在側給你幫助。」

「我很認同妳說我要一個人去承擔的這個部分，」鮑伯回答：「因爲儘管我的孩子都非常善良可愛，但幾乎都沒有插手照顧。不過，我並沒有因此而感到自憐自艾。我最常感到的就是挫折，而挫折感非常容易引來憤怒，特別是我很累的時候。我必須時時提醒自己，是我選擇了憤怒，但事實上我還有別的選擇。」

「這會讓你的人格更加成熟。」史黛西說道：「另外還有幾個因果課題也是你想要精進的，其中有兩個比較重要，我稱之爲你的第二與第三重要挑戰。你的第二重要挑戰是**學習控制過度任性妄為的性格傾向**。你熱愛個人自由，在你很多次的前世裡，你都是自己的主宰，除了父母，沒有人能夠掌控你。然而，人有時候必須得在受限的狀況中，才能獲得最好的學習成果。約束與限制能讓你學習。

「我見過很多這樣的人，他們全都非常聰明、學習速度極快，有時甚至聰明反被聰明誤。心智能力在這個課題中占有高度的重要性，而且對結果有非常大的影響。不過要記住，妄下結論是不好的，而這也是你正在學習避免的事。

「與這個因果課題息息相關、我也在很多人身上都看到過的另一個課題，就是**逃避**。」史黛西繼續說道：「無論是藉由使用或濫用藥物、發展不倫戀，甚至是運動都有。面對這個因果挑戰的人，大部分都不想去『面對自己』，反而向外尋求快速的解決辦法。不過我在這裡並沒有感覺到你有這樣的狀況。你的靈魂是如此渴望地想要展現愛，所以我感覺不到你有這樣的傾向。你是個很懂得自省、很成熟的人。

「你的第三重要因果課題是**情感的獨立**。爲什麼情感的獨立對你來說這麼重要呢？在你的幾段生命歷程中，你一直是個不太善良的領導者。你殺過人、傷害過人、爲了自己的目的和欲望操弄他人。在你做出生前計畫時，你對自己有更高的期望，希望自己能成爲更好的領導者。你發現到，當你陷入太過自我的狀態中，就無法做個好的領導者。所以，現在你試著要成爲更善良、更溫柔、更有說服力，卻不那麼愛操控他人的領導者。你選擇情感的獨立作爲你的因果挑戰，因爲當你能夠做到情感獨立，就能成爲更好的領導者。你不會再去控制他人，讓他們滿足你的需求，或是幫你去做你自己應該做的事。

「**大部分學習情感獨立課題的人，都會花很多時間在關係裡，而在這段關係中，他的幸福快樂全都得仰賴另一個人的給予**。」她補充道：「情感的獨立要學習的是，**你才是自己所有幸福的源頭**。」

談完鮑伯主要的因果課題後，史黛西轉而說起凱薩琳。

「凱薩琳睡著的時候，有很長的時間都待在另一邊與她的家人和朋友一起。」史黛西如此告訴我們：「她在那裡非常快樂，她不再受到肉體的桎梏，所以她感受到存在的輕盈，這是她在這裡所沒有的感覺。因此她感受到喜悅和愛。

「凱薩琳主要學習的是更重視自己，將自己視為一切事物的源頭。她在這世最重要的因果挑戰，是先透過加深與自己的關係，來達到靈性的成長和進化。她在學習如何照顧自己，同時也在學習情感的獨立。和你一樣，凱薩琳也是透過對家庭的責任感來打造自己更有同理心的本質。她在這世做得非常好。我不覺得對這個階段的她來說，這會是個問題。」

鮑伯與凱薩琳的出生前計畫

史黛西已經帶出了鮑伯與凱薩琳人生中主要的因果主題了，是時候來聽聽他們的出生前計畫會議了。我請史黛西也聽聽鮑伯的孩子所說的話，特別是溫蒂，因為鮑伯告訴我她是在凱薩琳生病這件事情中受到最大衝擊的孩子。

「鮑伯，你正在打造這世的人格並規畫你的計畫，你玩得很開心、很愉快，而且非常期待進入肉身之中，」史黛西說：「這裡充滿了開心好玩的氣氛。」對此我一點都不驚訝。雖然投胎為人的我們不常以好玩愉悅的態度來看待我們的人生，但在出生前計畫過程中，參與其中的靈魂其實視之爲一場愉快的慶祝活動。

「我現在就在鮑伯旁邊。」史黛西說：「我看到鮑伯最主要的指導靈了，他說他（在過去幾次前世裡）既是鮑伯的好兄弟，也是他的僕人。他很幽默風趣，我就坐在他和鮑伯的計畫板之間。鮑伯變身成他人格的模樣了，他的光體變得更大而且有稜有角。我看到眼睛的地方還是一片黑，現在臉部的特徵開始成形了。我在這個規畫的時刻感覺到鮑伯的男性能量。在他對面，我看到凱薩琳也正變身成人格，呈現出一股溫柔的女性特質，她的形體是比較圓潤的。

「現在我要進入正在進行的對話中。」

凱薩琳　在這一世你將會享受到我成爲你孩子的母親，同時也像母親一樣照顧著你。

鮑　伯　我知道，謝謝妳。我非常敬重妳這方面的能力。我一直都沒能成爲像妳這樣的母親，我從來都沒有培養出照顧他人的能力。

凱薩琳　你想在這一世培養這樣的能力嗎？

鮑　伯　妳的意思是？

凱薩琳　如果你能再繼續努力你的不足之處，你的因果就能獲得了結。而且這也能讓我回歸到自身內在的源頭，讓我再次明白自己是誰、證明自己存在的價值，並且撫慰我自己。這是我在目前爲止的好幾世裡一直在累積的力量。

鮑　伯　是的，我知道。

凱薩琳　我還是要繼續努力下去。

鮑　伯　但是讓自己再次像嬰兒一樣沒有行爲能力能夠幫妳什麼？

凱薩琳　這是人世肉身的一種自然過程。我選擇要經歷的是完全失去個人的獨立性。

鮑　伯　我很樂意和妳一起再次經歷這個過程，藉此來測試我自己，看看我到底學習到了什麼，還有補償妳。我一直很難過（在某次前世中）曾經丟下妳不管。我慢慢理解到，我會丟下妳不管，都是因爲太自我中心、太傲慢。我期望妳成爲妳所不是的人，我期望妳是個堅強的人，能一直在背後守護我，但我卻無法同等付出妳對我付出的愛和同情，在妳需要時幫助妳。我很高興有這個機會能夠彌補。

「我現在在看鮑伯的計畫表中與凱薩琳生病相關的部分。這裡看起來像是一個發著白光的大燈泡。我正在問指導靈：『這是什麼意思？』我聽見鮑伯的指導靈說：『這是一段受到保護的時間。白光的作用就像是保護膜一樣籠罩著那段時間，以確保不受任何事情影響。**它的形狀像個燈泡，是因為現在還不確定到時候鮑伯會用什麼樣的方式來回應**。鮑伯的靈魂知道自己性格上有自我中心的傾向，所以這裡要測試的是看鮑伯能否不自私地做出抉擇。鮑伯這個人生階段不單是爲了這樣的體驗而計畫的，其中還有更多開放及未決的空間容納其他可能性，鮑伯要如何做決定，是他這世的選擇。

「讓我回到對話中吧。他們繼續談到下一個孩子，溫蒂。凱薩琳坐在鮑伯對面，而溫蒂坐在鮑伯的左手邊、凱薩琳的右手邊。溫蒂是一道明亮、閃耀的陽光、充滿熱誠、好奇心，而且有趣。她深愛著這個即將成為她母親的靈魂。我看到她們的光體互相碰觸彼此好一會兒，看起來就是一個人將手臂穿過另一個人的手臂；這是一種問候方式，也是很親密、熟悉的觸碰。

「溫蒂很高興凱薩琳同意在這世成為她的母親，她認為這安排太棒了。凱薩琳開始討論這件事。

凱薩琳　我人生中最大的喜悅之一，就是我在最糟的時刻裡依然能夠護持住自己這股力量和能力。

溫　蒂　我知道，我曾經陪伴妳走過這些時刻。

凱薩琳　是的，妳陪伴過我。這一次我計畫好，而且你父親和我都同意，我將會在人生的這個階段遭受到非常嚴重、永遠改變人生方向、意識受到影響的身體障礙（一邊指著一張計畫表的某個地方）。這是為了我的成長，同時也是為了妳父親的成長。我不希望妳覺得自己對這件事有責任，也不希望妳覺得妳對我有責任。

溫　蒂　可是媽媽，妳知道我有多在乎妳，妳也知道我受不了看到妳比真正的自己脆弱的模樣。

「溫蒂在說這些話時，我看到了十六世紀時在蘇格蘭的某次前世，凱薩琳和溫蒂是一對夫婦。溫蒂是丈夫，身為妻子的凱薩琳曾經生育過一個男孩，並在生產後臥床修養了很長一段時間。因為這個嬰兒很大，讓凱薩琳的產道受到嚴重的撕裂傷，但還不至於致命。當時溫蒂以為她會失去凱薩琳。**這段前世以全像式的影像在溫蒂的光體旁播放，我和在場的每個人都能夠清楚看見。影像是穿透式的，而且可以從各個角度觀看。**

溫　蒂　妳知道我會很害怕失去妳。

凱薩琳　但妳知道妳將會在某個時間點失去我，不過不會是在事發的當下，不管發生的是什麼狀況。

溫　蒂　萬一妳陷入失語狀態，我們之間無法溝通了怎麼辦？

凱薩琳　我們還是可以透過觸摸彼此、以無聲勝有聲的方式來進行溝通呀，妳知道的。

溫　蒂　是，我是知道。但萬一父親無法照顧妳怎麼辦？

凱薩琳　親愛的，不會的。妳父親和我已經都計畫好了。照顧我每日的需求，能讓他完成學習的目標。這是我們之間的約定，妳不需要有質疑。

溫　蒂　是，我知道，但是我很怕妳不在我身邊。

凱薩琳　那妳為什麼同意要當我女兒呢（笑）？

溫　蒂　因為這樣我才能夠再次享受和妳在一起的喜悅，因為這樣我才有機會扮演妳的女兒，而不是妳的兒子或丈夫。

凱薩琳　爲什麼妳想要當女兒而不想當兒子呢？

溫　蒂　因爲當女兒可以讓我更懂得照顧人、更細心體貼，而且我也才有機會來養育自己的孩子，並且利用女性角色的特質來照顧其他人，這是男性角色所沒有的。

凱薩琳　那麼妳爲什麼又害怕妳明知道一定會發生的事呢？

溫　蒂　這是我的問題。因爲我逃避去學習這個艱難的課題，我得學習儘管妳不在我身邊，我自己一個人也不會有問題，我還是可以健康地活下去，並且充滿智慧、信心和希望。

凱薩琳　所以我現在讓妳有機會來照顧我，我滿心喜悅地爲妳這麼做。

史黛西的補充說明

史黛西的指導靈說，凱薩琳和鮑伯的出生前計畫會議「雖然不在同一個房間裡，卻是同時進行的。在計畫成形的過程中，他們的能量能夠隨時進出彼此的討論會議。」因此，部分關於凱薩琳生病的討論是在她的出生前計畫會議中進行的，與鮑伯沒有直接的關係。而在補充說明的通靈過程中，史黛西聽見了以下這段在凱薩琳計畫會議中所進行的對話。

凱薩琳　這件事的核心是，我需要更重大的經歷來讓我的意識更清明、讓我對自己有更清楚的認識。我看見你在前世裡領會到自己內心成長的經過，在與你一起生活的幾次前世裡，特別是過去三十年，我努力想要跟上你成長的腳步，與你齊頭並進。我會做妳的安全網，在妳尋找自己的過程中，陪在妳身邊保護、看顧妳。這會讓我更相信自己，也更相信我爲這世及後代形塑出的人格。我知道我會影響到許多人。我們一起攜手的人生將教會我如何去幫助並指導他人。

鮑伯　妳曾在多次前世支持過我。妳允許我主導情勢，也允許我去做一切我認爲必須做的事。我好多次都是因爲妳才能去幫助他人，但妳始終默默在背後這麼做。我現在知道、也了解了妳在過去所隱藏的憤怒，讓我們一起努力把能提供給彼此最好的部分都呈現出來吧。

在接下來的這世，我會被妳拒絕。我會覺得妳錯待了我、覺得受到忽視。但是，我也會感應到待在妳身邊的目的和原因。我最大的希望就是，我們在過去共享的愛能讓我與妳相互連結。我相信內心會有抗拒，因爲我不想失去自由，但是這次我承受得住。我了解妳在過去爲我放棄了太多，而在妳計畫的這世裡，我會用照顧來回報妳，這麼做其實也是照顧我自己。

我問史黛西能否回到鮑伯的出生前計畫會議再多聽一些內容，讓我們更了解他的目的和動機。

史黛西說：「指導靈讓我看到一段前世的畫面，當時的鮑伯是博學的導師和療癒者，他的第一世是羅馬時代希臘的醫生。鮑伯清楚知道自己與許多人有交集，而他從自身靈魂感受到的溫暖與慷慨是如此豐盛、充實。那是他最有同理心的一世。

「鮑伯決定要加深自己這方面的體驗，便展開了這世的挑戰，要進一步培養同理心，眞正看見他人眞實的樣貌，而不去評斷那人可以或應該要做什麼。鮑伯了解如此的覺知和接受能讓他更享受以同理心爲他人服務，也能爲他帶來同樣喜悅的其他經歷：擁有更高的智慧，並對生命帶來更大的影響。鮑伯持續選擇在他的生命中做一位博學的男性，而他許多世也都是男性。

「鮑伯的靈魂提高了他的覺知，好讓爲他人服務的經歷更增加他內在的喜悅。他願意爲凱薩琳做出重大的奉獻；不過，要如何不用操控的方式來處理情緒問題，仍是他需要學習的地方，因此凱薩琳也成爲他最大的挑戰。

「接下來我看到鮑伯在跟一個決定要當他父親的人說話。」

鮑　伯　教導我需要知道的一切事情，帶我回歸到自己的中心，提醒我是誰。你一直都能看見眞正的我，兄弟。

這一次我需要你當我的父親。我需要透過你，在我年輕時就學習知道自己是誰。我需要你讓我更堅定、更了解我此生的目的，所以我會繼續，即便每一步都是我所能面對到最困難的狀況。

父親　你為什麼要追尋這樣的經歷？

鮑伯　這是加深自我決心、內在智慧及力量必經的一條道路。能夠去愛是最棒的禮物，我現在知道了，過去的我不可能有這份理解。我想要對我認識的人，還有曾在前世中幫助過我的人，尤其是凱薩琳，展現出這份認知。你若願意當我父親，可以讓我投胎在能快速發展出信任的頻率中，讓我能夠信任家人，還有自己。這對我要做的事來說，非常重要。我這世最大的目的，就是為他人貢獻更好的服務。我內心感受到無比的喜悅和謙卑，但我已經忘了謙卑是什麼感覺了。我一定要提醒自己這個部分，這樣一來我才能夠更接近眞正的我。凱薩琳可以協助我發揮服務他人的最佳能力，也可以讓我保持在更能夠體諒他人、更有覺知，也更能成長的狀況中。這世結束之後，相信我很快就會再回來，因為這樣的經歷帶來的知識與理解，會讓我更想回到世間，用我的體悟來幫助其他人療癒。

「指導靈告訴我，」史黛西補充道：「鮑伯已經很久不以療癒者和指導人的身分去服務他人了。」

然後，史黛西的說話方式突然改變了，現在指導靈直接透過她說話。

「之前有次前世，」史黛西的指導靈說：「這個本體（鮑伯）創造出一個受到各種阻礙人格，結果他向下沉淪，完全看不見自己的眞正本質，也沒辦法透過服務他人的需求感受到喜悅和覺知。這個人格變得兇惡殘暴、厚顏無恥、令人厭惡，而且終其一生都維持著這樣的態度。這對旁人帶有毀滅性的影響，對他自己也是。這個人格死在一場由他挑起的槍戰之中。從那一世開始，這個本體就退縮了，他不確定自己還有沒有眞心爲他人服務的能力，他很害怕自己會走錯路，也很害怕投胎轉世，失去與自己的連結，也因此他傲慢、自恃甚高、沒有靈魂，因爲這個人格早已忘了靈魂的存在。這對他造成了極大極深的影響，但透過投胎轉世，他得以表達出眞正的熱情和同理心。凱薩琳的存在是最後一道關卡。

用另一種形式來展現無條件的愛

聽完史黛西和指導靈提供的資訊後，我心裡有不少疑問：「爲什麼鮑伯和凱薩琳不規畫一個較不極端的狀況呢？」

「因爲鮑伯和凱薩琳知道他們沒辦法滿足於那樣的狀況。**他們都是熱情滿滿的人，也把這樣熱烈的情感給了他們的人格**。他們沒辦法接受半調子的狀況。」

我又問道，爲什麼凱薩琳的健康會在鮑伯退休一個月後突然惡化？

「鮑伯想在那時退休，是因爲有一部分的他知道，接下來他的人生會全部用來面對這件事。」史黛西回答：「這是計畫好的階段轉換。他是跟著指引在行動，只不過他並未意識到這點。」

這時史黛西的指導靈又再次透過她說話。

「這個本體知道凱薩琳在過去多次的前世中，一直是個非常熱情而善體人意的智慧化身，所以**她絕不會在鮑伯準備好之前，就讓他承受這樣極端而戲劇性的變化**。」指導靈說道：「而對凱薩琳來說，鮑伯的退休就像是被打開的開關，促使她神經迴路中的能量開始運行，逐漸朝向之前談論的這個狀況發展。一切已經被計畫好，這將是個戲劇化、突如其來逆轉現狀的事件，這有兩個原因。第一個原因是，**鮑伯和凱薩琳都希望他們的肉身擁有戲劇化的個性表現**；第二，**這樣的安排能夠開啓那條通道、那份能量的連結**，好讓他們對眼前的挑戰產生立即的共鳴，**但同時不會意識到、也不會發現這個計畫**。這麼一來鮑伯就可以照顧她，並且活在當下，也爲當下而活。其他的事情自然而然就會發生，鮑伯和凱薩琳擁有的大智慧也不會干涉或阻擋，而是讓事情自行往下開展。」

「請你對目前身爲照護者，並且正感到壓力沉重、怨恨或憤怒的人說此話吧。」

「只要從心出發，一切就無關緊要了。」指導靈如是說道：「責怪、挫折和憤怒這些衝動的回應，都是很孩子氣的，都不是你內心眞正的感受。既然所有的投胎轉世都帶有崇高的目的，爲的都是要學習放下恐懼，並能無條件地去愛，我們想要提醒所有照護者，你們每人都擁有足夠的愛來做這件事。假想你自己處在同樣的狀況中，當你認出了你在照顧的那個人是誰，那麼當下自我滿足的需求就會消散，你會明白自己與這個你正在照顧、保護及餵養的人之間的連結。當你終於明白、也了解到我們所有人皆爲一體時，你就會開啓本質中富有同理心的一面。發生在他們身上的事也有可能發生在你身上。請你們這些照護者**將心比心，去感受身體失去功能的病人感覺到的無力、無助和挫折，這是另一個學習用各種形式來展現無條件的愛的機會。**請所有照護者放下小我和恐懼，無論發生了什麼，都轉往自己的內心尋求那顆充滿愛與同理的心。」

「那麼對那些正在接受他人照護，並且爲自己造成他人負擔而感到愧疚的病人呢？」

「對自己溫柔一些。儘管你可能無法理解你行動上的不便，其實爲他人帶來了極大的貢獻。你的狀況中同時存在著和諧，就像是藉由一個音階連結起你們所有人。『所有人』指的是你和那些照護你的人，他們每一個都因此獲得機會來展現愛，或是來彌補矯正自己在其他前世中自覺做得不夠好或做錯了的事。

「**要知道，你需要做的只有寬恕：原諒自己，如此你才能夠接受自己的狀況，從中學習並且獲得。這麼一來，照護你的人也能從中獲得他們需要的一切**。不要懷疑，你提供了絕佳的機會給照護你的人，而這是一個沒有其他作爲可以企及的奉獻。

「用足夠的愛來愛你自己，用一顆平和慈善的心接受自己的狀況。

「你們之中有些人懷抱著錯誤的想法，以爲只有所謂『對家庭或社會有用的人』才有資格活在人間。這樣想的人需要學習的是，**每一個人都有存在的權利，也都有資格活在肉體之中**，沒有誰比誰更有資格活著。我們、你們、大家都可以選擇是否要擁有肉體的生命，沒有人可以替我們做決定；所以，沒有人能夠評斷我們是否要活在肉身或人世間的權利。好好利用你的時間來更深入地了解並接受你的人類同伴，試著去看見那條串起所有人的線。」

寵物

我第一次遇見瑪西雅（Marcia deRousse）是在洛杉磯的一次演講中，當時她問我貓咪在我們生命中扮演了什麼角色。我的回答是，貓咪是我們的老師，牠教導我們單純從存在本身即可獲得滿足，而毋須刻意去追求什麼。一段時間之後，我和瑪西雅透過電子郵件變得熟稔。這位小姐形容自己是個「中年人」，身高約一百三十七公分，身爲通靈者及演員，她一派泰然自若、充滿自信且魅力十足。她的靈能之一就是和動物溝通。我訝異於她的深度、智慧、幽默、力量和敞開，她的心是如此開放，因此很容易在談到她的寵物時淚眼汪汪。之後我才明白原來動物在她的人生中如此重要，我開始猜想，牠們在她的靈性成長中是否也扮演了重要的角色。此外，我很確定瑪西雅計畫了自己的矮小症。於是我自問，在她過去和現在的生命中，她的矮小症和動物之間，是否存在著連結？

那些寵物教我的事

——瑪西雅的故事

「瑪西雅，身材嬌小對妳來說是什麼樣的情況？」我很好奇。

「我的綽號叫『小矮人』，」她笑著說：「而且我從不曾獲選參加任何比賽，因爲他們都說：『她個子太小了，她做不到啦。』我會從學校一路哭著回家。我開始每天祈禱，希望老天能給我幽默感，這樣一來大家就會跟著我一起笑，而不是笑我。所以，我開始學習戲劇和演講，而且這方面我眞的做得比其他人都好。我覺得這是上天給我的禮物和天賦，我一直都能夠在各種事物中發掘出好笑的點。」

我問瑪西雅年輕時的約會經驗。

「我有一些男性朋友，但是約會對我來說並不重要。」她解釋道：「我知道自己選擇要用這一生來讓自己明白，一個人也能過得很好。我會知道這點是因爲我曾經非常害怕孤單。我母親過世時，我認爲我根本不可能辦到，要不是有我的貓咪雪花（這時瑪西雅輕輕哭了起來），我不認爲我撐得過去。」

「聊聊妳的寵物吧。妳養過哪些動物？妳從牠們身上學到了什麼？」

「我有過一次瀕死經驗，在我穿過隧道朝光走去的時候，我看見了牠們，那景象簡直就像是諾亞方舟！看到牠們讓我非常高興。

「我養的第一隻寵物是貴賓和科卡混種的小狗，名字叫作灰灰。灰灰是來教導我如何愛自己的，因爲牠是如此忠實友愛。」我從瑪西雅的聲音中聽出了她對灰灰的鍾愛。「灰灰看起來就灰撲撲的。牠的毛是白色的，但鬈毛尾端卻帶著點紅棕色。牠有一雙充滿靈性的棕色大眼。當我被其他小孩嘲弄之後，會回家抱著灰灰，把那些小孩對我說的刻薄話全都告訴牠。」瑪西雅又哭了起來。「牠會靠在我身邊舔我的下巴。我想，如果灰灰都能這麼愛我，我也一定要愛自己。牠是我眞正的朋友，始終陪在我身旁。當我沒辦法和其他人說話時，我可以跟牠說話。我就是從那時候開始能夠與動物溝通，因爲我聽到灰灰回應我的話，牠告訴我：『沒關係，對我來說妳是完美的。』」

從那時起，瑪西雅就開始與動物談話。有時候她會聽到話語，有時候她的寵物會讓她在腦子裡看到畫面。瑪西雅說動物其實很愛跟我們說話，而且很勇於表達感受。「如果牠們在生我的氣，就會用背對著我。」她說，動物眞的會轉過身去背對主人。

我請瑪西雅談談童年時期對她有過影響的其他寵物。

「我的巴洛米諾馬『奇塔』，牠大概有一百六十公分高，算是一隻很高大的馬！」她很興奮地說：「我想要一隻大馬，這樣我就可以學習無畏無懼，而牠非常溫柔和善。我會找個墊腳的東西讓我爬高，跳到牠背上，捉住牠的鬃毛，讓牠奔跑。

「每當在學校過完很不開心的一天，我都會跑去找牠。牠會用天鵝絨般光滑的鼻子磨蹭我的頭。我聽到牠說：『他們說什麼都不重要，看看我們一起可以做些什麼！上來，我們出發！』我會騎上她，感受風馳騁而過的感受。這時候我媽會尖叫：『妳會摔斷脖子！』但我和奇塔在一起的時候，我知道我們是靈魂伴侶。牠教會我如何不恐懼。

「但我去上大學的時候，我們不得不賣掉牠。這是我人生中最心碎的一天，看著牠被車載走。就在牠進入拖車要離開之際，牠轉過身看著我，然後說：『別難過，我不怪妳，因爲我會過得很好，而且我會永遠愛妳。』」這時瑪西雅開始啜泣，而我也熱淚盈眶。「那是我該展翅飛翔的時刻，牠知道牠已經幫助我做到了。牠眞是個令人驚歎的靈魂。」

「這眞是個美麗的故事，」我說：「還有其他寵物嗎？」

「在我青少年時期，有一隻小雞來到我們家。牠的母親和其他兄弟姊妹都被狐狸殺死了，只有牠僥倖存活。牠的嘴是歪的，沒辦法和其他雞一起吃飯，因爲牠們會把牠推到一邊，所以牠變成我的好兄弟。我會用手抓一把米，牠會直接就著我的手吃。」

「牠叫什麼名字？」

「我把牠取名叫作歪嘴。」瑪西雅回答。我忍不住大笑。「我從牠身上學到的是同理心，以及跟其他人不同並沒有關係，你不需要因此而頹喪，歪嘴就沒有。牠的缺陷對牠來說從來就不是問題，牠覺得自己非常特別。」

幾年後，就在瑪西雅大學畢業前，她帶了一隻邊界犬和貴賓狗混種的小狗回家，這隻小狗最後和她姊姊的邊界犬生了一窩小狗。其中一隻就是布魯托，**瑪西雅形容牠是一位了不起的老**

師。而在瑪西雅接下來的十六年中，布魯托都與她相伴。

「我看著牠出生，」她回憶著，「那時牠黑漆漆的，不過之後牠的毛變白，帶著一層珍珠灰的光澤。牠並不好看，事實上，牠看起來很像星際大戰裡的尤達。」瑪西雅和我都笑了。「牠看起來就像是一位矮小的智者。他有一副大耳朵，經常上上下下動著。牠在聽人說話時，你會發現到牠的表情變得不一樣。牠的體重從來沒有超過五公斤，但牠是來保護我的。

「有時候我會想，天啊，如果我不是要照顧這隻狗，我就可以去做很多事了。這時牠會說：『沒問題，如果妳想的話，妳就去做。』當然我沒有這麼做，因爲我是不會丟下牠不管的。我在當時那個不負責任的年紀，對牠負起了責任。牠教會我什麼是責任感。

「牠時常跟我說話，教我聆聽，也教我什麼是無條件的愛。牠自己就無條件地愛著我，完完全全，無論我做了什麼。當時的我其實有點自私，牠教會我這不是處理事情最好的方式。牠教我要爲人類和動物付出。」

瑪西雅的母親生病後搬來跟瑪西雅住了好幾年。她每天都知道瑪西雅何時要下班回家，因爲布魯托會跑到門邊站著，拚命搖尾巴，而且牠不是在主人的車開上車道時才這麼做，而是在她下了高速公路交流道後就這麼做了：交流道離他們家足足有八公里遠——牠感應得到她的能量！

「到了牠十五歲時，」瑪西雅繼續說道：「肺部開始有毛病，眼睛也看不到了，還得了癌症。有好幾次其實牠都可以回到天國去，讓自己不要這麼痛苦，但是牠一直等，直到牠認爲我能夠面對牠的離去。最後，有一天牠快喘不過氣了，我帶牠去獸醫那兒，獸醫說：『我想牠已經差不多了。』布魯托看著我，說道：『媽咪，我已經準備好了，但是我會等到妳準備好了才離開。』於是我又帶牠回家，但是牠還是一直喘不過氣來。所以我帶他回獸醫院，讓牠安樂死。過程中牠一直緊緊窩在我身上，牠對我說：『永遠記得我有多愛妳，只要妳想，我就會回到妳身邊。』第二天晚上牠就回來了，我可以感覺到牠在我的床邊，對我說：『妳看，我又變得很健康了！我很快樂！』

瑪西雅因爲布魯托的死而心碎，她告訴自己再也不要養任何寵物了。但是沒多久，一隻野貓在她朋友家的屋頂上生了一窩小貓，其中一隻從屋簷掉下來，跌進了垃圾桶。瑪西雅的朋友在垃圾桶裡發現了這隻可憐兮兮、喵喵叫著的幼貓。很快的，瑪西雅就又多了個新伴侶了。

「她是一隻白色暹羅貓，有花紋的地方是橘紅色的毛，還有一對大大的藍眼睛。」瑪西雅回憶著。這隻暹羅貓第一次看到瑪西雅時，「她對著我嘶叫，而我聽到牠的意思是：『妳怎麼那麼晚才來？』我立刻深深愛上牠。」瑪西雅將牠取名爲雪花，小名是小雪。

結果雪花成爲瑪西雅母親稱職的照護者（瑪西雅的母親患有失智症）。有一天，她母親和雪花一起在沙發上休息，瑪西雅經過時，聽見雪花說：「我眞是個好護士，對吧？我不但擁有所有技巧，還穿了一身白衣！」當瑪西雅的母親回歸天國時，她看到母親的身上散放出小小的光點，而她知道雪花也看見了。接著雪花走到瑪西雅身邊，對她說：「我在她身上的工作已經完成了，從現在開始我得照顧妳。」這正是牠之後所做的事。

雪花和瑪西雅的另一隻貓咪「閃閃」感情非常好。閃閃過世的時候，瑪西雅的朋友預言，將會有一隻黑貓來到瑪西雅家，成爲雪花的同伴。當然，幾星期之後，一隻體型碩大的黑貓眞的就出現在瑪西雅家門前。

「哈囉，你好嗎？」瑪西雅問候這隻貓咪。「你的模樣還眞是滑稽呀。」

「我喜歡這個名字。」這隻奇怪的貓如是回答。從此他就被叫作「滑稽」了。

滑稽開始固定拜訪瑪西雅和雪花。瑪西雅很快就發現其實牠是隔壁鄰居養的貓。有天鄰居到瑪西雅家來找滑稽，呼喚著自己幫牠取的名字「小朝」。滑稽看著瑪西雅說：「這是不是妳聽過最蠢的名字？」之後滑稽還是繼續到瑪西雅家拜訪，直到鄰居把牠送給瑪西雅。「我想牠選擇要跟妳在一起。」鄰居很有氣度地說。

「滑稽非常崇拜雪花，」瑪西雅說：「完全就是不求回報的愛。滑稽會跟在雪花後面，可是雪花會轉身賞牠一記貓拳。」瑪西雅告訴我，雪花死後，滑稽會把頭探進各種家具底下尋找牠。「我會站起來跟牠說：『滑稽，雪花不在那下面。』牠會說：『牠一定在這裡的某個地方。』我明白牠是在跟我一起思念雪花。

瑪西雅還補充，滑稽很固執、很有主見，每件事都要按照牠的意思才行。「我也是個很有主見的人，但我收斂了很多。」她吐露：「但是滑稽說：『不管妳想要的是什麼，妳得讓人知道才行，要讓人知道。』所以，我還在學習。」

滑稽清楚讓人知道，牠根本不在乎能不能去看獸醫。因爲牠的體重有十公斤，而瑪西雅只有四十公斤，所以要把他帶去獸醫那兒對她來說不是件容易的事。她會先把滑稽放進貓籠，用滑的把貓籠滑到門廊，再滑下前門的樓梯，接著再滑進玩具推車裡。然後她會推著推車到她的車子旁，再把貓籠滑進車裡。這個景象實在太好笑，瑪西雅的朋友都說想拍下來。

就在雪花死後一個月，瑪西雅帶了一隻新寵物回家，牠是一隻灰色暹羅貓，名叫「威利」。瑪西雅形容滑稽和威利是「一見成仇」，不過之後就變成形影不離的好朋友。威利有時候會把家裡的東西弄壞，然後看著瑪西雅說：「即使如此，我還是愛妳。」她知道，牠是來教她耐心的。

寵物的靈性意義：瑪西雅與寵物們的對談

瑪西雅分享了她與這些可愛動物之間的感情，以及爲什麼牠們會來到她的生命中。因爲我知道她擁有與動物（無論是還活著或已經死去）溝通的能力，便問她我們能否簡短地和她的寵物說說話。我想要知道牠們認爲自己爲什麼要來到瑪西雅的生命中。我們從威利開始。

「我當然是（出生前）計畫的一部分啊，」威利對我們說：「我現在的工作是要提醒妳（瑪西雅）讓自己保持玩樂的心。」

「牠讓我看到一些有關孩子的畫面，那些年輕的靈魂，」瑪西雅說：「牠想要帶出我性格中孩子的一面。」

「等我老一點可能就會改變了，」威利繼續說道：「但現在我在這裡是要提醒妳好好享受自己，而且要知道妳可以好好活下去。雪花很好，牠很開心。我並不是來取代牠的，我是來教妳再次享受生活中的樂趣，再次開懷大笑。」

「謝謝你，親愛的。」瑪西雅溫柔地說。

接下來，我們和滑稽交談。

「我來到這裡是因爲我想要和雪花在一起。牠和我共同經歷了很長的一段過去，妳和我也是。妳需要我在這裡陪妳面對牠的死去，妳需要我保護妳不受自己的傷害。過去妳一直非常孤單，總是深陷在哀傷之中。我是個男生，男生是要來照顧女生的。」瑪西雅和我都笑了。「雪花死了以後，妳並不想再活下去，但是我在這裡，而我需要妳。我現在還是需要妳，每天都需要妳。」講完這句話，滑稽就跑走了。

「瑪西雅，我們可以跟妳已經過世的寵物說話嗎？」我問道。

才剛講完，小狗布魯托就立刻對她說話了。

「我在另一個世界是**動物的老師**，牠們從人世回到這裡的狀態通常都不太穩定。」布魯托這麼告訴我們。

「我是妳在一些重要事情上的第一位老師。」牠對瑪西雅說道：「**我來是為了要教導妳成為更懂得付出、更有愛、更有同理心並且更善良的人**。我教得眞好！我會來到妳身邊是因爲當時妳母親才剛剛與妳的繼父再婚，如果妳沒有我，妳會覺得自己被母親拋棄了。我來是爲了當妳的小孩。」

「我相信，」瑪西雅同意，「牠和雪花對我來說就是我的孩子。」

雪花開始對瑪西雅說話：「在我來到妳生命裡的那個時候，妳正處在極端的痛苦中。我已經知道妳母親接下來會發生的事。我教導妳獨立自主，而且讓妳知道即使妳自己一個人也不會有問題，妳有自己就足夠了。」

「這是眞的，」瑪西雅解釋，「因爲我們有好多次一起待在醫院裡陪我母親。而我回到家後，會有一張這麼美麗的暹羅貓小臉看著我、需要我、渴望我。我在感情上非常依賴我母親，她死的時候我覺得好孤單、好空虛。」

接著灰灰出現了。

「當時的妳還是個小孩子，沒有任何朋友。」灰灰提醒她，「我教會了妳如何交朋友，讓妳知道其他人會喜歡妳，即使其他人嘲笑妳，妳永遠都可以回家，我一定會在那裡等妳，也一直都會愛妳。」

「謝謝你，灰灰。」瑪西雅以摯愛的口吻對他說：「我永遠都不會忘記你。」當瑪西雅回味她與最珍愛的混種犬之間的聯繫時，我們之間安靜了幾分鐘。

這份安靜突然被打斷。「噢，奇塔！」瑪西雅興奮地大叫。看得出來瑪西雅童年時代的巴洛米諾馬出現在她的眼前。瑪西雅既開心又驚訝能看到牠。「我好久沒見到妳了！」

「妳的靈魂早就知道了，」奇塔說：「但是我幫助妳了解到自己有多勇敢。我非常榮幸能夠教導妳。妳與我在一起的時間是爲了要學習不放棄。」

現在只剩下一隻寵物還沒有和瑪西雅說話。「我們可以和歪嘴說話嗎？」我提出請求。

「噢，牠現在變得好漂亮！」瑪西雅非常高興地宣布。「牠是一隻雄赳赳氣昂昂的大公雞了！牠的嘴也不歪了。」我們兩個一起大笑。

「我讓自己在形體上有缺陷，」歪嘴對瑪西雅說道：「所以我可以看見身體外形如何並不重要，重要的是裡面的東西。即便我的嘴是歪的，而且看起來很好笑，妳還是愛我。為了這一點，我永遠感謝妳，我會永遠愛妳。」

馬戲團裡的動物公主
——瑪西雅的出生前計畫

瑪西雅已經看見這些出現在她生命中的寵物，為她的人生所帶來的深層靈性意義，對這些動物們來說亦是如此，我一點也不意外。不過，我腦海裡還是有許多尚未獲得解答的問題盤旋不去。這些動物在前世是否也曾和她一起度過呢？如果是，他們之間是什麼關係呢？我們與動物一起規畫的出生前計畫，和我們與投胎成肉身的靈魂一起規畫的有什麼不同？動物靈魂的本質是什麼？為什麼動物會選擇和我們一起分享這段旅程呢？

接下你會發現，瑪西雅的寵物在出生前計畫會議中說的話，與他們透過瑪西雅說的話之間，有相當大的差異。就在史黛西聆聽靈魂進行規畫會議時，瑪西雅也與動物靈魂所創造的肉身性格進行了對談。

一等到資訊湧入，史黛西就開始說話了：「瑪西雅，在妳多次的前世中，妳始終都有種認爲自己與他人不同的感覺。也正是這種自以爲與他人不同的想法，激發了妳走上領導者的路途。在這些前世裡，妳採取了一種評判的態度，自認爲與身邊其他人不同，而且層次地位都比他們要高。而現在這一世，**妳的靈魂試著要平衡那樣的態度，並且在消除評判的心態之後，還能繼續做個稱職的領導者**。妳的靈魂對達成這個目標充滿了熱情。

「現在，我看到另外一些東西。妳還有一個因果課題要學習，那就是**透過強化妳與自己的關係，來達到靈性的成長與進化**。指導靈告訴我，這是人世這個學校提供的『課程』之一；其他的靈性課程會在另外的星系中進行。**選擇進修這個因果課程的人，會在自己的生命中設定孤單及與他人分離的認知，直到這個人格終於能夠享受自己的陪伴，從中感到喜悅並且能夠自給自足**。這裡的挑戰是開始與內在的自己連結，這麼一來妳的靈魂，就能夠在我們的內在流動，並且連結起我們所有人，成爲一體。」

「母親生病時，我最恐懼的事情之一，就是變成自己孤單一個人。」瑪西雅回應。「當她眞的過世以後，我花了好長一段時間才明白，其實我一個人也能夠活下去，而且不只是能活下去，還能活得很快樂、做很多事。我不知道如果我沒有遭遇這樣的變故，是不是能夠有這樣的體會。」

瑪西雅描述的正是最典型的「反面學習」。對瑪西雅來說，透過與外在摯愛的母親分離，促成了她與自己內在的連結。我們的靈魂透過這樣的方式而進化。

「我現在來到前世，」史黛西說：「我看到有一世的妳身在馬戲團裡。那是早期北美（美國）的馬戲團，大概是一八七〇年左右。這個馬戲團一開始是在南方，然後一路往西部遷移，因爲西部比較有賺頭。裡頭大部分的動物都是從國外進口的，多半是從紐奧良一帶的港口來的。」

之後瑪西雅表示，她已經知道自己在馬戲團的那次前世。透過瑪西雅和史黛西的對話，我這才知道，瑪西雅當時是馬戲團班主美麗的女兒。在那一次前世裡，她對動物懷抱著深深的同類感，就像這一世一樣。動物是她的最愛，也是她生存的重心。有趣的是，這一世的她還是小孩子的時候，就經常假裝自己是美人魚——一半是人，一半是動物。

我還知道奇塔在馬戲團這一世裡也是瑪西雅的馬，當時他們一起表演過特技馬術。瑪西雅這一世的貓咪同伴雪花和威利，當時也都是馬戲團裡的貓科動物：雪花是獅子，威利是老虎，歪嘴則是金剛鸚鵡。灰灰、布魯托和滑稽也都出現在馬戲團的那一世裡，卻是非常不一樣的物種——牠們是大象。

「在那次前世裡，動物們與妳可說是相知相惜。」史黛西對瑪西雅說道：「牠們是妳選擇要投入時間的對象，妳很了解牠們，就像牠們也很了解妳一樣。那隻金剛鸚鵡是妳二十年的朋友，牠會坐在妳的肩上，陪妳一起訓練其他動物。這隻鳥是妳那一世最忠實的夥伴，牠與妳的之間關係比其他動物都長久。牠和妳一起生活，只要待在其他地方牠就會騷動不安，而且妳偶爾還會跟牠吵吵架呢。其實這隻鳥的個性還滿幽默的。

「牠在這一世又回到妳身邊，是專程要傳遞一個訊息讓妳安心，那就是，從一切事物的大方向來看，身材大小或一個人的外貌並不重要。牠也把幽默這份禮物帶給妳，這樣妳就能一直擁有這個天賦，讓它成爲妳強大的力量。」

「牠的確做到了。」

「我現在開始看到妳出生前計畫會議的對話了。」史黛西說，「在跟隨這股能量線時，我要安靜一陣子不能說話。」接下來暫停了很長一段時間。我急切地等待著，想知道瑪西雅的寵物們是否會出現在這裡。

「我看見出生前計畫的會議室。我看見瑪西雅。我站在會議室這一邊，指導靈們則是在接待室裡。出生前計畫會議室迎向接待室這一側的入口非常、非常寬闊，不像是一般的出入口。瑪西雅站在出生前計畫表旁，對我來說這表看起來很像是一張小小的地毯。瑪西雅在她的光體之中。在她對面的是那隻金剛鸚鵡的靈魂，牠以歪嘴的模樣回到這裡。我看到牠的頭和鳥喙一開始是金剛鸚鵡，然後轉化成我想應該是歪嘴的模樣，因爲鳥嘴邊緣有點歪斜。牠當過許多不同的鳥，大概很喜歡飛不高的感覺吧。」我們三個人都忍不住大笑出聲。

「現在我要進入這段對話之中了。」

歪嘴　從我進入妳生命中的那一刻起，我們曾經有過的二十年相處（一起在馬戲團的前世）就會回到妳的記憶中，而我們曾經帶給彼此的歡樂和安慰也會再次出現。我將這些當作禮物帶來給妳，儘管我並沒有打算這麼快又再次以這種形式投胎轉世。我這麼做是爲了報答妳過去對我的照顧和愛護。

「在這一刻，我可以看到牠開始回想前世是金剛鸚鵡時，身材是多麼瘦小，鳥喙又是多麼巨大，還是幼鳥時，牠被人從鳥窩裡抓出來，當時牠的母親在遠處看著一切發生。牠被人類抓走，遭到非常粗魯的對待，他們把牠塞進布袋，裡面一片漆黑。

「牠一直跟這群人在一起，也一直被關著，直到被交給了妳，當時牠差不多一歲大。妳做的第一件事就是幫牠洗澡。對牠來說，這就像是媽媽會對待牠的方式。從那一刻起，牠知道妳跟其他人不同。牠感受到妳的善意由此你們展開了一段非常珍貴的友誼，妳療癒了這隻鳥兒的心和靈魂。」這時瑪西雅低聲啜泣了起來。「我看見這一切，但這些內容並沒有出現在對話中。牠只是在想這一切，而在場的每一位都知道牠在想什麼，也都看得見。」

「現在我抽離這裡，拉大我的視野。我看到一個獨立開來的旁聽區域。有一小群靈魂在這裡，大約有十位。特別的是，他們全都緊緊靠在一起。我從來沒有見過這樣的情況。這裡有好多光和能量。爲了這個有什麼東西朝我而來，我的指導靈在跟我講話。」接著，史黛西的指導靈突然透過她對我們說話。

「房間裡的光，」他解釋道：「是這些人散發出來的能量頻率，他們努力的目標的頻率比其他人高。這個靈魂（瑪西雅）也懷抱著與這個靈魂小組相同的高頻率目標，但是她選擇的路線有點不太一樣，可以說她是沿著旁邊的小路前進，而不是走在中間的正軌大路上，所以她有點繞了遠路。她的靈魂小組中有些人在科學界有成就，另一些人則在極具規模與組織的教堂修道團裡達成目標。瑪西雅這個靈魂擁有極高的心智程度和崇高的目標，它知道自己在最近幾世裡的路徑偏移，對於達成更高的理想可能不是很有幫助。這個靈魂在另一次前世裡是位苦行僧，一樣是個離群索居的人，是個將自己與他人區隔開來，認爲自己應該要追求更崇高目標的人格。這個靈魂認爲那一世他已經成功達到某種境界了，但是這樣的成就中卻缺少了情感上的連結，因此這個靈魂將下一個進化的目標設定爲**讓自己擁有更豐富、更深層的情感表達**。」

史黛西和她的指導靈剛剛揭露的正是瑪西雅出生前計畫中很重要的觀點。我認爲所謂的「繞遠路」，指的或許是瑪西雅描述自己曾經很自私的那段時期。只關心自己這件事，某種程度上可能是延續了她曾經是苦行僧的前世。**而透過她的寵物無私的愛和奉獻**（應該說，透過牠們爲她樹立的榜樣），**瑪西雅療癒了遺世獨立的行為模式，擁有更豐富情感表達的能力**——不管是對人還是對動物。她的寵物眞的是她的老師，到現在都仍然還是。

「現在讓我們來聊聊布魯托。」史黛西建議道：「我又再次看到了瑪西雅的出生前計畫會議。在她對面的靈魂是布魯托。瑪西雅坐在地板上，布魯托的靈魂卻漂浮在離地一公尺左右。我聽見這個本體發出了深沉而開闊的笑聲。我聽見牠談起在馬戲團裡曾經是妳的大象的那次前世，瑪西雅，牠在提醒妳過去你們一起度過的快樂時光。你們彼此了解；牠始終都知道妳在想什麼。牠把這一切帶入了這一世布魯托的生命中。這個靈魂熱情滿滿，所到之處盡是歡樂喜悅，而且非常有幽默感。

布魯托　我會教妳知道誰愛妳。我的存在將會提醒妳，永遠都要挑選一條正面、快樂的路走，挑一條自己最不抗拒的路走。讓我帶領妳，我會告訴妳該怎麼做。

「這時有一股天真爛漫的樂觀與幽默在空氣中湧動。這股氛圍對妳是有傳染力的，妳開始咯咯笑了起來。」史黛西說。

「噢，沒錯，」瑪西雅回答：「過去牠在這裡的時候我也感覺得到這一點。在牠身邊的時候，我根本難過不起來。」

布魯托　我還是妳的大象的時候，妳經常很難過。那時候我不是來到妳身邊提振妳的精神、讓妳的心情變好嗎？

瑪西雅　是的，你的確是這麼做。

史黛西繼續說道：「你們一起回想在馬戲團那一世。那時候妳坐著，而牠站在妳身後。妳一直在想事情想出了神，突然牠的象鼻繞住妳的肩膀，直接拿走妳手上的食物！這讓妳笑了出來，就像現在一樣。就在你們回想著當時的情景時，妳說：『我用感恩和謙卑的心接受你在我生命中所給予的愛、歡樂與安慰。』

「我現在要來談談雪花。」史黛西說道，「我聽到的是，雪花在馬戲團那一世裡是其中一隻獅子。她告訴我，她認爲自己是最支持妳的人，也是妳可以依靠的對象。在身爲獅子的那次前世裡，她教導妳的是如何做一個女人、女人要如何自立自強，以及如何在當女人的同時，也能冷靜沉著並充滿力量。那一世，就和其他許多次前世一樣，她都覺得對妳來說，自己扮演的是母親的角色，現下的這一世也是。」

「沒錯，她是。」瑪西雅同意。

「雪花會來到妳這次的人生中，是因爲她想要讓自己有所改變。她想要一個她必須得適應的環境，因爲她本身已經在好幾次的旅程學習讓自己變得更有彈性，要做到這一點，只要讓自己專注於自身的能量就行了。她用自己的例子來教導妳這一點。我聽到的是，妳對這些課程都能欣然接受，而且妳了解，也很感激她試著想要展現給妳看的一切。

「我現在要進入出生前計畫的對話中了。」

雪　花　我對妳的同理心勝過我對一切人類的，因爲我看著妳在身爲人的一路上，妳的靈魂充滿了衝突和矛盾，整個過程中充滿了人性最基礎的考驗，那就是與較低層次的自己角力，臣服於更高層次的自己和更高層次的實相，並且終於體認到，順著生命的流走，會更輕鬆。

「我得描述一下這靈魂的模樣，因爲牠非常不一樣。我感覺到某種獨特性在其中。以靈魂的進化路線來說，這隻貓的靈魂經歷的旅程和我們人類的不同。牠看起來——哇！我不敢相信這個靈魂的光體竟然這麼高、這麼大！這隻貓和之前我們談過的狗兒們都是這樣——我被告知，這些光體會如此巨大是因爲牠們體認到的自身就是比較大的存有。這是來自我們所謂時間的經過而養成，也是透過了許多知識與經驗的累積。

「雪花在出生前計畫的會議上說，牠之前也當過人，但是牠並不喜歡，所以選擇再也不要投胎爲人。」

接著瑪西雅詢問史黛西有關出生前計畫中與奇塔有關的部分。

史黛西回答：「指導靈告訴我，這匹馬能夠以最強烈的動機和目的，對妳呈現有關情感獨立的因果課題。牠既聰慧又瘋狂，這也正好象徵性地點出妳在那一世裡達到的內在及生活上的平衡。

「我現在在出生前計畫會議中，奇塔剛剛走進來，靈魂小組就爆發一陣笑聲，因爲牠以一隻馬的形體現身，而且牠的態度也表現出一副『我看起來眞不賴』的模樣。

「妳其實一直想到牠，但是牠卻不在那個單獨隔開的旁聽區裡和其他靈魂小組的成員一起。但牠知道這邊有什麼事在進行，而且想要讓自己的出場備受矚目。

瑪西雅　我就知道妳會來！

奇　塔　當然！妳不會以爲我會讓妳丟下我一個人去吧？

「她來到出生前計畫表的另一側，以胸腹著地的方式坐下，交叉著兩隻前腳。

奇　塔　我對這個身體非常滿意。我已經先跟我母親談過了，我知道這就是我會擁有的身體。而這，就是悠然自得的模樣。

這也正是我要指導妳的課題。我是妳的朋友，同時也是妳的知己和指路人。

「說完之後，她側身翻倒，把腳舉到空中踢了幾下，再翻身坐回原本的姿勢，就像是在進行一個小小的慶祝儀式。」

瑪西雅　我很歡迎妳來到我的生命中。

「妳伸出手臂環繞住牠的脖子，擁抱牠。牠的腳又做起剛剛的快樂舞動，而牠的表情盡是喜悅。這個擁抱持續了好一會兒，是個深深的擁抱。我看到你們的心輪互相連結。

瑪西雅 我衷心愉悅地接受妳在這段旅程中的陪伴。

奇 塔 在妳身旁的我會是個母親、指導者、知己和玩伴，但是我希望妳始終都能看見我昂首闊步、看見我以自己爲榮。我希望妳能看見這個，是因爲妳會有需要成爲這樣的人的時候，到時候妳必須和我一樣堅強。透過非語言的溝通，我更能夠以身作則將這個形象展現給妳看。妳願意讓我成爲妳這段生命中堅強、穩定並提供援助的指導者，比之前我們擁有的關係更加緊密嗎？

瑪西雅 我當然非常願意！我的心永遠對妳敞開。我好高興知道我能夠與妳分享接下來這段旅程的其中一部分，也好高興我又能跟妳這個充滿智慧的老朋友在一起了！

奇 塔 這樣就對了。

聽到奇塔的回應，我們都笑了。

「噢，沒錯，這就是我的奇塔，」瑪西雅說：「牠完全沒有自信心的問題。」

「接下來讓我們來聽聽威利要說什麼吧。」史黛西建議道。

威 利 我會提醒妳去認識自己。我將會是剛毅、勇氣、平衡和忠誠這些特質活生生的示範，同時我也對自己的內在和性格感到自在而堅定。

「就在我聽牠對妳說這些話的同時，瑪西雅，牠的另一個人格跑了出來，就像是第二顆頭一樣。那是個瘋癲、愛笑的人格。我從來沒見過這種狀況。這也是個很好的範例，只有當我們能夠自如地掌控自己用靈魂的方式來展現我們的想法時，才能辦得到。牠正在對妳表達，牠可能會時不時突然冒出這瘋狂的一面。

「牠視自己為管家，一個有品味、有教養、有文化的管家，而且把妳服侍得相當好。牠在頻率上和妳非常契合，因為牠同樣也是用較高的標準來審視自己。我聽牠談論到你們一起投胎的某次前世，當時你們都是人。

威　利　當我們還是小男孩、玩在一起的時候，我會讓妳在鄉間到處亂跑，然後跟在後面追妳。但是這一世，我不會再追著妳跑了。我的角色不是兄弟，有時候甚至還不一定是朋友，雖然我的確是妳的朋友。在威利這個角色中，我視自己為妳溫柔的指導者。

我會當妳的榜樣，雖然小，卻影響深遠，我會提醒妳妳所設下的標準，以及妳該如何達成目標。因為妳很想擁有這份最核心的神奇力量，不是嗎？

瑪西雅　我想要。我希望能擁有這份我一直在追求的力量，我不想要成為一個因為不欣賞或不信任而排拒他人的人，我希望自己能夠處理任何事、任何人，如果我可以選擇的話。

威　利　是的，不過對妳這小小的身體來說，獲得這份心的力量會是個成就，單純只是因爲妳身邊的人會不斷給妳這樣的訊息　妳很渺小，所以妳能做的事情也很渺小。這次我還是自願在妳生命出現轉化的時刻中現身，這個時刻你的人格已經有足夠的能力來表達出靈魂。我會把我的能量給妳，增加妳對自己的肯定，這樣一來妳就能夠達成妳生命的目標　基於靈魂之愛，妳能夠發自內心與其他人產生同類感，並且認可妳身爲靈魂、身爲人的價值，另外也承認妳其實比妳想得更加堅強。

把這些全部合起來，妳就能來到轉化的關鍵點，讓妳的生命從以滿足內在自我爲主的個人需求，轉換到前面提到的那些更外在的呈現。妳可以向外接觸人群，表達出內在眞實的自己，同時信任自己，這是妳在過去的前世中從來不曾達成的，因爲妳將會停止評判自己。在過去的幾次前世裡，妳評判自己就像妳評判他人一樣。

瑪西雅　我知道。

威　利　在這一世，就我了解的妳，此地、此刻，妳希望能夠超越那樣的自己，儘管自己的外貌與他人相當不同，妳還是知道自己與他人是同類。

「這實在是太好了。」瑪西雅輕聲說。

與威利的對話到此結束，我問史黛西現在能不能聽聽瑪西雅與滑稽在出生前計畫中的對話。

「我立刻就被帶到出生前計畫會議中了。」史黛西說。

滑稽 我和妳很相似，我們的體型很像。這一世跟前世不同，我會爲妳變得比較小。

「在他的腦海中，他回到當他還是妳在馬戲團的大象的前世。突然間，我也看到了另一次前世。在那一世，瑪西雅所在的建築物裡，窗子上裝有鐵欄杆。這是妳住的地方。妳正在眺望窗外，那是一片非洲的草原，而窗外有一隻母獅子。妳是一位探險家的妻子，當時是十六、十七世紀之交。這隻獅子在妳家附近養育幼獅。妳每天都會爲她和小獅子在外面放置食物、飲水和羊奶。

滑稽 和妳一樣，我必須忍受遺世獨立的生活，待在我不喜歡的地方，與所有人隔離。我經歷過不少這樣的狀況，其中有些是因爲人類的冷酷無情及凡事只爲自己著想的天性所造成的。

瑪西雅　我知道，我很抱歉。

滑　稽　不需要道歉。我知道自己經歷的所有狀況中，都有完成自己想要做的事，雖然我可能不是那麼喜歡這些狀況。

瑪西雅　在這一世我會盡我所能為你服務。

滑　稽　我過去的幾次前世一直活在限制之中，就像妳必須在即將到來的這一世裡活在限制之中。我並不想這麼快又回到人類的世界裡，但是我很高興能夠再次與妳在這一世裡為伴。為此，我再次化身成為貓科動物。

瑪西雅：你可以變小一點嗎？拜託，不然你會沒辦法和我住在一起。

滑　稽　我知道。

「這個有著人格裝扮的靈魂開始變小，一直到我看見一隻黑色、毛茸茸的小貓咪為止。」

滑　稽　這樣夠小了嗎？

瑪西雅　這樣很棒（笑）！

「然後他又變回之前的模樣。」

滑　稽　我看到自己與妳攜手共度人生，我是妳的伴侶、保護者和朋友，而且我會一直一直讓妳看到，有時候身材小一點，會讓人生好過一些。妳能夠看見我身上的這個實相嗎？

瑪西雅　這部分我會很努力去學習的。而且我發現你的能量讓我完整，同時也補足了我缺少的部分。

滑　稽　謝謝妳。只要記住，我的行動可能會比妳之前習慣的我更緩慢、更謹慎。我之前一直是很隨性自在的，對不對？

瑪西雅　沒錯，你一直都是。

滑　稽　我內心還是有這樣的部分，但是這一世我選擇了更謹慎的性格，而非我本身強烈的隨性特質。我試著要以謹慎來平衡自己，並藉此來讓妳看見，儘管一個人受到限制，還是能夠擁有力量。

「就在這時，他稍微跳了一段舞，接著又回到原來正襟危坐的樣子。」

滑　稽　不過，我基本上還是嚴肅的（笑）。

「瑪西雅，這個時候妳的態度是：『我才不信你嚴肅得起來！』所以，儘管他的話裡有一點是要以身作則指導妳，但其中也有友情和玩樂的成分，還有一部分是，這個貓靈魂對自己的認同感也在成長。」

透過動物的陪伴，保住人類美好的特質

與出生前計畫相關的通靈已經完成，是時候來與史黛西的指導靈談更一般性的寵物問題了。

「在出生前計畫會議裡，這些動物的智慧聽起來和人類是一樣的，眞的是這樣嗎？如果是，爲什麼他們會選擇一種所謂『智慧較低』的世間生命型態呢？」

「你今天聽到的動物，應該可以說都是擁有較高智慧的動物。」指導靈回答道：「因爲他們不允許自己被困在人類經歷的進化輪迴和感情深度之中。最重要的是，**動物從經驗中學習的能力比人類快速**。部分在人類肉身中的靈魂偶爾會轉投胎到動物體內，這些靈魂會同時擁有兩種特質：對一切事物懷抱崇敬之心；能夠深刻明白所有生命都擁有智慧。然而，並不是所有動物都擁有相同程度的智慧，就像不是所有人都能夠表達出相同程度的情感成長。這就是爲什麼你會發現，有些動物就像是行爲不檢的青少年一樣讓人頭疼，還有爲什麼有些動物有時會出現非常情緒性的表達，諸如憤怒或恐懼。但是，動物能夠快速從自身的經驗中學習。」

我請史黛西的指導靈說明動物靈魂與人類靈魂的差異。

「動物靈魂擁有更高的敏銳度，而且對於自身的存在有更清楚的認知，他們絕對不會否定

自己。許多人類靈魂會花上好幾世的時間，只爲了讓自己能夠眞正做自己，不再去追求別人定義的成就。**會投胎到肉身的動物靈魂通常是為了要進一步、更有目的性地去了解人類的經歷，好讓他們再次回歸到動物形體時，能夠對他們那困在進化輪迴與過程中的人類友伴，有更好的幫助和服務。**

「人類的道路其實並不輕鬆。所以如果是一開始就屬於比一般人類靈魂更高頻率的靈魂，他們很少會刻意自願去這麼做。而動物，以我們能夠對你們進行的描述來說，牠們擁有更高的智慧、更高度的內在秩序與更高、更獨特的目的性，跟人類經驗相當不同。」從之前與史黛西指導靈的談話中，我明白它說的「更高」，並不是「更好」的意思。在這裡，「更高」是一種中立、不帶任何評判意味的用法，指的是**頻率**。

接著我問，動物死後會到哪裡去？又會做些什麼？

「動物會回到和人類一樣的地方，」他解釋，「牠們的生命回顧很短而且很有目的性。用你們的話來說，動物能夠比人類更迅捷地領悟。而且牠們不會因爲自己犯的錯而懊惱。牠們不會爲了之前有過的失望而一直感到失望。牠們會放下。在生命回顧之後，大部分時間牠們都在玩樂。牠們很快、很容易就能放開來玩樂。

「並非所有動物靈魂都會像人類靈魂一樣想要學習並教育自己。舉例來說，牠們不會去圖書館，也不一定要和曾經投胎爲蘇格拉底或柏拉圖這一類人的靈魂對話。牠們的模式比較是聚在一起討論並回顧自己學了什麼。和你一樣，跟心智程度相近、頻率相近、彼此共鳴的同類在一起是最舒服的，所以這種方式最吸引牠們。

「寵物和其他動物在目前這個人類意識轉換的時刻裡，扮演了什麼角色？」

「最接近的描述是，動物的角色有兩個面向。一是藉由這個意識、思想及行爲的能量轉換**引導人類**，就像是戲院的帶位人員，站在門邊，手上揮動著手電筒指引你入座，一邊說：『請往這邊走。』

「另一個作用是，有些動物同意成爲承載你的小船，**陪你一起度過這段旅程**。牠們就像是裝載著你人性、靈魂和人格的『籃子』，帶你渡過那條名爲『改變』的河流。動物就像是擁有人類最好與最壞的特質——情感、同理心、憤怒、復仇的欲望、『我的就是我的，爲什麼要跟別人分享』的想法——也包括人類能擁有最高形式的意識。

「在人類較不順遂的時刻裡，動物能夠爲人保守住這些特質中好的部分。有些時候你會失去與自己的連結，暫時進入所謂失去理智的瘋狂狀態，這種狀態形成後會籠罩住你的意識，這時你可能會出現極度恐懼的反應，或是處於一種只想要求生存的極端行爲模式中。當你終於離開這個狀態進入當下時，此時此刻，你需要做的就是去看看動物自然的模樣，或是看著某隻動物的眼睛，不管是你最心愛的寵物或野生動物都可以。透過看著動物並與牠們產生能量連結，你會打開心中的那扇門，而在門後躲藏著的，是你生命的情感。這時候，屬於人類意識的點點滴滴就會回到你身上，有時候還會挾帶著你情感中最敏感的部分，以千軍萬馬無可抵擋之勢洶湧而來，讓你淚如雨下。

「有些靈魂希望情感經歷愈簡單愈好，還有些靈魂希望能近距離地體驗人世，所以選擇成爲動物來進行這趟探險旅程——也就是透過動物的眼睛來觀察這個人世。」

「關於一般與寵物或動物有關的出生前計畫，你還有什麼要補充的嗎？」

「我們希望人類能夠用更開明的觀點來看待動物和人之間平等的關係，有太多太多人看輕動物的價值。我們要對你說，雖然人類和動物不同，但人類和動物都是由相同的物質組成的，兩者由內到外都包含著神性的內涵。我們會對你說，以人性的態度來接納動物，人類能夠因此得到更多幫助。雖然動物可能在大部分時間裡都是逆來順受，但並不表示牠們沒有知識或智慧。如果人類能讓自己少一點傲慢和不恰當的態度，安安靜靜與內心的自己相處，就能與動物靈魂的頻率自然契合，也終究將會因此而更了解、更尊重動物，並且在全新的光芒中看見這些動物存在的價值、目的和意義。人類太常用以自我爲中心的方式來度過他們的一生，只有在偶然的時刻裡能夠藉由動物同伴的愛，跳出自己有限的框架。我們只能夠說，人與動物的關係應該更受重視，動物靈魂對人類有好的影響。」

虐待關係

很多人都不知道能量運作的方式，就將言語和肢體暴力區分成兩類。言語是種能量，而暴力性的言語能量對人的脈輪或能量中心造成的傷害，並不亞於對肉體的拳腳相向。所有的言語暴力都伴隨著肉體上的傷害，就算言語暴力造成的影響很難從肉體上察覺。

是的，凱薩琳的故事不止是受虐，也包含了外在希望能修復關係的努力與掙扎，以及內心猶豫著是否該離開的天人交戰。這個故事與男女的感情關係有關：究竟是什麼創造了這份關係、是什麼撕裂了這份關係，最後又是什麼徹底毀滅了這份關係。

我們的靈魂在人世間尋求的是愛人及被愛的經歷。如果我們想要被愛，我們會計畫讓自己受虐嗎？如果我們想要去愛人，那麼我們會計畫讓自己去對他人施虐嗎？又或者虐待關係並不屬於出生前計畫藍圖的一部分，而是計畫走偏了的徵兆？為了找出這些問題的答案，凱薩琳和我同時透過通靈者史黛西通靈，以及凱薩琳與她的指導靈直接對話，因為凱薩琳本身擁有超聽覺的能力。

既熱情又狂暴的伴侶關係
——凱薩琳的故事

凱薩琳的父親是個有控制欲的完美主義者。

「他一定要所有事情都按照他的方式進行，」她這麼告訴我：「我完全在我爸的掌控之下。他從來沒有虐待過我，但我卻很怕他。我想要他對我感到滿意，我想要他愛我。」

在青少年時期，凱薩琳和她的朋友經常在市中心的公園裡聚會，她父親常常無預警出現，突擊檢查看她在做些什麼。同時她必須遵守嚴格的宵禁規定，而且不管什麼時候、要去哪裡，以及要離開這個地方時，都得一一向父親報告。

凱薩琳在離家去上大學後，終於享受到自由的感覺。就在那裡，她遇見了提姆。他們同年，但提姆已經開始工作了。提姆粗獷男人味的外表，以及對凱薩琳所展現的熱情癡狂，深深吸引了她。

「我印象中從來不曾看過我父母親擁抱或親吻。」凱薩琳對我說：「這對我來說很新鮮，感覺很棒！」

其實這對提姆來說也是前所未有的嶄新感受，接下來凱薩琳就會知道，提姆同樣也沒有從他父母身上得到太多關愛。

「撫養提姆長大的是一個不可違抗、有施虐傾向的母親，以及一個教導他要做個大男人，不需要爲自己所做的任何事負責的父親。」凱薩琳解釋道：「他從小受的教育就是，人生中所有的問題都是別人的錯。」

凱薩琳在大二的時候，從一群同學中脫穎而出，獲選爲滑雪校隊的一員。她爲自己感到驕傲，也很興奮。但是提姆卻因爲她接下來可能會交到許多新朋友，還有參加滑雪行程時她會離開他身邊，而備感威脅。所以他不准她加入滑雪隊；但是凱薩琳沒有聽他的話，還是加入了，只不過她對此感到很內疚。事後回想起來，凱薩琳相信當時提姆的反應就是很明顯的危險訊號，她應該要注意到才對。

之後沒多久，凱薩琳的朋友邀請她擔任伴娘。在婚禮前一晚，提姆本來約了凱薩琳，卻又臨時跑去和朋友喝酒。當夜稍晚他去凱薩琳家，發現她和朋友出去了，因此大發雷霆。

「他問我爲什麼要出門，」凱薩琳回憶著說：「我不應該出門的。只要他問了一個問題，而答案不是他想聽的，他就會揮拳揍我。等我哭出聲來，他就會說：『喔拜託，這又不會痛。』再繼續揍我。」

到了隔天的婚禮。「我的手臂上有一塊壘球大的瘀青，顏色又黑又紫又藍，隱隱作痛，讓人受不了。我把禮服的袖子拉下來遮住這塊瘀青。我一個朋友問：『是提姆幹的嗎？』我騙他說不是，他說：『我想應該就是，妳不需要忍受這樣的行爲。』這些話我左耳進，右耳出。我覺得很丟臉，因爲我覺得提姆打我是我的錯。」

「凱薩琳，」我說：「妳在這件事之後還是繼續和提姆交往，所以他一定有些地方讓妳非常喜歡。妳之前提到提姆是個很熱情的人，除此之外妳還在他身上看到了哪些優點？你們的關係裡還有哪些好的部分？」

「大部分時間裡他都是個非常好的人。」她回答道：「他既善良又關心別人，而且非常喜歡擁抱和親吻。我們常常花好幾個小時吃晚飯，也會徹夜促膝長談，聊我們的人生、童年、對未來所懷抱的夢想。我當時眞的很愛很愛他，他讓我覺得非常……」她憂傷地嘆了口氣，「我從來沒有這麼愛過一個人。」

凱薩琳和提姆斷斷續續交往了好幾年，其間肢體暴力的狀況時不時會發生，但對凱薩琳來說，他們在一起的快樂時光完全能抵消這些施暴事件。到了凱薩琳三十歲出頭時，她和提姆結了婚。

兩年後她生下了他們的第一個孩子，凱薩琳卻罹患了產後憂鬱症。提姆完全無法理解她爲什麼會憂鬱，只要她一談起這件事，他就大發脾氣，同時他也完全沒有要照顧孩子的意思。「所有的責任都在我身上，他什麼事都不用做。」凱薩琳的這句話，在之後我們進入她的出生前計畫會議時將會有更重大的意義。

我請凱薩琳描述提姆對她說了些什麼。

「他會說：『妳是笨蛋嗎？妳的腦袋到底有什麼毛病？妳根本不用腦。』他還說：『如果妳以爲妳還能找到更好的男人，別做夢了。妳永遠不可能找到比我更好的人了，妳也永遠不可能找到比我更帥的人。』他說我不夠聰明、不夠漂亮。如果我想吃蛋糕，他就會說：『妳想要看起像妳姊那樣嗎？不准吃！』

「有次我讀到一篇文章，」她繼續往下說：「提到巴基斯坦的女性是多麼不自由。所以我說：『我希望自己可以做點什麼來幫助她們。』提姆說：『妳以為妳是誰？妳能夠幫她們什麼鬼？』我說話得非常小心，他不喜歡我對任何人懷有慈悲心。」

凱薩琳接著描述了一次格外驚心動魄的情況，當時她和提姆正在浴室裡說話，她不小心說了一句話，徹底惹怒了提姆。

「當時我以為他會殺了我。提姆抓住我的肩膀，一直把我往浴缸按。孩子們衝進浴室裡尖叫：『爹地！爹地！住手！住手！』他實在是氣瘋了——應該說已經完全失去理智，根本不知道自己在做什麼了。最後，孩子們終於引起他的注意，所以他停手。浴室裡到處都是水。我一直哭，因為換氣過度而喘不過氣來。孩子們在旁邊大叫：『媽咪！媽咪！妳還好嗎？』」

凱薩琳和提姆的婚姻就在同樣的艱辛狀態下過了好一段時間。直到凱薩琳的弟弟因心臟衰竭無預警地過世，她與提姆的關係才出現變化。

「我不讓自己顯露對弟弟過世的情緒，因為我忙著照顧孩子和父母，完全無視自己的需求。」凱薩琳說。結果她得了焦慮症，在接受焦慮症的諮詢治療時，她提到了自己與提姆的關係。

「到結束諮詢時我才發現，我應該得到更好的對待。」凱薩琳這麼對我說：「所以我開始反抗他。」

「妳就是從那時候開始想要離開的嗎？」

「沒有，我天人交戰。我愈是懂得尊重自己，就愈不愛他。我會掙扎是因爲我想到我有兩個孩子。結婚誓詞裡說，我和這個男人要至死不渝。

「我們之間早就不再談什麼感情了。」她補充道：「有天提姆說：『妳不會是想要離開我吧，是嗎？』我還不來及思考就脫口而出：『是，我要離開你。』我告訴他我們的婚姻玩完了。」

凱薩琳和提姆離婚，慢慢建立起自己的生活。「一天捱過一天，一次進步一點，我就這樣慢慢找回自己的人生。」她說。現在她女兒和她一起住，凱薩琳全心全力協助女兒照顧外孫。凱薩琳的兒子和提姆一起住了好幾年，現在在大學讀書。

我問凱薩琳她從自己的經歷中獲得了哪些成長。

「這些年來我做了好多療癒，我經常看著鏡子，告訴自己接受這些事情裡屬於自己該負的責任。我已經學到恐懼只存在內心。只要我感到害怕，我就面對它，然後它就會消失。我比過去更能夠感受到自己的情緒和情感。我過去都假裝它們不存在，現在，我允許自己去感受。」

狂暴的丈夫竟是幾世紀以來的內在渴求
——凱薩琳與提姆的出生前計畫

在我們生命中非常重要的關係，甚至不那麼重要的關係，都不是隨機產生的，無論我們在人世間的第一次相遇看起來是多麼湊巧。凱薩琳是否預料到會有這段受虐關係出現？她是不是知道有這樣的可能，還有她是否了解這會在情感上帶來多麼痛楚的傷痕？如果她早已預料到，爲什麼要讓自己處在這樣的狀況中？還有，提姆希望這些事發生嗎？他是否了解自己有可能會變成施暴者？

我帶著這些疑問，聽史黛西發揮她的通靈天賦，來觀看並聆聽凱薩琳與提姆的出生前計畫會議。

「我看到一些我之前從來沒有在出生前計畫會議中看到的情景，」史黛西在一開始通靈時就如是宣布，「我看見凱薩琳、提姆和其他兩個男性形體的靈魂排隊跟她說話。他們都想要成爲凱薩琳生命中的另一半或情人。很不尋常的是，我看見她把另外兩個推到一旁，卻讓提姆進入她的空間。這讓我們立刻就了解到她與提姆的關係是有意的設定。現在，讓我進入他們的計畫會議中，看看還能發現什麼。

「在這個會議中，提姆並沒有變裝成接下來這一世的人格。他還是某次前世的模樣，但不是最近的一次前世，而是十五世紀時在義大利的前世。那是他對自己感覺最好的一次前世，所以他還是以那時候的模樣出現。」

當我們回歸到靈魂之中時，可以變成任何我們想要的模樣。有些人會看到過世的親人完全就是還在世時的樣子，因爲這些靈魂選擇要以對方熟悉的形體樣貌來呈現自己。在史黛西見過的許多出生前計畫會議中，靈魂會化身成他們即將投胎成的人格的樣子，有時候是完整的變身，有時候只有局部。在少數狀況中，靈魂完全不會化身成人的形體，反而是保持著光體或靈魂的形式。在這裡，提姆選擇了他在某次久遠前世裡的模樣，因爲他在這次前世曾感覺到自己的價值。我們很快就會知道，這個選擇反映出他想要和凱薩琳一起學習的課題。

「凱薩琳談到，她是多麼渴望、渴求著他，之前的幾次前世她都很想要他，卻從來沒成功過。」史黛西繼續說道：「她一直沒辦法用這樣的方式引起他的注意，在過去的幾次前世裡，他都被其他人要去了。

「**凱薩琳始終都看得出提姆需要的是自我認同**。她在其他前世裡觀察過他，看見他一直都缺乏對自己的肯定。她想要去愛他。**她也提到她感覺得到他內在有一個很大的空洞，而她已經看著這個空洞存在好幾個世紀了。她答應過要讓他看見自己在他身上所看見的優點，並且讓他也能看見**。

提　姆　我不想依靠任何人來讓我覺得自己很好，我已經狂暴了這麼長的時間了，妳看見的空洞就是因此而來的。我不想依賴妳的付出，可是我也不知道能不能相信自己不會那麼做，尤其是在妳願意付出這麼多的情況下。我很擔心自己會忘了尊重妳，並珍惜妳投注在我身上的愛。我之前就忘了這麼對待其他人，這對你們是不公平的。

凱薩琳　我想要的就是愛你，我想要體驗躺在你雙臂中被你愛著的感覺。

提　姆　但是我可能會傷害妳，而且我不覺得自己已經準備好這麼快又回到人世。我不確定該不該這麼做。

「提姆停下來考慮凱薩琳的要求。」

提　姆　我答應。我可以選擇成為伴侶一起生活的人有很多，而這麼做可以讓我朝完整的自己邁進。

聽到史黛西複述提姆的選擇時，我非常驚訝；他似乎很快就下了決定。接著我提醒自己從出生前計畫中學到的一件很重要的事：靈魂不一定總是或完全依照我們認爲的邏輯來做決定，反而是靠一種這個決定到底對不對的「感覺」，而整個計畫就以「這種感覺」爲基礎。然後我又再提醒自己另外一個同樣重要的事實：我們所知道的「時間」並不存在於非肉身國度中。提姆的「暫停」看起來或許很短，對他和凱薩琳透過感覺來溝通卻已經非常足夠。

凱薩琳　我會承擔照顧孩子的大部分責任。可能有些時候我會因爲生氣而丢下一切不管，但是我們都需要學習自我控制。我會在你身上看到我，而我也希望你會在我身上看到自己。我想要的就只有這樣。我看得見你的美好，我希望將這樣的美好展現給你看——你的溫柔、你的慈悲心，在我身上都會變得更加強烈。

提　姆　這些都是我正在學習的東西，但是我不能保證我能一直保持溫柔。我希望自己能夠像妳幫助我一樣給妳幫助。

凱薩琳　我很堅強，我知道自己是誰。我有勇氣，也有足夠的同情心去理解和接受。這次就和我在一起吧。

提　姆　好。

「整個房間瞬時鴉雀無聲。」史黛西說。她指的是在場的靈魂小組成員及指導靈。「我看見凱薩琳和提姆頭碰著頭，貼著彼此第三眼所在的位置。這是靈魂相互交融的時刻。我的指導靈告訴我，這是他們互相許下承諾的方式，表示願意對彼此付出。

第三眼是位於眉心之間的能量中心，被認為是收看靈界影像的位置。凱薩琳與提姆的這個動作，很明顯是在表達彼此的深情，但也象徵著他們一起望向即將到來的人生，並且分享著這人生相同的視野。

我問史黛西，凱薩琳是不是有和她的指導靈討論到：希望自己在這一世有什麼樣的成長，或是提姆的施暴能夠給她帶來什麼成長。

「她正在和一位女性指導靈談到這部分。」史黛西看到凱薩琳出生前計畫會議的另一個場景時，這麼回答。「這位指導靈是慈悲的化身，她全身上下都很柔軟，卻也很堅強。這是一股溫柔的力量。她們這段談話發生在凱薩琳進入靈魂室之前；出生前計畫會議通常都是在靈魂室進行。『靈魂室』這個名稱是我的指導靈剛剛才跟我說的，這是他們描述這個會議室的一種說法。

「我看見凱薩琳和這位指導靈離開靈魂之間所在的建築，走進一座花園。我看到凱薩琳的指導靈從光體變身成人形。她們在談慈悲心。這位指導靈陪伴凱薩琳已經有——我聽到的說法是『好幾個世代』了。

指導靈　我回顧我們曾有過的談話，我知道妳很想要提姆成為妳的親密伴侶，妳真的想要這麼做嗎？妳想要接受這段關係帶來的挑戰？

凱薩琳 是的，我真的想。

指導靈 就我所看到的來說，這件事可能最後會出現和妳預期不同的結果。妳真的會對一個可能對妳口出惡言、暴力相向的人懷抱著慈悲心嗎？這個人的情緒會極端暴衝，就算妳沒有招惹他，他也會對妳發怒。

凱薩琳 他要求自己完美的渴望和我一樣強烈。他是我長久以來的渴求，我已經準備好要不計代價去接受這個挑戰。我感覺得到我的心，我知道我能夠在別人都棄他而去時依然愛他。我從心裡感覺到他需要這種力量、這種在背後堅實的支持，好讓他從我這裡獲得他所需要的，加入他自身之中。我擁有的力量足以支撐我們兩個人。

「凱薩琳的指導靈搖頭表示不贊同。」

指導靈 我怕妳沒搞清楚狀況，我很擔心妳是不是沒看見這件事可能會有多錯綜複雜。

「凱薩琳停下腳步，把手放到指導靈的手臂上。」

凱薩琳 不，我知道這麼做會引發些什麼。對我的心來說，這麼做能夠讓我實踐當他還是我兒子時我對他所做的承諾，當時的他是我還在襁褓中的小兒子，我卻沒能夠保護他。

「我現在看到很久遠之前某次前世的畫面。」史黛西說道：「她的這個小兒子被一個男人用石頭敲碎了腦袋而死。這個男人是個遊民，跟她毫無關係。當時這個男人非常生氣，情緒非常狂暴。凱薩琳想要彌補過去無法保護提姆這件事。她依然有好多的愛想要給他，這是她一部分的動機。

「他們又繼續談了一會兒，接著在一處灌木叢旁坐了下來。指導靈拿出出生前計畫板，上面有黑白相間的格子，指著板子上的某個地方。

指導靈　這一世妳是個生在羅馬的女性，完全接受別人對妳人生的安排。妳活得逆來順受，一開始是靠父親的照顧，接下來是靠妳丈夫的照顧，那是女人既受到敬畏又被輕視的時代。妳想要再重來一次嗎？既受到敬畏卻又被人輕視、既被人捧在手心卻又受到壓迫？問問妳自己，這會帶給妳正面的成長嗎？

凱薩琳　我有很強烈的感覺，雖然這感覺不一定很聰明。

指導靈　照妳的規畫，這一世將會讓妳個人最核心的基礎不斷遭受到質疑。妳必須學習不去聽別人說妳是個什麼樣的人，也要隨時注意提醒真正的自己是什麼樣子。妳夠堅強嗎？

凱薩琳　如果我不夠堅強，這些經歷不是也會讓我變得更堅強嗎？

指導靈　不，不一定會這樣。這是妳的選擇，妳可以做出和前世裡一樣的選擇，永遠低著頭，一輩子只看著自己的手和腳，做個軟弱無能的人。

凱薩琳　不，這不是我想要的。我在因爲別人的毆打而失去他的前世裡，已經是個軟弱無能的人了。我知道我對他的愛會是世上最堅強的東西。

指導靈　那麼妳對自己的愛呢？這不是妳這一世最大的目標嗎？不止是去愛別人、不止是被人愛，同時也要愛妳自己，不是嗎？

凱薩琳　是，我知道除了這些我還有其他的目標。

指導靈　這不是其他的目標，這是最核心的目標，是一切的根本，妳想要的其他事物全都將因此而生。妳對自己的愛、妳發自內心的喜悅，以及妳與他人分享愛和歡樂的能力，全部都來自這個課題。

妳眞的願意承受跟這個人一起生活可能發生的苦難嗎？這個人一直以來都有暴怒、衝動的紀錄，而且不認爲自己是所有問題與答案的源頭。妳願意承擔可能會出現的後果嗎？

凱薩琳　我想要像前世我沒能夠做到的那樣培育他。

指導靈　那妳爲什麼不選擇當他的母親呢？

凱薩琳　因爲這樣做會帶給我一直期待著的喜悅。我想要嘗試擁有一段愛情關係，也或許是我渴望以這樣的方式來感受他吧。再說，我已經生育過他了。像現在這樣子做的話，我就可以在他長大成人之後再擁有他，他會以男人的姿態出現，我會以女人的姿態出現，到時候我們兩人各方面都已經確立了。我們共同分享的喜悅將會多到足以補償任何可能發生的遺憾。我準備好了，現在讓我進入靈魂室吧。

懂得，所以慈悲：愛情的功課

這段出生前對話的力量及史黛西所描述的驚人細節，都讓我目眩神迷。之後我和凱薩琳在討論這場通靈時，她告訴我：**「我總是先跳進水裡才開始找救生衣。所以，我連在另一個世界都是這個樣子，既然如此，那我就懂了。」**

史黛西的指導靈在過程中一直協助我們，我請他爲凱薩琳和提姆的出生前計畫作結。

「在確實找到自己之前，這個人格會持續來回擺盪在各種極端行爲之間。」指導靈如是回答，語調中卻多了一份不常見的嚴肅，「你們還是孩子的時候，每個人都是充滿了愛的個人。等到各種因果能量在你們的人生中發生作用時，你們就會透過這些因果的濾鏡來看待自身的經歷。有些人能讓自己維持在當下，但大部分人都會在發生某事時，以過去別人貶抑過自己的話來看待這一次的經歷。例如提姆小時候就被人說過他很糟糕。這是提姆的挑戰，他必須從這些話中讓自己成長，將自己內在無條件的愛發揮到極致。

「凱薩琳和提姆都在學習類似的因果問題，他們兩個都沒錯。兩個的人生中都同樣有著關於心、關於魯莽和衝動這方面的問題。進入這一世時，凱薩琳的情感是成熟而穩定的，她非常渴望被愛，也渴望去愛提姆和其他人。他們兩人都很清楚知道受虐和施暴這件事可能會發生，卻還是選擇要一起建立這段關係。」

有控制欲的父親，竟成爲通往自我價值的路徑？
——與凱薩琳的指導靈對談

爲了知道更多有關凱薩琳生命藍圖的內容，我問她是否能和她的指導靈說話。在這個人類尙在進化的時代，大部分人都無法有意識地聽見自己的指導靈。凱薩琳能夠這麼做，眞的是提供了非常罕見且令人興奮的機會。

我直覺認爲，凱薩琳會選擇提姆作爲另一半，應該和她選擇這一世的父親有關。所以我先從這個問題問起。

「爲什麼凱薩琳選擇了一個有控制欲的父親？」我問道。

「因爲這樣她從小就會學到，無論什麼事都要照著別人的話去做，特別是她有一位有控制欲的父親時，更是如此。」指導靈回答：「凱薩琳生來就具有智慧，但是她會發現，只要男性出現在她的生活中，她就很難運用自己的智慧來判斷事情。

「凱薩琳的童年就是如此，她變得很怕父親，而父親是當時她生活中最主要的男性角色。這樣的恐懼讓她的頭腦失去作用。當她遇到提姆，她也對他的侵犯行爲感到害怕，直到她照著他的話去做。往往要等到事情過去好一段時間，她的頭腦才能思考。這讓提姆有機會對凱薩琳施暴。若沒有這個理智空檔，凱薩琳就會和提姆正面對抗，而他的侵犯行爲及這段關係也會走上完全不同的方向。」

「就我感受到的是，」我說：「凱薩琳想要一段能讓她從某人身邊重獲自由，並且靠自己站起來的經歷。而她並沒有對她的父親這麼做，所以她接下來就找了一個有控制欲的丈夫來繼續學習獨立這個課題。」

「沒錯，」指導靈同意，「在好幾次的前世裡，凱薩琳都是受人控制的。當你覺得自己沒有價值，就很容易受到他人的控制。你不覺得自己有資格讓自己快樂，你想要去討好其他人。這裡要解決的就是自由和價值的問題。

「凱薩琳和提姆都非常想要幫助彼此。凱薩琳希望能獲得力量、找到自我價值、學習讓自己抬頭挺胸地生活。她想要幫助提姆打開心去愛人、找到屬於他自己的價值。他們兩個都同意，萬一提姆無法學會他想學的課題，凱薩琳就會離開這段婚姻，動搖他整個人的根基。」

「如果凱薩琳的目標是要變得更堅強、更獨立，」我問道：「爲什麼她要選一個有控制欲的父親，而不是一對能教導她凡事要靠自己的慈愛父母呢？」

「雖然她父親要求很高、支配欲很強，**但同時也是力量的示範**；她的母親是個非常溫柔、慈祥，樂於付出的人。在凱薩琳爲她個人的成長而努力時，**她可以學習結合父親的力量和母親的慈祥，將自己塑造成能夠完成她人生目標的那個人**。」

「凱薩琳是不是只會在她還年輕、無法獲得力量並找到自我價值的狀況下，才會和提姆結婚？」

「不，無論如何她都會嫁給提姆。她一定要親身經歷過才會眞正明白箇中滋味，也因此她才能夠去幫助其他人透過他們自身的經歷來獲得力量。」

「就我所知，靈魂通常會在出生前計畫會議中，因爲彼此情感上的創傷而受到相同頻率的吸引。舉例來說，聽起來凱薩琳和提姆都覺得或是認爲自己沒有價值，因而受到對方的吸引。我這樣的理解正確嗎？」

「靈魂會受到吸引有許多原因。有時是因爲情感上的創傷，有時靈魂想要這樣的經歷和課程，是因爲如此一來這個靈魂才能達成自己的靈性成長。**出生前計畫一定都是雙贏的局面**，沒有人會因爲自私或只爲了自己好而加入一場計畫。靈魂想要付出，也想要獲得，這就是凱薩琳和提姆的情形。**凱薩琳非常想要給提姆愛，而提姆也很想幫助凱薩琳找到自我價值。但同時，提姆還是猶豫了，因為他很擔心自己會傷凱薩琳太深。是凱薩琳一直堅持要與提姆共享這一次的人生經歷**。」

「一旦人在肉身狀態時就讓自己的情感創傷獲得療癒，例如他們學會了愛自己、找到了自己的價值，那麼他們在轉世時就不會選擇跟有施虐傾向的人在一起了？」

「是的，某種程度上是這樣沒錯。」指導靈回答，「舉例來說，凱薩琳的創傷現在已經獲得了療癒，同時也找到了自己的價值。她的價值現在已經深深刻在她的靈魂之中。她以後應該不會再選擇跟另一個很有可能會虐待她的人在一起了。不過，天底下沒有絕對的事，也許她未來會選擇跟有施虐傾向的人在一起，為的是要幫助這個靈魂學習屬於他的課程。如果凱薩琳再次進入這樣的計畫，那麼她也不會再像這一世一樣，為尋找自我價值而痛苦了。因為她在這部分早就已經不再有傷口了。」

「請對那些想要療癒自己，讓自己以後不會再計畫與有施虐傾向的伴侶在一起的人說些話。」

「對那些想要療癒自己曾經遭受伴侶施虐的人，要先明白自己是很勇敢的人，才會在出生前計畫會議中同意這樣的安排。如果能開放自己的頭腦和心，相信自己絕對有力量能療癒自己，那麼療癒就會開始。只要在心裡召喚這樣的渴望就行了，就是這麼簡單。我們希望大家能有信心，前面有更好的人生在等著你們，不止是在這個人世間如此，在另一個世界的天國也是如此。**保持著信心，相信宇宙的力量，也相信你自己的出生前計畫**。

「現在地球上已經有許多靈魂準備好要幫助所有渴求知識、尋求成長的人。你在這個人世間的個人成長，將會轉化成你那永恆的靈魂的成長。你有許許多多的方式可以獲得療癒，治療方法多到難以一一列舉。只要想要，你就能獲得。

「在此，我們為你們和你們所做的努力獻上最深的愛和感謝，我們向你們的內在之神深深一鞠躬。」

性取向

在靈魂的層次上，我們是沒有性別的，應該說，我們是男性與女性能量的完美融合。在投胎轉世之前，我們帶著愛，聰明謹愼地爲自己和即將出現在接下來人生中的其他人，選擇了某一種性別，因爲我們知道，這樣的體驗能夠協助靈性進化。

一般來說，選擇成爲異性戀的靈魂在肉身之中時，並不會掙扎或質疑自己的性取向。他們很少會納悶：「爲什麼我是異性戀？」此外，一般社會也不會去批判或歧視異性戀者。因而，這一章想深入探討的是在出生前選擇成爲同性戀者的靈魂，藉此增進大家對同性戀的了解及不批判的態度。

爲什麼靈魂會計畫一個與大部分人擁有不同性取向的人生呢？爲什麼他們要冒險去承受，甚至有時是刻意去尋求他人的批判呢？還有，他們在接受自我及如何去愛自己這些課題上，又面臨什麼樣的挑戰呢？

若只展現出部分的自己，就不能算是完整的人
——吉姆的故事

吉姆（Jim Ashburn）的父親是商用廚房設計施工的包商。吉姆青少年時，在父親的衣櫥裡發現了他形容爲「猥褻的男同志小說」。當時他非常震驚父親竟然有這方面的性幻想。除了父母及弟弟，吉姆還與祖母、姑婆及兩位叔公同住。吉姆形容他們家擁有「愛爾蘭天主教的文化……非常天主教」。教區是他們家的生活重心。

吉姆在童年時期就接收到各種有關性別的說法。在天主教學校，「他們教導我們，自慰是十惡不赦的罪過。」吉姆說：「如果你做了，你就會下地獄。我還記得有幾次我因爲差點要自慰而幾乎哭了出來。

「我祖母在這方面更是火上加油。她會跟我說：『你的身體很骯髒。』我父親非常慈愛，從來不會反駁祖母的話，但他會偷偷把我拉到一旁對我說：『你的身體是神賜予的禮物，你的身體很美。』這些話保護了我的心靈免於傷害。」

吉姆七歲時，有天和父親一起在前院做園藝，一個名叫巴比的小男孩經過他們家門前。吉姆在根本不了解含意的情況下，就脫口把在學校裡聽來的話大喊出來：「巴比是個玻璃！」吉姆的父親把手上的鏟子放了下來，非常嚴肅地對他說：「以後不准再對任何人講這樣的話。」

幾年後吉姆出櫃時，這段回憶給了他非常有力的支持。

吉姆有位從小一起長大的好朋友麥可，「有次我們在空地上和其他男孩一起玩耍，麥可把我們帶到一間俱樂部，告訴我們性交是怎麼一回事。」吉姆邊說邊笑：「他告訴我們小孩是怎麼來的，他說，男人尿在女人身上就會有小孩。我的反應是：『不可能，因爲我爸媽絕對不會做這種事！』」講到這裡，吉姆笑得更厲害了。「但是，這件事卻促使我展開了一段探索。我在公立圖書館找到一些書，我偷偷把這些書移到角落，然後在星期六下午跑去坐在那裡讀。麥可和我會花很長的時間討論我在書裡發現的事情。」

到了高中，吉姆和一位同班同學蘇珊成了親密好友。而麥可和蘇珊也是好朋友，所以他們三個經常在一起。吉姆與蘇珊的友誼在大學時發展成愛情，而他和蘇珊在大三那年就結婚了。因爲蘇珊有不孕症，吉姆知道他們絕對不會有小孩。

「和蘇珊做愛是非常美妙的事，」吉姆回憶道：「我想要取悅她，而且我對她的身體非常好奇，因爲我從來沒有跟任何人在一起過。我們在性方面非常美滿，而且我們眞的非常相愛。因爲我努力不讓自己對男性的身體有任何感覺，所以我也無從比較起。」

「你當時完全沒有對任何男性有什麼想法嗎？」我問道。

「表面上沒有，但是潛意識裡有。人的壓抑能力是很驚人的。」

「所以在結婚初期，你和蘇珊都沒有發現任何你喜歡男人的跡象？」

「沒有，完全沒有。」吉姆回答：「那時是一九六七年，同性戀解放運動正在萌芽，但並不廣為人知。當時根本還沒有質疑自己性取向的文化存在。

「婚後的哪個時間點，你開始對男人產生興趣？」

「我其實有點不好意思說，」他咯咯笑，「大概在我和蘇珊結婚一年之後，我和一個朋友偶爾會一起去看色情電影。有次我們去看了〈深喉嚨〉，我走出電影院的時候突然發現，我完全不記得電影裡的女人長什麼樣子！」這時吉姆和我都笑了出來。「但是男主角身上的每一根毛髮，我都記得清清楚楚。這件事讓我意識到，我喜歡的是男人，而且向來如此。

「我走出戲院，走上匹茲堡的解放大道，還眞的是一大解放呢，我心想：『噢，天啊，我是男同志！』我在那裡站了好一陣子。」

之後不久，吉姆發現他不止是受到男人的吸引，而且還是對某一個男人特別有感覺，那就是他的朋友麥可。他向麥可坦承，而麥可雖然沒有跟男人在一起過，但對這件事保持著開放與好奇的心態。

「於是我們做愛，」吉姆告訴我，「感覺非常棒！用我的手去擁抱另一個男人的身體，那種感覺實在是太美妙了。我身體的每一吋都活了起來。我可以很輕鬆地和蘇珊做愛，那是因為我愛她，但我眞正的激情卻是在另一個男人身上。

「麥可跟我只在一起過兩次，對我的影響卻非常深。有天晚上蘇珊對我說：『吉姆，你不太對勁，你有事瞞著我。』我還記得我當場崩潰大哭，我對她說：『我發現自己是同性戀，至少我有很強烈的感覺。』

「我清楚記得她的悲傷和恐懼。她覺得很沒有安全感，認爲這件事很快將會導致我們的婚姻破裂，但我並不這麼想。我對她還是有責任的，我從來沒有覺得『你正在做一件很糟糕的事』，反而比較像是『我們要怎麼做才能夠繼續維持我們的婚姻』？」

當蘇珊慢慢了解到吉姆並不會離開她之後，就不再覺得備受威脅了；事實上，她甚至還是繼續維持與麥可的朋友關係。吉姆和蘇珊開放深入地討論他的性取向，而且在吉姆與麥可在一起的七年中，就許多方面來說，吉姆和蘇珊反而變得更加親密。接著，在吉姆與麥可分手後不久，吉姆與蘇珊就搬到了加州。

「我們到加州時，」吉姆回想著，「蘇珊下了車，走到瞭望台上，開始哭了起來。她說：『我知道你會在加州愛上另一個男人，然後離開我。』我不想要傷害她，便決定不再和男人發生性關係。我把這個部分完全壓抑下來。這麼做眞的很糟糕、很可怕。我變得非常執迷，滿腦子除了和男人做愛，根本沒辦法想其他事。」

吉姆在接下來的兩年內持續壓抑他的性飢渴，在這段期間他成爲一名社會運動人士，積極從事將保護性取向納入人權的立法活動。在活動過程中他遇見了一個男人，開始了一段關係。之後吉姆成立了同性戀的支援熱線，又開始與另一個男人交往，而他與蘇珊的關係也愈來愈難以維繫。爲了處理這樣的緊繃狀態，吉姆和蘇珊一起創立了給已婚同性戀者的支持團體。

「我們支援一對又一對處在劍拔弩張狀態中的夫妻，讓他們用比平常更開放的態度、更多的愛和溝通來面對這件事。」吉姆說。而當吉姆與蘇珊看著其他夫妻分道揚鑣，他們逐漸明白，他們也應該要分手了。「我們都接受這個狀況，」他告訴我：「這一路上我們都是最好的朋友。」

幾年後吉姆遇到了查利，墜入愛河，而他正是吉姆現在一起共度人生的伴侶。之後蘇珊也再婚了，最終斷絕了與吉姆之間的聯絡，吉姆認爲這是她丈夫造成的。吉姆說，蘇珊與他斷絕聯絡，讓他非常痛苦，因爲他視她爲靈魂伴侶。現在吉姆在北加州主持一個非營利組織，這個組織邀請同性戀者一起進入「心事圈」（分享私密心事並彼此支持的小團體），同時他也積極推廣愛滋病的防治。

「吉姆，」我說：「如果有人來找你，跟你說：『我覺得我可能是男同志，但我也不是很確定。』你會怎麼跟他說？」

「我在和男人或女人發生性關係之前，已先經過了**接受自我**這個階段，所以我沒有任何罪惡感。」吉姆回答：「我對蘇珊是一種愛，和麥可在一起則是覺得那是一件可以嘗試去探索的事。**很多人在發生性關係之前，都沒有準備好。他們最後都懷抱著罪惡感，而罪惡感是很難擺脫的東西**。所以我會對任何有性取向疑惑的人說，**在你盡情展現自己之前，應該要先接受自己**。」

「那麼對那些已經清楚自己性取向，卻還沒有告知家人或朋友的人呢？」

「找幾個要好、可以傾訴的朋友。」他建議，「先向他們宣告出櫃，再跟其他人說。一般說來，**大家都是愛你的，而且通常都已經直覺到你的性取向，只在等你說出口**。如果你碰到恐同的人，很重要的是要知道，**他們其實並非針對你個人。而是與他們自身內在的恐懼，以及來自主**

流文化中的觀念有關。」

「吉姆，回頭看看你走過的路，你學到了哪些有關自己或生命的課題？」

「壓抑是行不通的。」他堅定地說：「沒有人可以活在謊言中，還過得很幸福。如果你只展現出一部分的自己，你在這個世上就是一個不完整的人。**勇於表達自我對生命是加分的，這是幸福的開始。**」

用對比經驗學習擁抱自我眞實
——吉姆的前世因果

在我們的談話之後，我不禁要想，如果吉姆想要體驗身爲男同性戀的人生，爲什麼要選擇出生在一個無法理解、也無法接受他的性取向的時代和地點呢？如果他的意圖是要挑戰自己，爲什麼他選擇了一位如此慈愛、體諒的父親呢？還有蘇珊，她是不是在出生前就知道自己會和吉姆結婚，而他會在結婚後才發現自己喜歡男人？如果是，爲什麼她要選擇這麼痛苦的經歷呢？還有，麥可在他們的出生前計畫中又扮演了什麼角色呢？

史黛西開始說道：「吉姆，我要先告訴你有關你的因果，特別是在你結婚、並且以異性戀身分生活了好多年之後，才發現並接受自己是同性戀的挑戰。

「我看到一些和蘇珊與麥可有關的前世畫面。我一直接收到來自麥可對你深厚得無以復加的愛。這種愛遠比人類的性愛更大、更廣，我幾乎要說令人目瞪口呆了。事實上，我的指導靈剛剛才對我說：『這是一種全面向的無條件的愛。』

「我感覺到麥可是個比大多數人都要進化的靈魂。他經歷過一系列身爲牧師、僧侶或離群索居的修行者人生，使得他培養出與自己深厚的關係，以及與一切萬有之間的連結。那些前世都擁有一個主題，就是對他人付出關愛與協助。就在他所服務的這些人之中，你與他建立起了某種關係。

「其中很重要的是他身爲牧師的那一世。我聽到『羅馬』和『梵諦岡』。當時的你比他年輕，是個天主教的侍祭。他在你決心投身宗教前的兩年就已經認識你了。我的指導靈告訴我，你是他的表親。你因爲想要成爲牧師而去找他，同時也是因爲你心中感受到宗教的呼喚。他成爲你的指導人和老師。他非常喜歡這樣的關係，而你也是。

「指導靈告訴我，有兩次前世麥可都是你的父親。其中一次現在出現在我眼前。我看到一塊寶石。你們才剛結束工作。我看到他放下鏟子，抹掉額頭上的汗，然後說：『我們成功了！這就是我們努力的成果！』他手上拿著一塊像是石頭的東西，顏色很深又很黑，像是原石。在他說話的時候，我感覺到一份深沉的愛不斷湧出，這份愛穿越綿延了好幾個世代和時間。雖然他是在那一世裡發自內心並透過自身的信念在對你說話，但你們之間那份龐大與悠長的愛完全超越了空間，濃烈到沒有地方足以容納。我必須再次申明，這已經比人類定義的愛要更偉大，也是我們所有人期待與渴求的。

「現在我要來談因果了。我的指導靈說，你最重要的因果挑戰是『學習認識眞正的自己，以及藉由改變你的情感家人（指在這一世與吉姆有重要關係的人，不止是原生家庭的家人）、學習接受這些改變，將眞正的自己發揮到最好的程度。』」

史黛西繼續往下說：「吉姆，你選擇要在自己建立的家庭裡經歷這樣的改變，好讓你了解眞正的自己，同時也幫助蘇珊學習一直以來對她來說非常艱難的課題。

「在你與蘇珊的關係中，你要面對的是當你還小時，一位年長女性家人最先帶給你的問題。我聽到『嚴責』這個詞。你知道我說的是誰嗎？」

「是的，我當然知道，」吉姆回答：「是我祖母。她讓我對自己的身體感到羞恥，她是個厭惡身體的人。我以前在夏天時都會跑去把身體曬黑。她會拿著毛巾一直擦洗我的身體，一邊說：『你眞髒、你眞是髒。』」

「這個有關羞恥的問題，」史黛西解釋，「是一個刻意營造出來的反差，**用來對比你內心對自己的感覺，以及你與蘇珊之間的關係**：她帶著非凡的氣度，用充滿愛的方式來祝福你，而不是以你爲恥。你的靈魂在這世裡有個要求：讓自己成爲更有適應力、更有彈性的人。選擇要經歷讓自己先置身於某處，再醒悟原來自己其實身在另一處，這就是『對比經驗』。**學習擁抱眞實就像是在轉換跑道**。你在出生前選擇要這麼做，爲的是希望能在這次的人世經歷中獲得重大的成長。」

在肉身中，我們會利用對比經歷來激勵自己，並從中學習。吉姆的祖母說的話，正好與他的天眞無邪形成反差，對他來說，把皮膚曬黑並沒有錯，而他的身體也不髒；長大成人後，蘇珊對吉姆身體的喜愛，則與他祖母的話形成反差。兩種反差對於他在未來的人生中接受自己的性取向來說，都是一種推進的力量。

「你第二重要的因果挑戰是情感的獨立。」史黛西繼續說道，「情感獨立的意思是，明白你自己才是自己幸福安樂的源頭。隨著情感的獨立，你同時也要學習處理戀愛關係的問題和技巧。

「有些男人因爲前世身爲女人時受到粗魯的虐待，而深深受創。他們還是想繼續保有女性敏感的特質來世間學習，卻又很害怕再次成爲女人。

「麥可在這世裡向你表達了他在其他前世裡也表達過的扶持、同理心和愛，甚至超越了性別。剛剛有人告訴我，你會跟著其他嬰兒潮世代投胎，是因爲你非常興奮地預見到，你會在一個比其他前世都更廣闊、更能接受無條件的愛的地方，擁有這段愛的經歷。

「這也讓我進入你的下一個因果課題，那就是以同理心來服務他人。你的同理心是如此強烈、你的愛是如此龐大，我覺得你的身體都快要裝不下了。你會走上用同理心來爲他人服務這條路，有部分是因爲你在小時候就有過一段經歷，提醒了你自己所擁有的同理心。有可能某個人曾經讓你生氣、失望，或者是傷了你的心。你從這樣的經驗中了解到，或許這個人年幼時曾經受過虐待，才會做出這樣的回應。就在這一瞬間，你對那個在你生命中開啓這段經歷的重要人物充滿了同理心。我在說的是你的祖母嗎？」

「完全正確！」吉姆表示，「妳幫助我了解了她的行爲的因果關係。我完全就像妳說的那樣。**我看見她無法幫助自己，而我也因此學習到了同理心**。我從來不曾眞正看清她的目的，但我還是像妳說的那樣做了。」

「我從你身上看見熱情，你想要利用自己找到平衡方式來帶領他人，幫助他們也找到平衡。這也正好讓我帶出你最後的因果課題：平衡，這通常指的是情感上的平衡。有人告訴我，會出現這個課題是因爲，**你想要用有意識的抉擇來分離愛與性**。我想你也了解到，儘管你的心非常熱愛與男人擁有性關係，但這也從不表示你不愛蘇珊。」

「是的，沒錯！」吉姆肯定地說。

「我想要解釋蘇珊在這裡想要獲得的是什麼，或許這也能消除你可能還無法釋懷的罪惡感。」史黛西繼續說道：「蘇珊同樣也在學習平衡這個課題。你給了她一段經歷，讓她能夠更深入地去體會。她必須從自己內心深處找到平衡，才能夠維持你們的婚姻。她也有過好幾段前世，在其中她想要的是被愛，而不是去愛自己。所以現在她想要學習愛護自己，好讓她培養出自我價值的意識。因此，她應該是挑選了一個功能不是非常健全的家庭出生。這是必經的過程。

「你用一種沒有任何人用過的方式來愛她，而這份愛對她來說非常有療癒效果，這也是你們約定的一部分。但是，你並沒有同意要當一輩子的伴侶。爲了你自己的緣故，你必須在某個時間離開。蘇珊同意這段經歷，她說：『你會是我的榜樣。』一路看著你慢慢發現眞正的自己，並且對她及全世界宣告這個事實，你爲她樹立了活生生的榜樣。她現在還沒辦法靠自己做到這一點，但是她眞的很想這麼做。」

吉姆的愛，給了蘇珊好好對待自己的理由

「我現在看到了蘇珊的出生前計畫會議。」史黛西說。

「我看到一個巨大球形的光體。我被告知這是蘇珊的父親的靈魂，他在一旁觀看這場會議。我感覺到這個靈魂散放出強烈的興奮和愛。他非常喜歡和蘇珊的靈魂在一起。他們曾經是愛人。他們是最好的朋友。他非常高興，因爲她再次選擇讓他成爲她人生中的一部分。

「吉姆坐在蘇珊正對面。我現在就進入他們的對話之中。」

蘇珊　我會守護你、環抱你。

「她這麼說的同時，我看到她提起某次前世，當時她是你的母親。她的光體有一部分延伸了出來，就像是第二雙手臂那樣環繞著整個光體，抱著那個嬰孩（吉姆）。我在她頭部附近的高

度看到這些影像畫面，是關於兩次前世的記憶。第一段前世是在美國西部大草原，她是你的母親，當時你只活了短短幾個月；在第二段前世裡，你是她兒子的朋友，那是在古希臘時代。所以，在你與她的關係之中，迴盪著一份母親的情感。她想要照顧你，而你也想要扶持她。

吉　姆　我要回報妳的善意。我想要擁抱妳，給妳我在之前無法、也被限制不能給妳的照顧和愛。這樣真是太好了！你知道我愛妳，而且崇拜妳。

蘇　珊　我知道。

吉　姆　但是，當我認識自己之後，我也會背叛妳。

蘇　珊　我知道。

吉　姆　妳能在我身邊陪我一同撐過這段經歷嗎？在那段時間裡，我們之間的和諧關係可能會起波瀾。妳確定妳願意這麼做嗎？

蘇　珊　愛你是我的禮物。我對你付出的無條件的包容，同時也滋養豐富了我自己。你懂嗎？

吉　姆　是的，我懂。

「我又看到了一些影像；這看起來好像是個電視螢幕。她的思緒將你們一起共度的前生轉成了影像呈現出來。我看到你們兩個站在你們（未來）的客廳裡交談。她正在想著你對她宣告出櫃時的狀況。

「『你能夠遵守約定嗎？』她問道，『你確定你能撐過一段異性戀婚姻嗎？你確定你能夠在這段婚姻期間發覺你眞正的性取向嗎？』她知道這一切對你來說會有多難熬。」

吉　姆　我知道、我知道、我都知道！

蘇　珊　我眞正想要的是認識我自己，並且去體驗更深刻的愛，以及存在內心深處無條件的愛。

「她很開心你會以這樣的方式存在於她的人生。你們雙手相握。」

蘇　珊　這是我們共度過去這些年的禮物。我們能夠認識並了解彼此。

吉　姆　但是，妳會從我這裡得到什麼呢？這能帶給妳什麼？妳要如何利用它？妳會因此完成些什麼？

蘇　珊　我會把它當作是發現自我的一種方式，是我在肉身中用全新的角度來看待我自己的方法。有好多次前世我都避開了我該走的道路，轉而去完成我自己立下的其他目標。以這樣的方式讓你出現在我的人生中，對我來說既是件樂事，也是個挑戰。就長期來說，你對自身眞相的了解能夠讓我轉身，以全新的自我信賴和自我認知的角度面對我自己，而我希望這會讓我再次變得完整。

吉姆　我並不想傷害妳。

蘇珊　我知道。

吉姆　我只想要愛你，也藉由愛你而愛我自己。

蘇珊　我會幫你這麼做。

吉姆　這是一種善意與愛的表現。我一直都認為妳是我所知道最善良的女人。

蘇珊　你的愛是份禮物，透過你的愛我會更認識自己，我會看著你，學習找到眞正的自己。我想要（在一段白頭偕老的婚姻中）被愛、被崇拜，但你卻會逼我去看見自己，並且發現我一直都很依賴別人對我的需要。能擁有你、擁抱你，然後讓你走，這是一段愛的經歷，我可以用來學習如何愛我自己。你會給我需要好好對待自己的理由，這能夠幫助我走出我苦惱了好幾世的課題，讓我明白自己的價值，完全獨立。

吉姆　我知道。

蘇珊　你這麼做能夠帶給我好處，因爲我在過去幾個世紀中給你的愛，能夠透過這段關係回到我自己身上。而這會讓我感到滿足，讓這個輪迴圓滿結束。任何一種我所知能夠愛你的方式，我都能在這世裡獲得。

吉姆　這豈不是太美妙了嗎？

我們已經知道吉姆計畫了他的性取向，並且在年紀稍長之後才會發現這件事，以此作爲對蘇珊的服務。但是，吉姆爲自己設定的目標又是什麼？他想要學習的是什麼？他希望自己能夠從這個經驗中得到怎樣的成長？我感覺到吉姆與麥可的對話可能會是這些問題的答案。

接受自己，這就完整了愛——吉姆的出生前計畫

史黛西沉默了幾秒鐘，「我看見吉姆的出生前計畫會議了。吉姆坐得很靠近牆邊，想空出更多空間給他的靈魂小組，讓他們參與。指導靈告訴我，吉姆在會議中的位置顯示他正在發揮這世裡身爲觀察者的角色。一開始他想觀察身邊其他家庭與他自己和家人之間的對比，年紀稍長後，則是去觀察自己與其他人，其中有很多都來自他的靈魂小組。他在觀察和協助他們的同時，也從他們身上學習。

「吉姆坐在他的出生前計畫表前面，麥可朝這張表靠近，坐了下來。麥可坐下時，我看到他的兩段前世。這兩段都是他與吉姆這世的糾葛關聯性最強的前世，所以他將當時的這些回憶和人物的殘像都帶進現在這一世。

「麥可感覺起來明顯充滿了喜悅、愛和歡快。看起來是吉姆特別指定找他來的。你從靈魂小組中呼喚他前來，請他在你的人生中擔任某個角色。他很渴望，也很高興這麼做。

麥可　你要我怎麼做？

吉姆　我想要你在早年陪伴著我，這樣我們才能繼續之前的漫步和長談。

「吉姆，你指的是在梵諦岡的那一世，當時你希望成為牧師，而他是你的指導人。」

吉姆　在童年時和你一起玩耍，能為我帶來撫慰；知道你就在我身邊，能帶給我力量。你的支持和指引對我來說一直都是非常重要的。

麥可　我知道。

吉姆　這一世我不想太輕易或太早就放棄，所以我在想你是不是能幫我一個忙？

麥可　什麼忙？

吉姆　你是否能答應成為我的伙伴，允許我和你一起探索我的性取向，用充滿愛的方式在情感上支持我，而且給我徹底的解放，你能為我這麼做嗎？

麥可　你的意思是？

吉姆　我希望我們能夠將我們之間深厚的信任與愛帶入這段關係中——這段兩個男人相

愛的關係。在這場探索之中，你將會給我一份貴重的禮物，這禮物將會幫助我啓動內在的力量，讓我完全了解自己的實相。你知道，我選擇要在這一世成爲男同志……

我相信這麼做，能讓我在無條件接受一切的狀態下去愛自己，而且我想用無條件的接受來加強我的力量，並且賦予自己慈悲心，這樣我才能把學到的、熱愛的自己，傳達給別人。

我想做的是，把接受自己和愛自己的觀念帶進許多人的心中。因爲我對於身爲男人感到很自在，也透過我之前的牧師經歷，更加明白男性在情感及靈性上的體驗，所以我必須去擁抱想要學習好好與自己相處卻一直辦不到的男人，甚至是女人。我會把一直在追尋完整性的男男女女聚集在一起，向他們展現要走進自己內心、靈魂和智慧的可能方法。

如果你願意讓我們在這世裡擁有這樣的關係，你就送了我一個非常貴重的禮物。

麥可　我當然願意！雖然我這種性取向或生命表達並不是我的計畫，但是我希望你能成功。在過去我們共度的幾次人生中，我一直試著要灌輸你一種對自身存在的尊崇和敬仰。在某些時刻裡，你會看見這種尊敬以更深厚的愛的形式呈現，舉例來說，神的愛。

吉姆　是的，我知道。

麥可 我怎麼會不想給你這份禮物呢？如果這是你爲了接下來朝向擁抱那美好的完整性而想得到的，我很樂意有機會給你這份禮物。

吉姆 你確定嗎？如果我們不能一生都在一起呢？

麥可 我們在過去的前世一直都無法與對方一生相守。這不會驚嚇到我，而且也不是第一次了。我樂意接受且同意這麼做。我不需要有你在我生命中，也能體驗圓滿或美好的完整性，我也不需要你成爲我親愛的伴侶。我希望你是我的朋友就好。

吉姆 我們會在相識的前二十年中建立起堅實基礎的友誼、善意和信任，如果我們都能按照這個計畫進行。

麥可 好。

吉姆 在這段經歷之後，我們的關係可以變得更加深厚，或者是以任何你想要的愛或善意的方式呈現。我不需要你一生都愛著我。我一直都習慣向你尋求指引和教誨，所以，在友情之外，我也希望你能給我指導。

麥可 我會的。這部分會跟著我這一世的計畫走，在這個計畫裡，我能夠有一樣讓我記得很久很久並時時回顧的東西。我會因此調整方向，去面對我一直都在挑戰的關係問題，坦誠就是其中之一，同時也轉化了我看待自己的方式，帶給我一種經歷，讓自己也能夠擁抱無條件的愛並且接受自己。有何不可呢？

「你和麥可大笑了起來，互相擁抱。然後麥可站了起來，從出生前計畫表上飄走，回到靈魂小組的區域。」

從社會規範出發，走上接受的道路
——與史黛西的指導靈對談

現在，我請史黛西的指導靈告訴我們吉姆安排這個計畫還有哪些原因。

「這個靈魂向來喜歡透過艱苦的奮鬥來尋求慰藉，」指導靈回答：「就像他違背父母的期望而成爲牧師的那一世，他把這段經歷當作是認識自己、與自身靈魂融合爲一體的過程，並因此與一切萬有及超越一切的神之意識結合。

「在許多次的前世及轉世之間，這個靈魂經常會捨棄自己和自身人格的需求，而去關注其他人的需求。這個靈魂花了很多時間才理解並接受：所有的愛都必須先從愛自己開始，然後學習用一種體認到神愛他的方式，完整純粹地去愛自己，那是所有人都能感應到的與神之間的連結。

「在這一世，由於他追求的部分目標是成爲自己的主人，並且整合自己，以便形成更完整、更完美的自己，爲別人提供更好的服務，所以這個靈魂最後終於選擇了要接受自己，並且創造出一個環境，讓自己在其中以一個不被社會文化認可為用來表達愛的身體，來體驗對比的愛。**這個靈魂其實別無選擇，他只能面對自己及強烈到無法忽視的欲望，這讓他發現真正的自己，促使這個人格以之前沒有體驗到的愛的方式來接受自己。**這麼做就完整了愛。」

我問史黛西的指導靈，爲什麼吉姆不安排讓自己早早就知道自己的性取向呢？

「在現在的這一世，他想要完整而圓滿地經歷一段與蘇珊的關係，除此之外，他也覺得，對他來說發現自我的愛最好的一條路，就是去經歷你們社會中的規範、體驗身爲異性戀男性的思考方式。這個靈魂想要走上『接受』這條道路，而在這個時間點、這個地方，接受的框架只存在於你們的異性戀社會中，也就是一個男人和一個女人締結婚姻。

「這個靈魂在許多次前世裡已經走過了許多人都走過的路，這都是在社會規範內的事，也都是可以被人接受的事。他一直在可接受的行爲範圍內，找到了穩定感與自我價值。他什麼該做的都做過了，也不想再重複之前學習過的課題。**所以為自己設定好一段時間先走一般正常道路，然後去展開不同的經歷、體驗不平衡的感覺，並且進入他最想要的境界：從自己的內在找到平衡**。

「這個人總是忠於會讓自己開心的事物，也忠於內心眞正感覺到的愛的體驗。所以，他遵循著愛的發展進程而投入了與一個女人的正常婚姻，從中他找到了自我價值、力量及身爲男人的自我認知。這個靈魂樂於接受這一點，也善用這一點，將異性戀當作穩固的平台，讓他從那裡再向前出發。其實這整件事很簡單，就像換個跑道。**這麼做提供了這個靈魂一個比走上其他方**

向或生活方式更為平衡的觀點。

「吉姆選擇成爲天主教徒，他從小被教育自慰是種罪，爲什麼要做這樣的計畫呢？他大可選擇其他宗教。」我問指導靈。

「這麼做會讓他無論是在意識或下意識裡，都會收到一個訊息，告訴他：愛自己、愛陰莖都是錯的。別忘了他來人世間爲的是要體驗相反和對比的經歷。儘管這一世他接受到這樣的訊息，但這完全不會影響到他在梵諦岡的那一世，而且兩者間也完全沒有關係。所以，這些愛自己、自慰及身體都是罪的訊息，單純只是針對現在這個人格所做出的輕蔑和侮辱，讓這個靈魂能夠花一段時間去思索，然後在學習無條件地以最完整的方式來愛自己的過程中，**否定這些訊息的正確性**。這麼做單純只是因爲這個人格需要在人生中出現這樣的訊息，來造成對立的內在掙扎，促使他去找到無條件的愛和接受。」

「最後一個問題是，吉姆的祖母告訴他身體是骯髒且讓人難爲情的。她在吉姆的靈性進化中扮演了什麼角色？」

「她化身爲吉姆要求在這一生裡出現的一段經歷。這位祖母在其他前世中分別扮演過他的母親和父親。她的靈魂答應吉姆會提供他某種程度上的身體照顧，更重要的是，她會爲他帶來有關身體的訊息及彼此觀念相互對立的經歷。此外，她自身的不平衡狀態也會爲吉姆帶來一種樣版的效果，使他絕對不想成爲和她一樣的人。」

靈魂的整合與驗證
——吉姆與蔻爾比的通靈會

在史黛西與她的指導靈與我們分享的智慧話語之外，我還請了蔻爾比來看看吉姆的前世。

「我看到第一個關鍵的前世是在六世紀的肯亞。吉姆，你當時是個舉止怪異的人，別人把你看作是巫醫、瘋子或智者。你的穿著不男不女。你並不想要過『我是男人，我打獵、生小孩』的生活方式。你會跟一些看不到的『東西』說話，你說這是你祈求神到來的方式。你會和族人一起跳舞，然後就會得到太陽給的指示。你族人的信仰非常簡單，他們認爲上帝就是太陽，大家都認爲神就住在太陽裡。

「你對大自然有種很神奇的感應。你能感覺到日蝕、月蝕、天體的變化，還有旱災何時會發生。你神準預測了旱災的結束，你的族人覺得你實在太了不起了，便問你要什麼，你說你想要一個丈夫，跟性別無關，而是因爲在當時的文明裡，丈夫的責任是打獵和餵飽家人。

「蘇珊在當時是個異性戀男人，族裡的長老告訴他：『就是你了。』就把她當成禮物送給了你。你們之間沒有性關係，而且丈夫與妻子的責任義務分工得很清楚。只有每當要在土地上播種的時候，才會進行一種性魔法的儀式，不過其中完全沒有肉欲的成分。這也是第一次性行爲和性欲完全的分離。

「接下來的這一世，我看到你和麥可都是牧師。你很清楚你們都對彼此有感覺，但是你刻意忽視這份感情，只為了要謹守你們立下的誓約。麥可跟你說：『在天堂裡沒有身體，也沒有性欲。在那裡，我們的感情才順理成章，也能得到神的理解。在這裡的我們只是殘缺的形體，所以我們誤解了對彼此的這份感情。』很顯然，這是他寫給你的一段話，因為我看到這些字寫在一張羊皮紙上。

「再下來我看的是，麥可是你的父親，他對你說：『父親把兒子養大，讓兒子再生兒子，生再多都嫌都不夠。父親的責任就是要讓後代子孫的香火不斷。』你在心裡帶著這樣的訓誡結婚了，這次跟你結婚的還是蘇珊。你讓她懷孕了，但是性對你來說只是傳宗接代的責任。因為你父親說過要讓香火綿延不斷，所以你拚命製造後代子孫。你的天性非常熱情，卻不懂自己完全忽視了妻子的性吸引力。當她懷孕時，你只覺得：『太好了！』因為接下來九個月你又可以鬆一口氣了。蘇珊衣食無缺，家族裡的人也都很敬重她，卻沒有人愛她。你愛的只是『家庭』這個概念，只是你的『下一代』，以及讓家族人口興盛繁衍。所以在這一世結束後，蘇珊想要有一次轉世，你能夠真正愛她這個人。

「現在是麥可關鍵的一次前世。我看到他是一個在讀經的猶太教祭司。這是在二次世界大戰時。那一世的他並不是同性戀，但是他在集中營裡卻被別上代表同性戀的粉紅三角徽章。當時同性戀在集中營所受到的待遇是最糟的，甚至連其他犯人都能搶他們的食物來吃。

「麥可看到一個男同性戀真心愛著他的男伴，他們倆渾身是病、筋疲力盡，總是餓著肚子，但是他們始終彼此相愛。這讓他大受衝擊，原來人世間還有比自己更重要的東西。這位猶太祭司深深感動於這兩位同性戀人對彼此的愛，決定在這世和你一起回來，他說：『我想要向自己證明這一點。』」

「至於你和蘇珊之間的性關係，無論是在哪一世，總是令人感到失望，因爲你總是會想到其他更重要的事情。你和麥可則是一直要避免任何性方面的接觸，卻繼續維持心靈上的交流，這也是爲什麼有一世你們會成爲父子。你們一直想要創造出『非血肉之軀的愛的結晶』。此外，每當蘇珊想要去挑戰對她來說最艱困的課題時，都一定有麥可陪在一旁，無論是處於靈魂或肉身狀態，他都是她的導師，幫助她找到每一件事的意義何在。麥可是你們三個人之中靈性最高的一個。」

「蔻爾比，對吉姆來說，他在這一生要學習的課題是什麼？」

「能夠看見愛比參與其中的所有人都要更大。能夠看見他自己比任何一次投胎轉世的經歷更大。而蘇珊的課題，我聽到的是，去愛，然後放下。麥可來到這裡是爲了讓事情開始轉動，然後他就會離開。

「蔻爾比，請妳對那些正在閱讀這本書，並且知道或認爲自己是同性戀卻難以接受的人說些話。」

「這不是用說的。如果這個世上沒有道德規範、沒有對與錯，你就不會去批判同性戀。如果你認爲自己的性取向完全正確，或是這種取向不夠純潔，又或者是不可能有其他的可能性，那麼你就是用限制性的角度來看事情了。你是用這個世界的標準來看它，而不是看見眞正的它。**試著把自己看作是沒有性別，身為同性戀也是一樣的狀態**。你不會看見生下來就是異性戀的人會看著自己問道：『爲什麼我是異性戀？』其實他們就只是很簡單地接受了自己而已。所以，那些還在掙扎的人，請相信我，**你在掙扎的不是你自己的對或錯，而是你用這個世界的思維方式來回應你內在真正的自己，所以你才會有所掙扎**。

「無論如何，等到我們離開了肉體時，我們既是一切，同時又什麼都不是了。」

亂倫

在我寫作《從未知中解脫》（方智出版）期間，我認識了一位女士，在此我稱她爲寶拉，她曾經受到父親的性侵，她父母親已在幾年前過世，然而透過通靈者，我們得以與他們對話。他們解釋，亂倫是他們在出生前就互相同意可能會發生的事。寶拉的父親告訴我，他和寶拉的母親在幾次前世裡，都曾經對子女性侵。他們在投胎轉世時將「亂倫」這股能量帶入肉身中，不是爲了要執行，而是爲了要療癒自身這樣的傾向。她父親說，他們希望這件事不會發生，而且只要他能夠控制住自己的衝動，這股亂倫的能量就會得到療癒。由於在出生前沒有人知道寶拉的父親究竟能否克制住自己，所以寶拉的母親同意，她會保護寶拉不受父親的侵犯。但很不幸的，寶拉的母親沒能夠遵守約定，而寶拉的父親也還是性侵了她。

與寶拉父母的對話令人動容。他們兩人都悔恨交加，不斷道歉，祈求寶拉的原諒。在一個氣氛緊繃的時刻，寶拉的母親對她說：「我一直都很愛妳，甚至連妳頭髮上的汗味我都愛。」這時，寶拉、通靈者和我都忍不住熱淚盈眶。之後寶拉告訴我，那場對話療癒了她一直以來的傷痛。這時我發現，探索出生前計畫中有關亂倫的安排，一定也能夠療癒有類似經歷的人。

我思考如何在本書加入亂倫這一章時，不知要怎麼向這個世界傳達，特別是對不幸遭到近親性侵的人說，這種造成極大創傷的事，竟然有可能是由靈魂規畫出來的？如果非得要由我來說出這樣的話，我要怎麼做才能灌注滿滿的愛和慈悲於其中呢？儘管靈魂層次的我們不會因為計畫了任何經歷而覺得自己有錯、有責任或有罪惡感，但我很擔心有亂倫經歷的人覺得自己有錯。我祈禱並請求指引，而我知道眼前的道路將有明燈照亮。

※　※　※

黛比的故事和寶拉完全不同。寶拉和她的父母希望亂倫事件不要發生，但黛比和她的家人在出生前大概就感覺到，這件事應該非常有可能會發生；出於對她父母深沉的愛及為他們奉獻服務的心，寶拉願意承擔這樣的風險，並在出生前決定，萬一亂倫眞的發生，她會把這樣的經歷當作促進她成長的催化劑。然而，黛比已經知道亂倫發生的可能性非常高，所以她主要是依據這樣的可能性來規畫她的人生。

如果你曾經歷亂倫性侵，請讓自己用直覺，而非理性的頭腦來指引你去辨別，你的人生計畫究竟是比較類似寶拉，還是黛比。這麼做的同時，請對自己溫柔一些、多疼愛自己一些。讓自己充滿同理心，允許任何想法或情緒出現，不要去批判，就看著情緒經過就好。記住，你並不是你的想法或情緒，它們只是你擁有的一些東西而已。約書亞建議我們把這些想法和感覺當成一個脆弱年幼的孩子，它們只是希望我們能給它們愛、能去理解它們而已。用智慧與溫柔來對待這些感覺，用你會擁抱自己孩子的方式來擁抱它們。療癒來自去愛一切，而不是排拒自己的任何一個部分。

用親身去經歷，來啓動個人的療癒

——黛比的故事

「我到三十五歲才發現自己的許多行爲、想法和感覺根本就是一團糟。」黛比這麼告訴我。進行這場對話時，她已經五十四歲，全身散發著溫暖與和善的氣息。「我完全搞不懂爲何自己會變成這樣，也不知道爲什麼我的人生總是不斷出狀況。所以我開始檢視自己，才發現自己對童年時期的事情幾乎沒有記憶。這是在我成爲治療師之前的事，當時我完全無法信任別人。表面上我很友善、容易親近，但是我從來不讓任何人接近我的內心。我會對男人放電，但是只要他們一靠近，我就立刻逃跑。而且每次和人上床後，我一定會大哭。

除了和男人之間有相處上的問題，黛比也深受失眠所苦，特別是有客人在她家留宿時最爲嚴重。她習慣性酗酒，同時覺得自己沒有價値、不値得人愛、不配擁有任何東西，而且一直懷著罪惡感和羞恥感，這一切感覺從何而來，她完全不知道。

黛比的父親是個酒鬼，個性很軟弱，很怕她母親。從小到大，她對父親的印象一直都非常淡薄。

黛比小時候，就患有嚴重的焦慮症，必須服用鎮定劑。她也患有強迫症，會不斷洗手，一直洗到皮膚都皺了還停不下來。與男生相處的問題首次浮現在黛比中學時期。「有次我跟男生約會，我會沒來由地覺得很噁心，我也不懂爲什麼，然後我就再也不跟那個男生說話了。他根本沒有做什麼讓人討厭的事。」黛比回憶道。

「我在大學時期倒是有過一個男朋友，但最後他和我分手，開始跟其他女生約會，但我還是回去和他發生性關係。我覺得這樣做我就可以永遠保有一部分的他。他一直打電話找我上床，這讓我覺得自己起碼有些地方是很特別的。」

大學時期的黛比患有嚴重的憂鬱症。在一次自殺未遂之後，她休學回家，最後成爲空姊。

「我就是從那時候開始一夜情的。我找的對象都是有問題的男人，而且去做這件事的動機也有問題。我很有可能被殺，但是我一點也不在乎。我覺得這是我唯一能讓男人喜歡的方式。我憎恨自己。當時的我實在很悲慘、迷失。」黛比說這些話時，聲音裡完全聽不出一絲羞愧或批評自己的意思，只是對過去那段時期的自己充滿了憐憫的諒解。

黛比的第一任先生是個比她年長的男士，讓黛比覺得很有安全感。「不過，我的問題依然存在。」婚後第一年，黛比先是小產，之後又子宮外孕。她被診斷出有嚴重的子宮內膜異位。

「這些生產的問題其實都在暗示我過去發生的事，也都在試圖引起我的注意，只不過我壓根兒沒想那麼多。」她說道。

憂鬱、不快樂，再加上她深信這一切都是因先生而起，黛比便離了婚，搬回家和父親同住。沒多久，發生在她童年時期的事就慢慢一點一點浮現出來了。

「我會在半夜驚醒，完全無法呼吸。」她回憶著，「我覺得好像有人掐住我的脖子，我沒有一天睡得好。」

離婚後的幾年，黛比又結了婚，並且取得了心理學碩士學位。她成爲家暴庇護中心的心理諮商師，諮詢對象都是曾經遭到性侵或性猥褻的人。

「我發現他們會出現的一些狀況，像是焦慮症，我也有。這是出生前計畫的一部分，目的是爲了給我機會想起過去的事，但當時我還沒準備好去傾聽。」

之後她又擔任社區心理健康中心的治療師，這讓她進一步感受到關於過去的事。

「我坐在病人對面，聽著他們的故事心裡想著他們的症狀和我好像。有一天我終於想，我小時候是不是也曾遭到猥褻？」這時候黛比難以解釋地對父親充滿了憤怒，而在健康中心工作的時間愈久，憤怒就愈高漲。

「後來，公婆搬來和我們同住。爲了照顧他們，我把工作辭了。辭職之後，我有大把的時間讓自己崩潰，過去的記憶全都回來了。我終於明白眞相是什麼。而且不止是我的頭腦知道，我的身體、我的心也都知道。我發現我的一生是個謊言，過去我以爲眞實的東西全部都是假的，現在我得非常努力才能讓自己再找到一切的意義。」

童年時期的記憶片段開始出現在黛比腦海中，其中有一些實在太可怕，讓她整晚只能靠著牆壁坐在地板上睡覺，因爲她覺得這樣就不會有人來偷襲她。

「我的床就靠在牆邊。」黛比回想過去的片段時，聲音突然變得很緊張。「我記得我試著盡量保持靜止不動。因爲或許只要我不動，就不會有壞事發生。我的身體好燙，手臂和腿也一陣一陣燒燙著。我知道一定有什麼事情會發生。我沒有辦法阻止，完全無力抵抗。

「我看著臥房的門，那裡很暗。但是從走廊射進一些光線，我看到他（父親）的身影朝我走來。我聞到琴酒的味道。我感覺到他的鬍鬚刺痛了我。我不喜歡這種感覺。我眞的非常害怕！我想要大聲尖叫，但是我沒有。

「這一切感覺起來都是不對的，但是我不知道這的確是不對的事，因爲我沒辦法跟任何人說。我母親全都知情，但她什麼也沒做。所以我覺得可能是我自己有問題，因爲好像根本沒人在意這件事。」

就在這些回憶全部回來之後，黛比終於明白她始終很納悶的一件事：儘管這些年來她無酒不歡，**但是她從來沒辦法接受琴酒的味道**。現在她明白爲什麼了。

童年的記憶恢復後，黛比開始不斷做惡夢。「其中有個夢不停重複。夢裡我是個大人，在一間公共廁所裡，到處都是血。我知道如果讓別人看到，情況一定會變得很糟糕，所以我像發了瘋似的試著要把血都擦乾淨。就在我剛剛處理完時，我聽到有人進到隔壁間。我走到隔壁間，打開門一看，裡面有一個治療小組。每個人都在找位子坐下。我看著圍成一圈的人群，我父親就坐在一位和我一起工作的治療師旁，這位治療師處理的對象就是在兒時曾經被猥褻的人。

「我好幾個月都沒辦法睡覺，大吼大叫、嚎啕大哭。有幾次我先生會刻意把我公婆帶出門去，好讓我發洩情緒。我的心好痛好痛。我會像隻受了傷的無助動物，在地板上爬行，這麼做能讓我釋放一些其他方式無法釋放的痛苦。幸好當時我讓自己去做一切我需要做的事，我才得以獲得療癒。

有時候黛比會坐在陽台上，朝著她的父母狂吼：「你們實在太過分了！你們怎麼可以這麼做！」藉此釋放她心中長期被壓抑的憤怒。

她只有在絕對必要的時候才會踏出家門，甚至只是到郵局寄封信，對她來說都超出了她能承受的範圍。「我還記得我走進郵局，心裡想著我的背上寫著幾個大大的字：『我被父親猥褻了。』我覺得每個人都看得出來，當時我只想低著頭爬出去，因爲我覺得好丟臉、好羞恥。」

儘管這件事帶來了極大的痛苦，黛比還是持續向內心探尋，不管出現了什麼情緒，她都讓自己表達出來。

「情緒出現的時候，我會陪它們靜靜坐著，而不是因爲它們而痛苦不已，就像我過去一直在做的那樣，而這正是我人生中所有問題的來源。

「終於有一天，我可以有幾個小時不哭了。隨著時間過去，我可以維持好幾天都不哭了。最後，我感覺到自己放下了，因爲所有事情對我來說都重新有了意義。「黛比，只有妳父親對妳猥褻嗎？」我發問。

「我外公也有。這一點很重要，因爲我首先想起來的人是他。有時候我們的大腦爲了保護我們，讓我們不至於發瘋，會隱瞞一些事情不讓我們知道。我在要處理我父親以及那一段痛苦的回憶之前，就先讓這些我原本不知道的事情重新進入我的意識中。」

療癒：找到情緒出口

「我們來談談療癒這部分吧，妳都做了什麼？」

「這是快樂的部分。」現在黛比的聲音明顯變得輕快。「療癒需要經過劇烈的症狀和過程。我從回到原點開始，我稱之爲回到靈魂裡。我發現，一切發生在我身上的事，都是我在出生前自己選擇的。所以，我有權利去決定自己看待它們的方式，並且改變它們在我生命中的意義。

「那一段療癒的過程非常折磨人，但是我不能停，否則我永遠沒辦法跳出來。知道是我自己選擇了那樣的經歷，讓一切都合理了起來。這樣的經歷是爲了讓我成長，是我自己想做的事，也是我想要從這段人生中獲得的學習。」

「黛比，聽起來妳的療癒似乎是讓自己獨處，慢慢回想起過去的記憶，然後讓自己大哭大叫、悲痛欲絕，去做任何需要做的事。」

「是這樣沒錯。同時我也找到讓我感到安心的地方。那是一個靜坐團體，我花了一整年和小組成員一起靜心。我在這個小組找到了無條件的愛。當時我什麼也不能說、不能做、不能感覺，因為我實在太害怕他們聽了以後就不會再繼續愛我了。同時，我在這段期間也加深了自己與靈魂的連結，我知道了眞正的自己是誰，也就是那個在肉體之外的我。」

我請黛比告訴我她怎麼知道是自己在出生前就計畫了亂倫，以及她為何要這樣計畫。

「我在靜心中看到自己在海灘上，我過世的家人都來了。」黛比解釋，她是透過第三眼看到他們的。「他們站在我面前對我說，**我們之間所發生的一切，都是基於愛和奉獻才會發生**。他們指著我，對我說：

『這一次妳想要做的是療癒這個世界。妳在前世裡對其他人的幫助還不夠切身，但是當這些狀況變成妳自己的故事，妳就能夠以更深刻、更投入的方式參與其中。透過個人所經歷的療癒過程，讓妳懂得療癒是怎麼一回事。妳可以用堅定的態度和愛來指引他人走過他們的痛苦，因為妳自己已經走過一遭。這麼做，妳的能量對這個世界產生的影響就更大了。』

「我感謝他們每一個人在我生命中扮演的角色，」黛比說：「如果不是他們扮演得這麼出色，我就不會成為現在的我，也不會接觸到我的指導靈。我祝福他們每一個，感謝他們幫助我找到自己。我重新取回了自己的力量，也明白是自己計畫了這一切。我是掌控全局的人，他們只是聽從我的要求去行動而已。」

「你的父親和外公都出現了嗎？」

「我的外公、我的母親，還有我母親那邊的親戚都來了。我的父親還在世，我現在正努力和他的靈魂溝通，因爲他到現在都還是不肯承認過去發生的事。」

這是個很關鍵的重點。我們每一個人都能夠直接和另一個人的靈魂溝通。在這樣的溝通中，我們可以請求將自己對這個人的愛或原諒傳達給他，以達到彌補雙方關係的目的，接下來就交給這個靈魂的肉身去決定是否願意接受這份愛或原諒。身爲靈魂的我們一定樂於接受展開這場溝通，並在結束時感謝這靈魂願意花時間傾聽我們想說的話。感謝，就像是一條清晰無雜音、直通靈魂的國際電話線。

「在另一次靜心時，我碰到了我母親。」黛比繼續說道：「我問她：『媽，我們爲什麼要經歷這些？』她說：『因爲這是妳要求的。』」

「還有其他靈魂跟妳解釋爲什麼妳會要求經歷這些事嗎？」

「我的外婆說：『這是很久以前就安排好的計畫，而且是個具有多重意義的計畫。妳能夠療癒妳自己、妳的家人，然後幫助整個星球的療癒。這是個極有目的性的計畫，而且如果沒有精心安排好事情發生的順序，一切就無法順利完成。』

「所以，是我想要這麼做的。」黛比補充道：「每件事都一定要到位，我才能夠去做我來這裡該做的事。我想亂倫性侵對我來說是生命裡能夠發生的最好的事。指導靈告訴我，我感覺到的痛苦和悲傷有多深，我所能感覺到的喜悅和愛就有多深。如果我不知道其中的差異，就無法像現在這樣有這麼多的愛去愛別人了。」

「請妳對那些曾經遭遇亂倫性侵的人說些話。」

「**用別人從來沒有對你表達過的方式來敬重你自己**。如果你現在還不懂爲什麼要這麼做，那就對這件事懷抱著敬意。但是當你用這樣的方式來與之共處夠長一段時間後，就能夠讓更高頻率的光進入那個陰暗的地方。一切會隨著時間慢慢到來，也會因爲你對自己付出的心力並肯定自己的價值而到來。無論發生在你身上的事情究竟眞相如何，都沒有關係。

「還有，**傾聽自己的感覺**。讓那些感覺流經你，就算感覺很可怕、很痛，甚至有時候你會覺得自己就快瘋了。當你釋放了這些情緒，事情就會變得容易一些。到了最後，你可能會出現不同的觀點。」

在我與黛比的談話之後，她的指導靈對我們說了以下這段話：

「療癒自己改變了你所有生命狀態中的振動頻率：過去、現在和未來的你。原諒也能改變振動頻率，同時影響參與其中的所有人。藉由療癒自己，你能夠幫助提升整個星球，因爲你貢獻的是愛、平靜和寬恕，而非那些低振動頻率的情緒。停止與自己對抗；交出自己，允許一切發生。只要願意，療癒就會自然而然到來。

「你以人的肉身來到人世，爲的是要成爲世上其他人療癒的通道。保持平靜，然後聆聽。你擁有的力量和創造性遠比你所知道的更大。」

靈魂爲什麼要計畫亂倫？
——潘蜜拉和約書亞靈訊的解讀

黛比對自己出生前計畫懷抱的確定感，對我來說意義重大。證明出生前計畫存在的最好方式，莫過於當事人的共鳴。只不過，我對於靈魂計畫亂倫，還是有點難以釋懷。我希望潘蜜拉和約書亞能夠幫助我們了解安排這種痛苦人生的出生前計畫究竟是爲了什麼，也希望他們能夠給遭遇亂倫性侵的人一些撫慰的話語。

「黛比，我會先跟妳說我看到的妳的氣場顏色，以及我對妳人生中的亂倫性侵挑戰有什麼感覺。」潘蜜拉開始說道：「我看到妳的氣場是一道溫暖的深藍色光，圍繞在妳的肩膀和頭附近。透過這道光我可以感覺到，妳是個內在擁有深刻智慧的人，而在這一世，妳在個人的內在進化上已經有了很大的突破。我可以感覺到，妳在每天的日常生活中都力求與自己內在的指引及靈魂任務保持連結。妳臣服於更高的智慧之下，與自身更高的存在相互連結。這一切都散放出平靜與平衡的感受。

「要達到完全的療癒，最有幫助的作法就是隨時覺察心中可能出現的負面情緒，並且允許自己完整地表現出來。我的意思是，**允許自己讓身體去感覺這一切，問那感覺究竟想要傳達什麼訊息給妳**。有時妳因爲太想要在生活中擁有平靜和諧的氛圍，會刻意忽略負面情緒的存在。躲藏在這些情緒之下的是一個小女孩，她到現在還是對過去懷抱著憤怒和悲傷，不完全是因爲性侵，也因爲她覺得自己是這麼美麗聰穎的小女孩，卻沒有人把她當一回事。小時候的妳其實就想對世界貢獻妳的天賦，但妳覺得這天賦並沒有眞正被發現，而且在妳所處的環境裡也沒有人欣賞。但與此同時，更深層的妳已經療癒了自己，並且眞心原諒了身旁的那些人。妳不再覺得自己是受害者；我感應到的只是些殘餘的情緒傷痛。」

「好好去處理這些殘餘的負面情緒很重要。」潘蜜拉繼續說道：「我看到一棵已經很強壯的樹，這棵樹就代表妳的能量。它散發出一股堅忍不拔的力量、一份深沉的內在知識，還有妳『終於撐過來了』的體認。但我看到這棵樹並沒有葉子，泥土有點乾，也不太照得到太陽。這棵樹若能被移到更開闊的空間，接受到更多陽光，就會長得更好。

「水就代表了情緒，」潘蜜拉解釋道：「妳可以允許自己再多隨著情緒起舞。信任這些情緒吧，如果妳能不帶一絲批判或牽絆，讓情緒自在流過妳，它將帶妳去到一個平衡點。」

這是個至關緊要的洞見。當我們評斷某種情緒是不好的，我們的能量就會附著在這份情緒上。這樣的能量附著會強化情緒，如果能量夠強，就會把情緒固著在我們的經歷中，製造出更多我們想要擺脫的情緒。

「開闊的空間和陽光代表的是讓妳自己的內心更寬廣，走出陰影，掌握住自己的力量和光芒。妳可以允許自己更深入去感覺自己的偉大，以及妳與靈魂和神之間保持的連結。藉由榮耀自己的成就並重視自己，心靈能量就會更加穩固、更向下牢牢扎根，也因而能更深地去觸動他人。

「我現在看到妳這世出現亂倫性侵的因果根源。妳在某次前世就認識這一世的父親，在那次前世妳是妓院的老鴇。妳在還很年輕時，就被迫走上雛妓一途。妳那世的父親並不是這一世這位，他是個滿心怨懟的人。他和妻子一直生活在貧困之中，生了好幾個孩子。妳看起來像是西班牙裔，所以當時可能是在拉丁美洲。你父親是個有野心的人，卻因爲社會地位太低，沒辦法實現自己的抱負，因此常把氣出在妳母親身上，而妳母親是個非常溫柔但又軟弱的人，她無力反抗妳父親。還是孩子的妳一直希望家裡的氣氛能夠更和樂一些。

「妳在十六歲時被街上的男人強暴了，當時妳還是處女，搞不清楚到底發生了什麼事。這個男人完事後丟了幾個硬幣給妳，所以妳就把那些錢帶回家去。

「我看到妳害怕又驚嚇地回到家，身上和手臂上都是泥巴。妳把硬幣甩在桌上，而妳父親因爲實在太想要錢，二話不說就收了起來。你並沒告訴父母這些錢是從哪裡來的。妳發現拿錢回家能讓家裡的氣氛變和樂，從這時候起，妳就開始賣身。妳父母也問過妳錢是怎麼來的，妳總是隨口編一些故事，不讓他們覺得尷尬，而他們也就不再深究了。其實他們不想知道眞正的答案，因爲錢對他們來說實在太重要了。

「等妳長大後，妳對自己的尊重早已因爲這份工作蕩然無存。年輕的阻街女郎要討生活不是那麼容易，所以二十一歲左右的妳就找了家妓院投身，尋求保護。妓院裡的生活很辛苦而且不公平，但是妳對其他女孩充滿了同情心。

「妳無法忍受這些女孩受到不公的對待。每次妳看到她們遭到不正當、甚至是暴力的對待時，妳就義憤填膺、怒火中燒，這時妳會跳出來，盡一切的力量來幫助她們。妳對自己不如對別人那麼好，也因爲妳擁有爲他人據理力爭的火爆性格，等妳更年長之後，妳就升上了老鴇的位置。這時候的妳對男人已經有著根深柢固的不信任感，對旗下女孩的保護心態比之前更爲強烈。

「妳現在的父親是在妳四十多歲時現身在這故事裡。他是來妓院尋歡的客人，和其中一個女孩有了感情。最後他愛上了這個女孩，希望能和她結婚。他是個很正派、細膩的人，但也因爲自己不符合當時社會所謂的男子氣概而感到挫敗，所以他到妓院去是爲了證明他是男人。他到妓院的時候顯得局促不安，完全沒有要傷害或看輕那些妓女的意思。

「那個女孩也是愛他的。她是個很害羞、很沒自信的女孩。當時妳認爲這個男人只是要利用她，絕對不會信守承諾。但是這個男人的感情的確是高尚正直的，女孩也想跟他走，但是妳不准。妳用激烈的口吻跟她談這件事，說服她留在妓院裡不要離開。最後她同意留下；她很容易受到別人的影響，無法爲自己做決定。我感覺到她和那個男人在一起時是很快樂的。

「妳這一世的父親對妳插手阻撓非常生氣，當他發現妳還讓那個女孩開始討厭他，他的失望和憤慨更到了頂點。他一直無法原諒妳，妳禁止他進入妳的妓院。而女孩在這之後變得了無生趣而且非常傷心，從此對任何事都漠不關心了。看到她的狀況，有時候妳的確覺得自己可能做錯了，卻還是不讓那個男人進門。妳的心已經對男人徹底關閉了，而妳覺得自己的責任就是要保護那些女孩免於不公平的對待。妳父親直到那一世臨死前，都對妳滿懷恨意，這就啓動了因果的輪迴。

「悲哀的是，報復永遠都只是徒勞無功，它只會讓因果（也就是尚未治療的創傷更加深重）更難以化解。然而我感覺到，妳已經超越了情感上的創傷，並沒有處在特定的因果輪迴之中。

「妳會完全記不得曾經被亂倫性侵，是因爲妳父親在妳心中的慈愛形象，跟他眞正做出的殘酷行爲之間落差太大了，妳的腦袋根本沒辦法處理這樣的狀況，所以妳直覺地封鎖住這段記憶。

「至於妳的外公，我也感覺到其中有段因果關係，不過是來自不同的前世。妳曾經是他的女兒，當時妳非常叛逆，完全不服管教，而他是個很傳統的男人，也很富有。我看見他穿著白西裝，一身棕色皮膚——是印第安人嗎？妳是個非常有想像力的女孩，渴望去探索世界，而且個性非常獨立。妳母親表面上對妳父親言聽計從，在他背後卻我行我素，經常取笑他。妳並不喜歡這種陽奉陰違的作法，所以妳總是正面和父親對抗，大吵小吵不斷。他很看不順眼妳的獨立自主，還有那種以身爲女人爲傲的態度。妳找到自己人生的方向，爲自己而活，完全不需要靠他幫助。長大成人後，妳更覺得自己的成就已經超越他了。

「受到妳桀驁不馴的態度影響，妳母親也變得更加肯定自己，最後和妳父親離了婚。等到他又老又病，孤單的他很希望妳能回來照顧他。這在當時的社會是種傳統，所以妳心不甘情不願地回來了。但是妳全身散發出對大男人保守主義的輕蔑，而他正是大男人保守主義的代表。

即便在他風燭殘年的這個時刻，妳還是沒辦法出自眞心地原諒他，並以善意對待他，這就啓動了因果的輪迴。

「其實當時你們有機會盡釋前嫌，給予彼此最基本的尊重。在死亡病榻上的他既孤獨又絕望，一心盼望妳的陪伴能帶給他安慰，妳卻始終對他保持距離。這麼做讓他覺得妳對他很殘酷，便在心底興起了一股想要傷害、羞辱妳的欲望。我感覺到這就是在這一世種下亂倫性侵因果的背景。

「最深層的妳及妳的靈魂，其實都想要在這一世與這兩個男人化解干戈。妳的靈魂有意識地允許亂倫性侵發生，儘管這會對妳造成極深的情感創傷。妳想要向前邁進，徹底解決自己對男人的憎恨與不信任。妳想要超越這些情緒，讓自己發自內心接納男性。我在妳的心輪感覺到那兒依然殘存著部分的能量防護罩，那是妳在前世裡為了避免痛苦和恐懼所設下的保護。在這裡，還是請妳允許過去的憤怒、被背叛的感覺或悲傷全都浮現吧，這麼做會幫助妳移除防護罩，讓妳的心盡情發亮，再次敞開。

重新接納男性能量，療癒家族累世的因果

「現在我讓約書亞來跟大家說話。」潘蜜拉說道。

「黛比，妳應該為自己的力量、堅持、信心、樂觀，以及充滿愛的心而感到驕傲。」約書亞說：「我們看見了妳的靈魂在人世間閃閃發光，也為之欣喜歡慶。

「我希望多談談妳該怎麼做，才能完完全全療癒妳受到的創傷。有個不變的關鍵，就是要先療癒個人的情感傷痕，才能夠在自己和他人的生命中創造出更多的愛和光明。妳的內在現在還殘存著未解的憤怒，亟需妳的關注。憤怒是妳經常會先進行篩選，然後只挑出其中某些部分來處理的情緒。就讓憤怒全力進攻妳的身體，不要害怕，因爲妳夠堅強，妳的意志力足以承受，而且這麼做也能夠讓妳再次完全與自己的男性能量連結，讓這份能量幫助妳面對自己，讓妳知道屬於自己的個人界線在哪裡。

「個人界線是很重要的議題。當遭遇到亂倫性侵，就定義上來說，妳對個人界線的認知已經完全喪失，妳會感到十分困惑。孩子通常都會想要達到父母的要求，但是當父母或其他親人以猥褻或性侵的方式侵犯了妳的個人界線，妳最基本的安全感就蕩然無存了。

「亂倫性侵一定會引起非常深層的信任問題。妳可能終其一生都會對之後的性伴侶有嚴重的不信任感，但也有可能會造成妳的過度信任，因爲妳覺得忽視身體發出的個人界線被侵犯的信號，是件很正常的事。**遭遇過亂倫性侵的人需要重新學習自身情緒的語言及身體的信號**，他們需要依靠這些信號來告訴自己，在與他人的交往關係，特別是親密關係之中，哪些是他們喜歡、哪些是他們不喜歡的事。

「請妳每天關注身體所傳達出的信號和情緒，它們是介於意識與潛意識之間的門檻。經常觀察自己的身體是否放鬆、是否感到穩定和集中，注意自己當下的需求。當妳這麼做的時候，妳對自己的覺察就會成長，而妳通常不會注意到的情緒就會跨過那道門檻而來。這時妳會發現自己未知的部分，正等待著有人傾聽、等待著被呈現。妳內心還存在著些許憤怒情緒，一旦妳讓它浮現、讓它跨過了門檻並被妳完全接收，這份憤怒的情緒就會轉化爲創造的力量。這股力量能夠讓妳更明白地對這個世界展現出自己、讓妳接觸到更多人，並且用妳的善良、清明和同情心來啓發他們。」

「約書亞，爲什麼黛比要在出生前計畫中安排亂倫性侵呢？」我問道。

「她想要和這兩個侵害她的人相遇，是因爲她想要解決過去與他們之間的恩怨糾葛。而他們之間的恩怨情仇，主要是來自前世她嘲笑過他們的男子氣概。黛比的靈魂知道這個兩個男人都爲了過去的嫌隙而對她心懷怨恨，所以她讓他們表達他們的憎恨。她靈魂的計畫是，讓自己能夠去面對性侵這件事，並且在最後原諒他們。她的靈魂希望她能呼喚內在所有的靈性力量來幫助自己做到。**若她能夠療癒自己並原諒那兩個男人，她就能夠超脫她過去與男性能量之間難以相處的關係，並且在內在達到男性與女性能量的平衡。**」

我請約書亞再多談談爲什麼黛比要計畫讓自己遭受兩個人的性侵。

「因爲她想要療癒存在她原生家族中好幾個世代的因果。這段因果與一股受到壓抑的女性能量和一股扭曲又挫折的男性能量有關，在好幾個家人之間引發了一連串的痛苦波動。藉由經歷亂倫性侵並讓自己超脫痛苦，黛比讓她的家族有機會去掙脫這個古老的連鎖反應鏈。她在能量上提供了他們一條通往療癒的道路，而這條路正是她用自己內心的掙扎和解放所開鑿出來的。」

現在我已經了解黛比在靈魂層次上的用意了，但我還是很難接受其他靈魂同意進行這樣一個會對黛比造成極度痛苦的計畫。「黛比的父親和外公爲什麼同意參與這樣的經歷？」我問約書亞。

「他們都無法放下內心的憤慨和怨恨，覺得黛比在之前提到的前世中不但輕視而且羞辱了他們，而他們的靈魂允許自己呈現出這黑暗的一面，最後戰勝黑暗。他們的靈魂都知道黛比的靈魂同意亂倫性侵的發生，在計畫這段經歷時也都感覺到悲傷。靈魂的計畫是希望他們能夠因爲自己對一個脆弱的小女孩做出這樣的事而感到羞恥和愧疚，並因此覺醒。

「任何做出亂倫性侵的人，都會感覺到自己嚴重褻瀆了一條年輕無辜生命的神聖性，沒有任何一種前世的憎恨或嫌隙足以抵銷因爲亂倫性侵而產生的羞恥和罪惡感。靈魂會覺得失去了自己的善良、活力和喜樂，並因而深深厭惡自己。黛比父親和外公的靈魂都知道，他們會把自己對黛比的不滿和怨恨變成對自己行爲的不齒和罪惡感。**這種從受害者轉變為加害人的過程，會讓他們更深入自己的內心，去處理內在的無價值感，而不再去遷怒他人。這會讓他們的靈性覺醒，如果他們選擇要這麼做的話。**」

「約書亞，黛比的母親在出生前就知道亂倫性侵會發生嗎？她同意這麼做嗎？爲什麼？」

「是的，她知道。她在之前就知道這件事會讓她的內心備受煎熬。她對自己的丈夫和父親都有很高的忠誠度，但同時她又得站出來對抗他們以保護自己的女兒不受傷害。她選擇在這一世面對這樣進退兩難的處境，因爲她必須學習信任自己的直覺、自己對對錯的判斷，而這對她來說很困難。結果最後她面對的是沉重的無力感、恐懼和羞愧。透過這些感覺她得去面對自己更深層的恐懼，讓她有機會重新找回屬於自己的力量和勇氣。

「每一位參與的家人在規畫階段就看見了黛比的勇氣和偉大，他們都知道她可以為他們帶來更大的療癒，並且成為他們的老師。」

「是黛比計畫了讓自己在多年後才想起遭到亂倫性侵的事嗎？」

「是的。她的靈魂精心計畫了事情的時間點。她計畫要等她能夠面對這件事，並以療癒自己靈魂的方法來處理的時候，才讓這段記憶浮現。她想要等到長大成人之後再來處理這段經歷，因為這樣她才比較有機會用平和的方式來克服情感的創傷。這是靈魂智慧的選擇，也是對肉身人格的一種祝福。

「約書亞，經歷亂倫性侵的創傷實在非常深，有些人可能會懷疑這樣的傷到底有沒有可能完全療癒。」

「是的，經歷過亂倫性侵的人很難重拾健全快樂的感覺。其實他們眞正要的並不是完全的療癒，而是重新找回對生命的安全感和活力。如此他們才能用更喜悅、更溫柔的方式來成長並療癒。為了重新找回健全的感覺，他們需要面對遭遇亂倫性侵後通常會留下的無價值感。在你的個人界線受到如此嚴重的褻瀆之後，特別是在『性』這樣獨特珍貴的領域受到了侵犯後，除非你眞正擁有靈性上的突破，否則你根本無法找回安全感和健全的人生。**你必須了解，你並不是那個孩子破碎的靈魂，你也不是那個遭到侵犯的身體或遭到背叛的信任，而是個經歷過這一切、高貴而不可褻瀆的靈魂**，你能夠張開雙手擁抱那個受傷的孩子，抱著他，平安地將他送回家去。開啓因爲遭受亂倫性侵而引發的最深層的恐懼、絕望和憤怒，一旦你這麼做了，你就會看見自己靈魂的光在路的盡頭閃耀。面對自己的黑暗面，如此就能召喚你內在的光，讓你看見眞正的自己，是自由，是勇氣，是愛。」

「約書亞，還有哪些事對療癒有幫助？」

「對遭受亂倫性侵的人懷抱著深厚的同理心，但是不要可憐他們。可憐他們所傳達出的訊息是，他們沒辦法療癒自己，他們沒有任何希望，也沒有人能幫得了他們。這是不正確的訊號。我們應該鼓勵有這樣經歷的人更敞開地去處理自己的情緒，將他們感覺到的羞恥和罪惡感都發洩出來，甚至是他們依然對父母或家人所懷抱的忠誠也都應該被釋放。如果我們能視他們爲有足夠能力療癒自己的人，有這樣經歷的人還是充滿希望的。」

黛比說她只有一個問題要問約書亞。「我該如何才能對世界做出最好的貢獻？」

「做妳自己，就是對世界最大的貢獻。當妳對所做的事情感到快樂時，妳就是在做自己。無論妳選擇做什麼，只要在其中感覺到喜悅並且滿足，妳就能爲他人帶來啓發。妳的任務就是像花一樣讓自己盛放、照顧好自己、療癒妳的傷口、信任妳所看見的影像和妳做的夢，並且毫無保留地張開雙手擁抱生命。

「想要對這個世界有所貢獻，要關注的是妳自己，而不是這個世界。神一直都在透過妳的感覺和妳溝通著。當妳感覺平靜喜樂，既安寧又充滿靈感，妳就能夠確定妳與那產生世界的一切萬有之神相互連結。

「把自己放在第一位，其他事情就會跟著發生。妳具有激發他人的力量，想想妳在我們之前提到的前世裡所散發的品格。妳是個爲了公平而戰的熱情戰士，妳爲了被壓迫的女性挺身而出。儘管在過去這些特質並沒有得到完全的平衡，但是它的核心卻散發著一股屬於妳的美好能量。現在妳已經走過漫漫長路，開始擁抱妳的前世和內心的傷痕，我們邀請妳再次張開雙臂擁抱自己眞正的力量，成爲其他人的榜樣。只不過這一次妳的力量已經得到平衡，因爲妳接受了男性能量、因爲妳願意化干戈爲玉帛、因爲妳願意去原諒，以及妳對萬物皆爲一體的眞實認知。這一次妳的力量因妳內在的冶煉而生，它將痛苦與創傷的鉛塊，轉化成爲萬物一體的黃金能量。」

回歸內心，找到情感的平衡
——黛比的出生前計畫

即便潘蜜拉和約書亞已經對黛比的出生前計畫提供了非常動人和詳細的解說，但爲了得到更多更深刻的理解，黛比和我又找了史黛西和她的指導靈。

「黛比，妳在這世尋找的是情感的平衡。跟其他選擇這麼做的靈魂一樣，妳也選擇了讓自己回歸內心的一些關係。妳特別安排讓妳和父母之間的關係出現問題，好讓妳反求諸己，因爲妳無法從他們身上得到妳想要的平衡，也就是那個充滿了絕對、無條件的愛的所在。

「妳與妳父親之間發生的事帶給妳極大的成長。我的指導靈告訴我，出於妳對他的大愛，妳同意在他的人生中扮演這個角色。這也代表了妳的靈魂認爲妳非常堅強。

「我現在看到了妳的出生前計畫會議了。」

黛　比　我會打造自己的人格，讓自己去尋求靈性上的突破，將過去幾次前世中養成的習慣所造成的損害修補起來。這一世我如果再繼續走前世的老路，還是會走向沒有出口的盡頭。在過去六次前世中，我打造出來的人格已經有了很堅實的基礎，我覺得自己現在已經夠堅強，能夠克服我爲這世計畫的各種困境。

指導靈　眞的嗎？

黛　比　是的。我在人生中不同階段計畫的重整和重建，會帶領我走上循序漸進的軌道，朝培養更大的同理心邁進，如此我就能夠對自己的本質有更好的理解。

我很關心其他人，所以我也會在這一趟旅程中學習祝福所有人，不要用貶低的態度來看待別人，覺得別人沒有我好，或是層次比我低，而是去看見串連起所有人的心的那條線，同時也將人類性格中的弱點看作是種結構，爲我們指引道路，帶領我們走向成長、茁壯，並讓我們與內在的神和諧共生。

「妳選擇的結構有一部分就是讓自己有大量的時間獨處，比一般人要多。如此一來妳就有時間回歸自己的內心，找出妳眞正需要的：眞正的我是誰？什麼事情能夠讓我感到滿足並支撐我永遠持續下去？我的指導靈說，妳在過去的前世裡比較衝動，所以讓自己能夠更深入去思考事情，是妳一直在練習的事。妳希望自己在做出任何舉動前，能先好好思考。

「我看到妳在許多次前世中都是領導者。在那些前世妳並沒有明智地運用妳的力量，有時候甚至是用在錯誤的目的上。我的指導靈的說法是：『爲了個人的好處。』當妳回顧那些前世，妳愈來愈不滿意自己做過的事，便找妳的指導靈討論。妳慢慢開始明白，妳需要學習不去掌控他人，而是以發自眞心的尊重來對待他們，這就是連結所有人的那份無條件的愛。這一世妳也想要做個領導者，妳想要啓發他人。

「妳選擇了家人爲對象，到了某個時間點，妳就會懷抱著同理心來理解他們的問題，而非對他們感到憤怒、責怪或以受害者的角色自居。如此妳就能做到以同理心爲他人服務了，同時在過程中妳也能夠達到自身內在情感的平衡。這兩者息息相關，相互作用。

「最後，妳想要和他人合作。第一個場域出現的就是妳的家人，但妳也想要藉由幫助他人過得更好來影響所有人類，所以妳選擇在人類進化的能量發展到最恰當的時間點回來。還有一群人也跟妳一樣，你們想要呈現一種骨牌效應，一次影響一個人，然後一個個接力下去。這是一種轉變，爲人類的進化路程修正路向。

「我看到一個影像，是有關於妳與妳父親，我聽到的是：

黛比 你不會影響到我的心、我眞正的自己，你不會對我造成永久的傷害。我夠堅強，也有足夠的力量來承受這一段被你操控和利用的經歷。從中我得以學習，我的天命不會因此而挫敗。這件事不會改變我，也不會改變我來這裡要做的事。這是另外一個機會，正如這是另一個我對你表達無條件的愛和支持的方式。但在這次之後，如果你選擇要再次創造同樣的糾葛，我就不會再參與了。我和你在一起的時間將在這一次結束後告終。我會邁向下一階段，而你將與其他人繼續這段旅程。

父親 是的，我了解（點頭）。

「我感覺到他已經有很深的罪惡感，但是我不認爲他能夠在這一世裡將這種罪惡感表達出來。但是指導靈告訴我，等他結束這一世，他會對一切有更深刻的理解。他會更能理解自己做這些事的動機。」

「史黛西，他的動機是什麼？」我問道。

「他的靈魂正在學習打造一個更具同理心的人格，但是他還沒有進化到黛比的程度，所以他還是只能透過負面的表達方式來學習。雖然他在這一世逃避了自己做出這件事所該負起的責任，就像他在其他前世裡一樣，但等到這次結束之後，他會學得比之前多。黛比的靈魂明白這一點，所以自願協助。」

「你會對那些做出亂倫性侵，但正努力試著要原諒自己的人說些什麼？」我向史黛西的指導靈發問道。

療癒：學習無條件地愛自己

「你說得很好，就是原諒。嘗試去了解並且原諒自己，試著對自己更友善一些。嘗試去了解這個行爲發生在你人生中的目的，以及對你所傷害的那個對象又有何意義。當你這麼做的時候，還是要記得寬恕自己。如果你一直讓自己處於羞恥和責罵之中，就無法看到事情背後的眞相，而這個眞相能夠讓你將靈魂從你爲自己設下的地牢中釋放出來。」

「神還有沒有什麼話想跟曾經遭受亂倫性侵的人說呢？」

「首先，也是最重要的一點是，學習無條件地愛自己。」指導靈如是說道，「學習用你父母親或猥褻你的人永遠無法做到的方式來愛你自己，讓這份無條件的愛帶領你用同理心來看待對你施暴的人。讓自己了解，這是你爲了讓自己獲得更大成長所做出的選擇，因爲你認爲你無法用其他方式獲得這般的靈性成長。讓自己超脫憤怒與責怪，讓自己從更高層次的觀點來看事情。」

領養

每年全世界都有爲數衆多的孩子被人領養。在研究出生前計畫的過程中我了解到，孩子會選擇父母，而父母也會選擇孩子。那麼，被領養的孩子及領養孩子的父母，是不是也有類似的相互選擇呢？若是，爲什麼靈魂會在出生前選擇被領養，爲什麼父母的靈魂又會選擇要領養孩子呢？

此外，潛藏在領養之下又有什麼樣錯綜複雜的情感存在呢？被領養的孩子經常會在長大成人後質疑自己存在的價值，也可能會覺得是因爲自己不夠好，所以親生父母才會不要他們。於是對親生父母的憤怒就會伴隨著對自身價值的質疑出現。靈魂在出生前就知道這些情緒會出現嗎？這些貶低自己及憤怒的情緒對靈魂的進化有什麼樣的幫助？

被領養並不是你的錯
——卡蘿的故事

身爲女性能量激勵講師的卡蘿（Carole Billingham），父母是皮耶和珍妮，他們在大約二十五歲時生下了卡蘿。

珍妮當時在攻讀研究所，準備未來當老師；皮耶是醫學院的一年級生，已經跟珍妮訂婚了。珍妮告訴皮耶她懷孕時，皮耶方寸大亂，說他根本不想要孩子。所以珍妮在懷孕後期躲去未婚媽媽之家待產，把卡蘿生下來。

兩個月後，卡蘿被桃樂絲和理查這對慈愛的養父母收養。孩童時期的她出現了兒童期反應性依附障礙的症狀，也就是無法和養父母產生親密的感情。但是到了青少年時期，「我覺得我已經可以健康地看待自己被領養這件事，我相信大家跟我說的，我是被選中的孩子。」卡蘿說。

到了二十五歲，卡蘿對領養這件事的平靜心情卻因離婚而破滅。「這對女人來說很常見，當她到了生母當初將自己送養的那個年紀、又遭遇人生重大變故時，就會這樣。」卡蘿解釋，「離婚這件事把我丟進了我從來不知竟然存在的傷痛中。」

「狂烈的怒火就這樣熊熊燃燒了起來。有部分的我憤怒到無可附加的程度，而我對此完全束手無策。身為女人我受到的教育是，妳不能將怒氣表現出來。所以我把怒火壓在心裡，深深自苦。」

卡蘿就這樣被埋藏在心中的憤怒折磨了九年，直到三十四歲時一場嚴重的車禍，才讓她下定決心要解決這個問題。

腦傷讓卡蘿憶起出生時的情景

「我被送上救護車時，心裡祈禱著。我自問：『這是為了什麼？』**我聽到來自神的第一句話是放慢妳的腳步，第二句話是妳需要學習如何去接受，接下來我聽到第三句話：妳一直祈禱能夠有機會來療癒心中強烈的憤怒，而這件事將給妳這個機會。**」這次車禍造成卡蘿腦部的創傷，直到今天，她的中樞神經對任何細微的刺激都非常敏感，注意力也無法集中。

「車禍當時我並不知道自己的腦部受了傷，後遺症之一就是讓我陷過去亟需療癒的創傷中。這也讓我記起了出生前後的情景：我想起我的生父想把我拿掉、我想起在我的生母懷著我時的困惑、羞恥和罪惡感，還有經常出現的激烈情緒。我記得她後來完全不理我，也不再和我說話了。她在懷孕七個月時對我說，因為這一切對她來說實在太痛苦了，所以她沒辦法和我說話。我想這對我後來的人生影響很大，因為我覺得自己被人拒於千里之外，天地之間沒有我的容身之處。

腦傷讓卡蘿憶起在產房出生時所聽到的聲明。「我記得那個醫生說：『不要讓這個女人和小孩有任何肢體接觸，既然她都決定不要這個孩子了。』所以我一直沒有碰觸過我的生母。我還記得我在一個我稱作『盒子』的地方醒過來，大聲哭喊著：『這是冷血謀殺！我的媽媽在哪裡？』我記得護士們戴著口罩，沒有任何人回應我。」

「卡蘿，爲什麼妳的生母認爲她不能把妳留在身邊？」

「當時墮胎還沒有合法化，再加上我的生父已經清楚表明他不要這個孩子，而且後來我的生母發現他劈腿，就和他分手了。那個年代，未婚懷孕的女人沒有其他選擇，只能把孩子送給別人領養。

「我的生母完全沒有讓任何人知道這件事。到了今天她依然爲此感到羞愧。這麼多年來，我非常努力才讓自己不要去想會被送養是因爲我個人的關係，或者是我的錯。」

我請卡蘿談談她在兒時歷經的兒童期反應性依附障礙。

「在我到了領養家庭時——我的養父母都是非常棒的人——我的態度是：『妳是我第三個母親！我的第一個母親拋棄了我，我的第二個母親只照顧了我八個禮拜。算了，我才不要和妳有任何關係。』

「這件事對妳成人以後的生活是不是也造成了影響？」

「我想是的。」卡蘿說道：「我的第一段婚姻就是嫁給了一個外表看起來非常完美，卻對我很不好的男人。他對待我的方式直接反映出我對自己的想法，我覺得自己不值得人愛，也沒有任何價值，才會嫁給一個會把這些想法實際說給我聽的人。最後，我終於發現我值得更好的對待，所以我主動和他分手，而這對一個被領養的孩子來說，是非常困難的。因爲我們承受過極大的失去，所以當我們和某個人產生了很親密的關係之後，無論是我們和對方分手，還是對方和我們分手，都會讓我們又回到最初失去的痛苦之中。這實在是很恐怖的事。」

「卡蘿，妳相信是妳自己在出生前計畫了被領養這件事嗎？」

「我相信。」

「爲什麼？」

「我相信自己絕對不可能是受害者，」她回答：「這裡面一定有更大的原因，我就是知道是我自己決定要這麼做的。我告訴我的個案：『仔細檢視妳最引以爲傲的個人特質，妳就會發現，通常這些特質都是幼時的艱苦經歷造就的。』此外，我也清楚記得我在醫院的『盒子』裡時，其實很想死掉算了。我記得自己說了句：『我想回去。』然後聽到有個聲音說：『不行，妳還有很重要的事要做。』」

「卡蘿，妳覺得爲什麼自己會想在出生前就計畫讓自己被領養呢？」

「我非常渴望能成爲比自己更大的存在，比自身的人性更大的什麼，來幫助其他人療癒。」

「卡蘿，被領養這件事如何幫助妳更加成熟，使妳足以去進行妳的工作？」

「領養爲我的創傷、孤立和困惑的感覺打下了基礎；我的腦傷帶給我直覺的能力，還有過去的記憶，同時也讓我成爲母親。這三件事織就出我的人生風景。

「我想聽聽妳尋找生母的故事。妳是怎麼找到她的？妳們對彼此說了些什麼？」

卡蘿二十八歲時，在養父母的祝福之下，請了私家偵探協尋她的生母珍妮。沒多久，她和珍妮開始通信。最後，她們同意在一家餐廳碰面。

「我一直無法釋懷的是：『為什麼？我到底做了什麼糟糕的事才會讓妳不要我？』眼前的女人對我造成的傷害比世界上任何人都要大，但我願意敞開心，即便再次被拒絕也沒有關係。

「我們的晚餐進行了好幾個小時，過程中有幾件事我都記得很清楚。第一件事情是，我們都讀了同樣的靈性書籍。另外就是我問到我生父的事情時，她顯得非常遲疑。最後，她對我說：『我是想要保護妳。』在那一刻我想的是：**噢，天啊，在我眼前是個我完全不認識的女人，但是我曾在她的身體裡住了九個月，而且她是真的關心我，她想要保護我。這是我所擁有最有力量的回憶了。**」

「卡蘿，妳想對那些還不明白領養這件事的靈性意義的人說些什麼？」

「**你並不孤單。那種無容身之地、覺得自己不值得人愛的感覺，我們每一個被領養的人都有，只不過故事不盡相同罷了**。你能夠做的就是**找個能向你保證這些感覺完全沒有錯的人**，我們很需要這樣的人。覺得憤怒沒有關係，而且你也不需要對某個特定的人、這個社會或你的生母感到生氣。在你心中的就只是憤怒而已。要夠愛自己你才會明白，無論你的感覺是什麼，都是正常的。

「現在有很多領養的支持團體，他們讓被領養的人、親生父母和養父母齊聚一堂，這麼做眞的很能療癒人心！被領養並不是你的錯，有那些感覺也不是你的錯。如果你可以找到宣洩的出口，療癒的第一步就開始了。」

選擇被領養，是爲了獲得療癒的環境
——卡蘿的出生前計畫

卡蘿已經深入地談到了她從小被領養的人生挑戰。爲了找出她爲何在出生前計畫這段經歷，我們找來了史黛西。

「卡蘿，我看到妳某次的前世是在早期的美國。妳住在邊境，靠近奧克拉荷馬州的邊界。妳是個牧人的妻子。那一世妳有六個孩子，其中有一個因爲發燒而夭折，只活了短短幾個禮拜。那個孩子自己只想停留那麼一小段時間，她是妳前世的母親，也是妳這一世的生母。

「妳們在過去的幾次前世中都只相處了很短的時間，這是妳們給彼此的禮物，這份禮物是懷胎及給予生命。

「這是妳爲了幫助自己情感獨立所做的計畫，因爲妳一直都感覺自己與收養家庭之間有點疏離。」

「是的。」卡蘿回答。

「這是一種妳只是他們的一部分、卻不屬於他們的想法。因此，妳可以從中學習凡事依靠自己，而這是妳為自己設定的目標，也是妳在這一世靈性成長與因果進化的一部分，藉此豐富與內在自己的關係。所謂的『內在自己』，就是人格與靈魂之間的中介。妳在這一世中最重要的因果課題就是去創造自己的價值感，並學會尊重自己。妳花了很大的心力為自己搭設了這個學習的舞台。」

「而妳的生母透過痛苦、悲傷，以及將妳送養的悔恨所要學習的課題有兩個，一個是不要太過衝動，就像她因為無法控制性欲望才懷了妳，這也是妳的生父必須學習的課題；妳的生母的另一個課題是學會對家庭負責，其實就是因為她不懂得負責，才會把妳送養。不過我感覺得出來她非常後悔，一直無法原諒自己。」

接著我請史黛西聽聽卡蘿和她生母珍妮之間的出生前對話。史黛西立刻就進入了計畫會議之中。

「我感覺到你們之間情感的交流。我聽到她說：『我們開始吧。』妳看起來情緒有點激動，但妳生母的靈魂卻很平靜安詳。我看到她在過去的前世中曾經生過孩子，但沒多久就夭折了，我看到大概有五個孩子都是如此。」

珍　妮　妳知道我愛妳，而且我永遠都愛妳，但該做的事還是得做。我想要幫助妳變得更好，但我有自己該做的事。我會知道妳什麼時候準備好要來到我身邊，但是我沒

卡　蘿　辦法留妳在身邊，妳知道我想要繼續保持自由的狀態。所以這是妳的選擇嗎？

是的。我很明白我們之間這份特別的關係，或許我在肉身中時可能不會記得，但現在的我很明白這一點，而我非常感謝妳給予我生命這份禮物。我會從妳身上得到活下去所需要的一切，等到適當的時候，我們就會再見。

我知道我不會得到妳的母愛。我知道妳有自己的挑戰要面對，所以妳沒辦法全心全意地愛我，也無法讓我成爲妳生活的一部分。這都會存在我的意識中，雖然到時候我可能會記不起來。我把自己的生命當成禮物送給妳，讓妳擁有我，即便妳不能留我在身邊。現在對我來說一切都很清楚明白，但我知道到時候我會因爲太過想念妳而感到絕望。我也知道，這是我想豐富自己內在必經的過程。

珍　妮　我知道要離開自己的孩子是多麼困難的事。我見妳爲我哀傷過兩次。

「所以，卡蘿，妳曾經生育過這個女人兩次，卻都因爲生病而失去了她。」

珍　妮　這樣的哀傷是無止境的，就像靈魂一樣深。我懂。放棄妳的哀傷對我來說像是一把雙刃劍，我一輩子都無法逃脫，但是現在的我非常清楚，我內心有個地方總是會知道，我做的是對的。妳會原諒我嗎？

卡　蘿　我會。我現在就原諒妳，而我未來也會再次原諒妳。我知道這樣會讓我們的生命都得到平衡，也能平衡我們數百年來長存的能量連結。這是我們最後一次放棄彼此了。接下來的投胎轉世，我們都會一直在一起，只不過現在不行。這一世我的人格無法完全促進妳的成長，也無法顧及妳的敏感特質。這也是爲什麼我必須離開妳，讓妳和別的家庭一起生活的原因。這是我送給妳的愛的禮物。我會把妳帶到這個人世，把妳交給別人撫養，讓沒有生下妳的人可以擁有妳、愛妳、照顧妳成長，並讓妳學會獨立。這是我送妳的禮物。我愛妳。

珍妮

「妳們倆都哭了。這裡充滿了大愛，但也有哀傷，因爲妳們都很清楚接下來會發生什麼事。妳們擁抱了好一陣子，然後她就消失了。這段對話大概是她投胎到肉身之中、在她入睡時進行的，否則她應該會一直待到整個計畫會議結束。」

「史黛西，可否請妳的指導靈帶妳到卡蘿與其他人的對話中，像是她的指導靈或其他的靈魂，聽她說明爲什麼她要做這樣的計畫。」

「我看到妳和一位指導靈在一起，這應該是會議剛開始的時候，妳正在談論這一世妳想學習的因果課題，也正好到了要選擇父母的階段，妳的指導靈推薦了擔任妳親生父母的人選。妳之前完全沒想到他們，因爲妳的生母即便在靈魂層次上，對妳來說好像都是痛苦的來源。當然，指導靈也提到了這點。

「擔任妳生父這個角色的男人，你們自從古羅馬時代之後，就沒有再一起投胎經歷人生了。他是個統治階級的人，自視甚高。他很有錢，總是駕著雙輪馬車四處跑，全身穿金戴銀。」

「他現在還是。」卡蘿嘲弄地說。史黛西和我都笑了。

「這種賣弄、浮誇的性格並不吸引妳，妳的指導靈卻挑了他，因爲他的個性中有些部分是妳希望遺傳到的，像是自身的力量、專注、目標明確等。**但是其他的特質妳並不想要，所以領養對妳來說正好可以讓妳遠離那個環境，這一點很吸引妳。**

「妳跟指導靈說，**妳不想要擁有親生父母兩人都有的自負問題，所以讓他們生下妳卻不跟妳一起生活是個不錯的選擇**。妳覺得如果妳一直生活在母親身邊，最後妳還是會因爲母親後來生的孩子而被冷落在一旁，這不是妳想要的經歷。**所以看起來領養是個皆大歡喜又能達成目標的做法**。」

接著卡蘿問史黛西能否聽到有關他養父的訊息。

「我看到你們的靈魂在交談。他在過去的某次前世是妳的兄弟。這次他自願當妳的養父，他之前就認識妳了，而且一直都很愛妳。他說：『我很高興這一世能夠有妳在我的生命中。』

「現在讓我來看看妳和養母桃樂絲之間的出生前對話。妳們的這場對話發生在她十四歲的時候，也就是她正好進入青春期的時候。她的潛意識裡感覺到自己的身體不太對勁，她說她的子宮歪斜，有一邊的卵巢形狀有問題，無法生育。不過她也說她需要有小孩。她用的字眼的確就是『需要』。」

「嗯，那就是我媽沒錯。」卡蘿說道。

「這時候的她已經知道妳的生母會把妳送養，妳們前世曾經在一起，當時她過得非常開心，所以這次她想再次與妳攜手共度。」

桃樂絲　妳的到來幫了我一個大忙，同時也是對我的一種服務。

卡　蘿　我在計畫過程中一直覺得很孤單。知道童年時期我的母親無法陪在我身邊讓我很難過。所以我很願意這麼做。我很高興能有個朋友在身邊。

「她很興奮，這樣的能量也感染了妳。妳們擁抱，討論著要記住這個擁抱，到時候等她一抱起妳，妳就會記得她的感覺，妳會藉由身體認出她來，讓嬰兒狀態的妳安心，妳知道躺在她懷裡的感覺是對的。」

桃樂絲　能夠從妳還是嬰兒時就擁妳入懷，這種滿足沒有其他事情能夠相比。

「妳很興奮，因爲自己有這個機會能夠以這麼深刻、正面的方式來影響另一個人的生命。妳雀躍無比，所以妳完全同意這樣的安排。」

桃樂絲　我會幫助妳找到自己的聲音，這樣妳就能夠表達自己，我想要培養妳做到這件事。我不覺得自己是個一直都很好的人，所以如果我說了或做了可能會傷害妳的話或事，我向妳道歉。我不是有意要這麼做的，但是我知道我有這樣的缺點。請妳明白我會盡一切的可能來支持妳、強化妳。這一輩子我都會照顧妳、愛妳，把妳當成我親生的孩子。

「我看到她想著用奶瓶餵妳喝奶的模樣，這是她照顧妳的第一個動作。我感覺到擁有妳讓她的人生非常滿足。妳從頭到尾都保持安靜，因為妳完全同意她說的話，而且妳很愛這種感覺。

卡　蘿　我很感謝妳想要愛我並支持我，也很謝謝妳慷慨大方的氣度。

「妳們擁抱然後相視而笑。接著她就回到自己肉身的睡夢中去了。」

「我的養母真的非常愛我，我們關係的確就像妳說的，**我的存在圓滿了她的人生**。」卡蘿說道。

「史黛西，卡蘿有沒有在出生前計畫中談到兒童期反應性依附障礙這件事？」我問道。

「我聽到她和指導靈在討論這件事。」

卡　蘿　我這一生有可能信任任何人嗎？

指導靈　妳的傾向是活在自己的世界裡，對於身邊的人所說的話聽而不聞，特別是父母的話。這是妳成長過程中必經的一部分。一個人必須先體驗到自己所缺少的，才能向自己的內在去探尋並且獲得。現在的妳對自己及對未來所做的決定是充滿信任的，而妳就是要學習將這份信任用在他人身上，尤其是那些關心妳、能讓妳得到撫慰的人。

卡　蘿　我知道我對領養我的人會有信任上的問題，我不相信他們會愛我、支持我。我會一直都很害怕被愛得不夠，也怕被愛得太多。

指導靈　不，妳不會一直害怕。只是感覺起來會這樣而已。就算妳找到親生母親，這個信任上的問題也無法解決，妳也無法下定決心去信賴別人。其實眞正的問題在於信任自己。相信自己所處的是正確的地方、正確的時間，並且永遠懂得如何照顧自己。長期來看，這會給妳非常大的力量。即便有時妳會覺得自己辦不到，這時妳就會學習到臣服。這個有關信任的問題會讓妳與其他人保持距離，妳很小就知道這件事，但最終妳還是得學習拋開這個顧慮。

「指導靈跟妳說這些時，妳完完全全能用心體認，不需言語。妳知道靈魂能夠藉由這個過程而進化，所以接受這成爲妳的挑戰之一。」

「此刻來看我的人生，我很感謝有好多機會讓我得以療癒自己。」卡蘿說：「女兒的出生帶給我一種新的認識，讓我明白生母當年所經歷的一切。九年前我受到的腦部創傷，也是要讓我學習更信任自己內在的指引。現在，我可以很有把握地說，我完全信賴自己。

「史黛西，妳剛剛提到我和珍妮之間的協議，以及我會因爲她之後生的小孩而被冷落，眞的讓我非常有同感。她在我之後又生了兩個女兒，而她的小女兒後來生了三胞胎。我注意到自從她的孫子出世後，我們的關係的確有了很明顯的變化。」

「如果妳沒有離開原生家庭，那麼妳很小就會體驗到這種變化了。」史黛西說。

「沒錯。另一件事情是，妳在我的出生前計畫會議中提到，珍妮問我：『妳能夠原諒我嗎？』當時我聽了滿眼是淚，因爲這部分我還在努力。在理智上我已經原諒她了，但是我的靈魂還是希望我能夠打從心底眞正地、完完全全地原諒她。」

釋放因領養而承擔罪咎的心靈
——潘蜜拉及約書亞靈訊的解讀

爲了學習該如何以如此深刻的方式來療癒自己，卡蘿和我尋求潘蜜拉與約書亞的協助。

「朋友們，我是約書亞。我希望能夠告訴你們一些關於領養的事，你們會尋求我的建議，就是因爲你們正處在這個過程中，要知道，你們同時也在進行自我的療癒。這麼做並不只是爲了你們自己，也是爲了全人類，爲了要改變這世界對領養的成見，釋放那些因此而承擔著哀傷、罪惡及恐懼的心靈。

「首先我要說，那些不得不、或是自己選擇要和孩子分開的父母，毋須受到責備或深感罪惡。在這之中似乎存在著加害人與受害人的關係。這些原生父母跟孩子分開時都會感到愧疚，特別是母親，甚至在肉體上會有一種被撕裂的感受。即便這個母親其實並不想要這個孩子，內心還是會有很深的哀傷和罪惡感。就算對孩子或她們的生活來說，送養其實是較好的選擇，她們多半還是會有這種感受。

「現在我們先退回到孩子在出生前的肉體狀態。在子宮裡的孩子與母親之間有種親密的一體感，親近的程度可說是不分彼此。孩子在剛進入人世時，首先就深深吸收母親的能量，這對孩子的心智和情感有極大的影響，因爲兩人算是融爲一體，所以孩子會把母親的感覺也當作是自己的感覺，就算孩子本身很快樂，卻會以爲母親感受到的悲傷或壓力也是自己的感受。這時候孩子與母親之間還沒有明顯的區別。

「孩子出生後，母親與孩子之間的肉體連結雖然因爲臍帶的剪斷而分離，但是兩人之間心的連結卻還是一體，還是由相同的機制在運作。當孩子被人從生母身邊帶走，孩子會出現嚴重的混亂與失序。這會對孩子的心理造成極大的創傷，**但是其實這孩子所體驗到的，大部分都是母親的感受，母親的罪惡感、哀傷，以及她想要好好照顧這個孩子卻又辦不到的痛苦與失落。有人說母親的這種罪惡感是對孩子影響最大的一種情緒，而處於完全無防衛能力、脆弱狀態的嬰兒，就會完全接受這種罪惡感，當成是自己的感受**。他會懷抱著罪惡感、以爲自己有錯，他會感受到極大的恐懼並覺得被拋棄，他會以爲都是因爲自己對母親做了什麼才會這樣。

「正是因爲孩子進入人世時是處於完全敞開的狀態，所以他第一件銘記在心的事情，將具有深刻的影響力。只要是與生母分離，特別是在出生前三個月內，都會對孩子的發展造成非常大的影響。即便日後這個孩子在非常快樂的環境下長大，而且有一對非常照顧他的父母，還是很難抹滅他心中那份遭到拋棄、困惑、充滿罪惡感的想法，還必須要努力去克服這一切，相信自己值得別人的愛與認同。這是一種非常痛苦的能量，也是孩子靈魂中的一道傷痕。

「所以養父母必須了解孩子的情緒，盡可能幫助他們了解他們不需要爲原生父母所做的事情負責。小孩子特別敏感，當他們看到父母親不快樂，便會以爲是自己做錯了事才會這樣。所以要盡可能向孩子解釋，他們不須爲此負責。釋放孩子心中的罪惡感，大概是養父母給收養的孩子最大的禮物。

「還有一件事情也很重要，從一開始就不要隱瞞孩子是被收養的事實，讓孩子開誠布公說出心裡的感覺、讓他們發問。無論孩子能不能夠眞誠表達出情緒或發問，刻意忽視收養這件事是不正確的，因爲總有一天潛藏在表面下的情緒會浮現，造成這孩子在個性或行爲上出現某些狀況。

為原生父母的深層問題帶來解決方案

「約書亞，把孩子送養，對原生父母來說有什麼影響？」

「這會在他們的心中留下深深的印記。」約書亞回答：「放棄自己的孩子會在靈魂的心上留下痛苦的傷痕，因爲當你生了孩子，他的靈魂就交在你手上。這個靈魂選擇的小小身軀，需要身爲父母的你的照顧、需要你無條件的愛，才能在這世界長大，也才能感覺到安全、受人疼愛。

「孩子自天堂降下的那一刻起，父母都知道自己被賦予了這個神聖的任務，就算他們不相信有神、沒有任何宗教信仰、生活中有很多問題，或者母親還沒有準備好要孩子，甚至是根本不想要，他們的靈魂裡還是存在著深重的責任感。無法承擔這份責任會對父母的靈魂造成沉重的痛苦。

「卡蘿，請妳試想，若這般單純無辜的生命來到，妳卻無法在自己的人生找到容納他的位置，甚至得拒絕他、與他分離，妳的靈魂將因此受到重傷，而妳的原生父母也有這樣的傷。我不是要妳原諒他們，而是希望妳保持一段距離來看，當父母發現自己竟然辜負親生孩子到這樣的程度，這對他們的靈魂會帶來多麼大的衝擊。把孩子送養的父母會在心中承受極大的罪惡感和失敗感。他們需要內在的智慧才能原諒自己，沒有人幫得了他們，甚至連那個被送養的孩子都不行。

「這的確很困難。有人可能會說，這些原生父母要原諒自己，比要孩子原諒他們更難。這是因爲他們認爲自己是加害人。這些父母應該要做的是，學習看見自己其實也是個無辜的孩子，然後去擁抱自己內在的那個孩子。這個孩子充滿恐懼、不安全感與對自我的批判，這孩子代表的是一個人最深沉的情感。當這些父母能夠與自己內在的孩子握手言和，他們的心才能獲得平靜。

「每件事的發生都有其意義，這世上沒有所謂的巧合。孩子不會碰巧進入母親的子宮。通常，孩子的到來是因爲有某些狀況需要處理。可能是母親長期以來一直有著精神上的問題，或者父母之間一直有些無法解決的問題。

「**孩子的出現能讓問題得到解決，或者讓問題更嚴重。這會讓父母之間原本就存在的情緒更加強烈，因此可說是事情愈糟糕，解決的方法就愈可能出現，因為啓動的會是新的思維方式**。所以即將被送養的孩子知道自己會帶來某種讓事情衝上極點的能量，讓父母做出更清楚的決定。

「通常孩子的出現不是讓父母親之間的關係更溫暖、更充滿愛，就是讓兩人間的衝突浮出表面。通常，孩子會讓母親的意識更清明，她可能會發現自己與另一半的關係無法滿足自己的需要，所以與另一半分手。其實，這很可能就是這個孩子到來的目的——**不是要拆散父母，而是給母親力量**。所以孩子的到來不必然會帶來快樂和平靜，反而很可能帶出父母間深層的衝突，讓他們的生活天翻地覆。這也是這個孩子進入父母親人生中的目的之一。」

養父母需放下期待，被領養的孩子別批判自己

「現在讓我們來談談出生前計畫，以及靈魂如何做選擇，特別是與領養相關的部分。

「幾乎所有被領養的孩子在出生前就知道會有這件事了。靈魂會這麼做的原因之一，是希望能夠平衡自己在過去對他人造成的傷害，所以不管是什麼樣的經歷，它都希望能夠體驗到事情的正反兩面。但這並非是懲罰，而且靈魂也並非是因為受到指示才這麼做。一旦靈魂曾經傷害過其他人，內心就會有深深的愧疚感，所以它想要釋放並超越這樣的感覺，同時也想平衡這段因果。

「另外一個原因是，有時候這個被領養的孩子的靈魂意識程度非常高，而且它想要和養父母團聚在一起，而這對養父母無法生育。這裡面有很多原因，但是從被領養的孩子的角度來看，他想和養父母在一起是因為認識他們的靈魂。意識程度較高的靈魂知道，這麼做也能讓原生父母有所學習。而這些意識程度較高的靈魂，也比較不會把原生父母的罪惡感與哀傷當作是自己的，所以成為領養子女的過程也會比較順利，與養父母家庭之間的關係也會更親密。

「我剛剛提到的兩種狀況都是極端，一種是帶著愧疚的重擔，比較沒有覺知到自己的神性，卻還是勇敢選擇去經歷這個過程；另一種意識程度較高的靈魂，經歷起來會比較輕鬆一些。而在兩者中間的狀況則是，靈魂知道自己有嚴重的自我價值問題。**在早期就被迫離開父母的孩子通常都會出現自我價值的問題**，因爲想要解決，**靈魂便選擇去經歷成為養子的情感挑戰，藉此學習不批判自己，更加獨立**。大部分被收養的孩子都是在這個中間位置。他們必須經歷辛苦的內在掙扎才能達成目的，如果他們做到了，他們的靈魂將能得到非常大的療癒。

「就另一方面來看，養父母也獲得很大的療癒。」約書亞如是說道：「**許多養父母要面對的課題就是，放下期待**。他們都很想要孩子，卻必須放下內心的這份渴望。**他們大多要學習釋放自己的控制欲，打開心房接受以其他方式到來的新事物**。通常，領養的孩子會帶給他們許多驚喜。**養父母必須放下心中對自己想要的孩子的想像。他們的挑戰就是要能真正接受這個孩子的靈魂，而這就是這個孩子帶給他們的禮物。**」

療癒：原諒原生父母之前，先接受自己的憤怒

「現在我想談談被送養的孩子該如何處理因而產生的情緒問題。」約書亞繼續說道：「幾乎所有被送養的孩子都會在心中對原生父母產生強烈的憤怒。他們想知道爲什麼自己會被送養，也想知道原生父母到底是怎麼做出這樣的決定。重要的是，要接受這份憤怒。當我們在幫助這些孩子時，教他們接受，這樣他們才能夠完整地去感受心中的憤怒。鼓勵他們大哭、怒

吼，或者把所有的怒氣都寫成一封信，不需要寄出，只當作是一種自我感情的發洩。在他們獲得平靜而能原諒原生父母之前，他們必須允許憤怒的存在，給予發洩的管道，並且了解它的眞相。一定要發自內心感覺到釋懷才行。這裡要做的是展現出內在的孩子，也就是自己眞正的情緒。

「透過身體來發洩也很有幫助，你可以藉由跺腳或搥打枕頭來感受憤怒的能量在你體內流竄。重點是，不要害怕憤怒的感覺，信任身體的智慧。情緒會在身體內部形成壓力，亟需釋放的出口。憤怒是很眞實的，忽視它並無濟於事。你愈是忽略它，它愈會增長。而當你想要壓抑憤怒，它就會尋找其他出口，後果遠比大聲哭吼更有毀滅性。所以，去感覺內心因過去種種而升起的憤怒是件好事，總好過你藉由吸毒酗酒或鑽牛角尖的想法來逃避它。療癒的第一步就是針對憤怒的本質來處理，憤怒不過是一股流動的能量。千萬不要害怕憤怒的力量。

「之後，你就會發現這背後其實隱藏著深沉的哀傷。你會很想爲了自己在幼時就遭到父母親背叛並被拋棄而放聲大哭。這時就讓眼淚盡情奔流吧，毋需克制。

「突然間你也會發現你開始爲親生父母感到難過。你感覺得到那深沉的罪惡感和痛苦。這時你與他們再次結合爲一體。起初你只是爲自己而哭，但到了這個階段，你發現你也爲親生父母而哭，爲了他們所失去的而哭。

「最初的憤怒，到了這個階段就不見了。你發現自己其實並不氣他們，而是同情他們。因爲這份同情太過深重，讓你認爲他們會這麼痛苦都是因爲你的關係，因而產生罪惡感。這就是你在孩童時期的想法：我給他們惹了麻煩。這就是孩子最基本的想法。下一步就是深入探索這個想法，發現原來你是在為父母親悲傷，因為你吸收了他們的情緒，所以感同身受。

「深入你的內心去看清那份深藏的罪惡感，像是：『我不夠好，他們會把我送走一定是有原因，我不是他們所期望的孩子。』這些想法都需要你去正視。當你這麼做之後，它們就會消散。當你經歷過為他們感到悲傷的階段，就會進入一個全新的意識中，你已經準備好要療癒自己了。釋放憤怒，用同情與理解來照亮心中的哀傷及對自我的批判，療癒就會到來。

「你的靈魂選擇了這樣的經歷，好讓你能去處理自我價值的問題，也讓你的親生父母去面對他們自己的問題。你是個如此美好的存在，完整而又值得人愛。當你這麼做，你就穿越了時間，回到過去，療癒了那個孩子。當你達到療癒時，你就會進行靈魂到此所要做的工作了。你療癒了自己最深重的傷，因此將光帶給這個世界及其他人。

「即便已經到了這樣的程度，你會發現完全的療癒還需要很長的時間。對自我的批判、自我價值感低落，這些問題因為在心中太過深刻，還是需要你反覆進行上述的療癒動作，才能完全消除靈魂中的負面能量。過程中記得要不斷提醒自己，你是光、你是神聖的存在，這樣的經歷完全傷不了真正的你，你依然完整無缺。如果你沒有受過這樣的傷，然後深入內心對自己進行療癒，你對世界的影響就不會這麼大。」

潘蜜拉的通靈解讀

約書亞對我們說了這麼多領養所蘊藏的挑戰，現在讓我們用更個人的方式來看看卡蘿的經歷。以下是潘蜜拉的解讀。

潘蜜拉描述了卡蘿與她親生父母在一起的某次前世。在那一世，珍妮是卡蘿的女兒，而皮耶是卡蘿的父親。當時皮耶是位鰥夫，所以他和卡蘿、女婿和珍妮同住多年。由於寂寞，皮耶非常渴望卡蘿的關注，但也對她非常吹毛求疵。最後，卡蘿和丈夫受不了皮耶，請他離開。幾年後，將死的皮耶告訴卡蘿，住在她家的那幾年，「是我人生中最美好的時光。」他補充道：「妳身上有種愛與純眞的特質，讓我很嫉妒。我也很想要像妳那樣，才會對妳百般挑剔。」

潘蜜拉解釋，在眼下這一世，卡蘿將身爲脆弱小嬰兒的自己交給皮耶，這對他的靈性成長做出了極大的貢獻。讓我驚訝的是，潘蜜拉直接轉述了一段皮耶的靈魂對卡蘿說的話：「妳直接面對了我最黑暗的一面，妳用最溫柔、最慈愛的方式，化成一個脆弱的小嬰兒進入我的人生。妳是我最珍貴的天使。」

在同一段前世中，卡蘿與女兒珍妮的關係非常緊張，衝突不斷。有一天珍妮決定跟一個卡蘿不同意的男人在一起，卡蘿拒絕提供經濟支援，珍妮只得過著非常困苦的生活。那一世裡，珍妮死得比卡蘿早，她們的關係也始終沒有得到修復。潘蜜拉告訴卡蘿：「**妳選擇經由她的身體出生，因為妳想要告訴她：『我很重視妳，我從來沒有看輕妳。而且我真的很愛妳。』**卡蘿藉此療癒了珍妮的靈魂，也療癒了她們前世的關係。

此時潘蜜拉的意識消退，約書亞又回來和我們說話了。

「卡蘿，妳是個美麗的存在，但是妳的心在某種程度上卻刻意迴避了自己的美、完整性和善良。妳不夠欣賞自己。

「妳帶著自己的計畫降生在這世上，希望自己完成一些目標：**放下自我批判、不讓自己受到權威的左右、完完全全地信任自己，並且看見所有自我呈現中的美好**，儘管有時這些表現並不符合外在世界的標準。妳想要感受生命之美從自己身上綻放。

「在這一世之前的前世，妳是個在戰爭前線的護士。當時的妳是個年輕女性，而妳認爲最重要的工作和責任就是妳的病人，所以妳盡一切所能幫助他們，幾乎可以說是犧牲自己也在所不惜。妳也總是聽從上級的命令，因爲妳覺得他們懂得比妳多。

「特別是其中一位醫生，他對於處理病人很有自己的看法。妳並沒有他的醫學知識背景，但是日復一日與病人親身接觸，對病人的病痛妳有自己的實戰經驗和知識，也很了解他們在精神上的痛苦。所以有時妳並不同意那位醫生的作法，但是妳又不敢挺身而出爲自己說話，和他的權威對抗。這讓妳陷入了兩難的困境。

「這位醫生叫妳要『專業一點』，跟病人保持距離，妳卻很想坐在他們身旁，在他們離開人世前陪伴他們。妳就像個天使，充滿了慈悲。最後這位醫生威脅要把妳送走或開除妳，所以妳乖乖聽話，壓抑自己女性、情感的一面。那一世的妳死後，妳很遺憾自己沒有違抗那位醫生的命令，按照自己的想法走。

「妳的內在有一股男性的能量牽制著妳，用權威的聲音發言，告訴妳要達成目標、要有野心、要去做一切妳能夠做到的事。有野心並不是壞事，只要這份野心是受到妳的心所啓發，如果跟隨這份野心能讓妳感到快樂並充滿靈感，那就沒有問題。但是，在妳個人的歷史中，妳總是會因爲內心那個權威聲音告訴妳說妳不夠好，所以妳必須乖乖聽從指令，而壓抑自己的快樂和靈感。

「所以這一世妳的靈魂想要發自內心地付出、完整呈現內心眞正的自己。妳想要對這個世界綻放自己靈魂的光，但是妳知道妳必須先解決自己內在對此的不安全感。妳經歷到的腦傷的確是出生前計畫中的安排，而且是爲了要幫助妳更認識自己，**無條件地接受自己與生俱來的慈悲和善良本性**。

「如果妳因爲腦傷帶來的限制而感到難過，請記住，妳是一個透過自身的善良、理解和慈悲送光來人世的天使。這些特質就是妳眞正的力量所在。如果妳因爲大腦無法按照妳的意思來運作而憤怒，記住這背後有其目的。我們可以說**腦部受傷造成的限制開出了一條路，讓妳專注在自己心的特質上**。

「終有一天妳會看見，腦傷及其後遺症開啓了妳人生的另一個面向，妳會看見因爲受傷所帶來的所有美好事物。

「現在我想來談談妳被送養這件事。妳不確定這是不是自己的計畫，也想知道這麼做的目的何在。

「比較大的目的是培養出妳的自我尊重。出生時，父母親是孩子首先遇見的權威，也是孩子緊緊攀附的依靠對象。所以當孩子必須和父母分離時，孩子會感覺到被拒絕，甚至是罪惡感。對妳來說，很重要的就是去找出妳內心那塊依然覺得自己讓父母失望、自己做錯了什麼事的地方。

「這就是妳的靈魂想要的經歷。妳想要體驗被人拒絕、被人送走的感覺。**妳想要超越這種感覺，妳想要充分確認自己的價值、欣賞自己的好處，而且不依靠任何人的評價，完全只是由自己這麼做。妳一直受到權威的拒絕，所以妳在這世一開頭就將之強化，讓親生父母將妳送給別人養。**

「妳的父母親並不是有意識要拒絕妳，只是孩提時的妳這麼感覺而已。妳因爲被送養而非常沒安全感，覺得自己被人拋棄，非常孤單。妳選擇經歷這些，因爲想從中學習，其實妳從來都不是孤單一個人。妳身邊總是圍繞著各種療癒能量，每當妳跌倒，一定會有人接住妳。

「妳還處於復原的狀態，但妳做得很好。這一世的妳已經有了很大的進展。你付出愛，也接收他人的愛，這就是妳的傷口已經漸漸痊癒最好的證明。妳這一世的目標就是培養對自己的愛、對自己的尊重，並且不依賴自己以外的人事物。這就是妳眞正的任務。

「不要擺出『我一定要做到最好』的態度。這麼想會低估了妳眞正的力量，反而要期待妳人生中新的一頁的展開。要知道因爲妳的心所擁有的特質，妳會觸碰到其他人的心，讓這個世界有所不同。」

貧窮

為什麼世界上有這麼多人在經濟困境或貧窮之中苦苦掙扎？當然有部分原因是我們自己創造出了匱乏的念頭，也忘了真正的自己其實是能力高強的創造者。可是，我們要怎麼解釋有成千上萬的人降生在極度匱乏的環境之中？既然我們的靈魂能夠選擇誕生的時間、地點和狀況，為什麼會有人刻意要投胎到貧窮的生活中呢？

羅南度（Rolando Lopez）生長在尼加拉瓜一個赤貧的家庭中。現在的他已經六十三歲，鰥居且膝下無子，現居美國南卡羅萊納州，生活比年輕時富裕多了。為什麼他會計畫讓自己在成長期經歷這樣窮困的生活呢？他大可選擇投胎到中產階級家庭，甚至是富有人家，或者更富裕的國家。羅南度希望這個選擇讓他達成什麼樣的靈性成長呢？

人窮心不窮
——羅南度的故事

「我出生在尼加拉瓜的一個咖啡農場裡。我這一生都是個科學家。一九九七年我在麻州大學取得博士學位，主修昆蟲學，專長是以生物學的方式來控制植物的病蟲害。我從小就對這方面很有興趣，因爲我在農場長大，而我父親是農夫。

「有天我父親帶我去看他的朋友。他的朋友在居住的小茅屋前有一小塊地，全家人都靠這塊地上種植的豆子來餬口。當時我父親問他朋友豆子的收成如何？他的朋友說：『現在還好，但是它們有粉虱蟲害，但我沒有錢可以買殺蟲劑。意思也就說，我的豆子全部都會完蛋，我們全家人也都要餓肚子了。』說到這裡，他哭了出來。

「我永遠不會忘記那一幕。」羅南度一邊說，一邊把眼淚吞了回去。「就在那一刻我決定，我一定要想辦法幫助這些窮苦的人。那時的我才七歲。

「我家有十一個孩子，我排行第八。從小我就從我父親身上學到，只要你努力，什麼事都一定能辦得到。『只要你想，你就辦得到』，這句話我一輩子銘記在心。

「我八歲的時候，我們家失去了農場。那年咖啡收成時有整整一週都在下雨，所以我們得提早採收。所有果實都要在短短兩、三天內摘下來，但我們沒有人手，來不及摘的果實最後全部掉在地上爛掉了。」而爲了要償還貸款，羅南度的父親最後只好被迫把農場拍賣了。

「我們一無所有，」羅南度傷心地說：「所以我母親想出了做洋芋片的點子。這是個很小的家庭生意，我父母和姊妹們一整天都在削馬鈴薯、炸馬鈴薯，然後裝成一小袋一小袋，讓我和其他兄弟一起拿去鎮上在舉辦棒球和籃球比賽的球場去賣。我們也會去電影院前面賣，因爲很多人會聚在那裡聊天。這個小生意救了我們全家，我們的洋芋片大受歡迎。

「一開始我覺得很丟臉，很不想去賣，但是我從來沒有表現出來，因爲我知道家人需要我這麼做。」

「你賣了幾年的洋芋片？」

「八歲、九歲、十歲，我都在賣洋芋片。」

「你怎麼有辦法一邊賣洋芋片一邊上學呢？」

「我放學後會趕緊衝回家拿洋芋片去賣。記得父親在我很小的時候就告訴過我，我必須努力才能得到我想要的東西。我想要成爲班上的第一名，但是我沒有時間念書。我回家吃完晚飯後，每個人都累癱了，所以大家都上床睡覺去了，只有我一個人還醒著念書。我母親經常會在半夜裡醒來跟我說：『你該去睡覺了。』我會跟她說：『我的功課還沒做完。』我腦中謹記父親的話，我得努力才能得到我想要的。所以，我在賣洋芋片的同時，也是班上成績第一名的學生。」

「記得有次我把錢弄丟了，感覺糟透了，因爲我得兩手空空地回家。我把裝錢的袋子收在一個地方，然後跟其他人玩了起來，有可能是其中幾個小朋友把錢給偷走了。等到我發現時，已經太晚了。我眞的非常、非常難過。我母親看到我哭著回家，她對我說：『你要更小心、更有責任感一點，因爲你的失誤會讓全家人都受到影響。』那段經歷至今依然歷歷在目。」

小時候的羅南度只有一雙鞋、兩件T恤、兩條褲子。當洗好還沒乾的衣服褲子晾在院子裡，羅南度就穿另一套衣褲。

羅南度也和我聊到他受教育的過程，這讓他來到美國，最後和他的一生摯愛琳達結了婚。琳達也是自然學家、羅南度的同僚，他們都同樣熱愛土地、森林和地球，並且一同致力於療癒這片土地。琳達死於卵巢癌，不過在過世前，她繼承了一筆家族遺產，而現在，這份經濟保障讓羅南度能夠利用另外一種方式來療癒大地，也就是他鑽研了多年的「量子觸療」。

「我一直在學習並關心該如何幫助身處痛苦中的人，特別是那些有麻煩的人。這讓我無法累積財富，不過我也不需要錢，我怎麼樣都可以過活。

「這些年我一直都是一個人，所以我在想，自己活在世上的目的是要來幫助其他人，而不是要變得富有。「我小時候一直很想打網球。在這樣的環境裡長大讓我了解到，小孩子的運動是多麼重要。如果我有錢，我就會蓋一座溜冰場。我想要讓孩子們，特別是那些窮小孩，能夠盡情享受溜冰場的樂趣，不然他們永遠只能在電視上看到溜冰場。」

「我在想，是不是貧窮讓你的心胸能夠如此開放？」

「沒錯，」他說道：「貧窮給了我機會去爲其他人做點什麼，好讓他們重展笑顏，和人分享我所擁有的，無論什麼事都好。」

「現在再回頭看，你有什麼感覺？」

「我並不覺得難過，只是在讀到窮人受苦的相關資訊時，會有非常強烈的感覺。我所經歷過的日子讓我了解到，窮人要受的苦有多大。我很高興這段經歷讓我對金錢看得很淡。」

貧窮是創造心靈富裕的工具
——羅南度的出生前計畫

羅南度描述的貧窮生活和他流下的淚水，都令我深受感動。他的情感如此強烈和鮮明，但是他卻能平靜自在地娓娓道來。他的感受完全發自內心。羅南度並沒有讓童年時期的經歷在他心中留下憤怒或苦澀的記憶，反而是讓他的心敞開，讓自己在慈悲與同理心之中成長。

正因為貧窮明顯對比出靈魂的無所限制，所以我非常想要和羅南度的靈魂對話，談談他在這一世的經歷。羅南度的困苦是如何讓他的靈魂得以開展？他的出生前計畫是否就是要增進他的慈悲心和同理心？除此之外他還有其他的目的嗎？對處於貧窮或經濟困境中的人，羅南度的靈魂要如何幫助他們看見其中的靈性意義呢？他的靈魂會提供哪些療癒呢？

蔻爾比告訴我：「羅南度是個戰士。他很堅強。如果我要畫出這張靈魂的臉，我會畫上堅挺的下巴和高聳的鷹鉤鼻，銳利的目光總是凝視遠方，看著接下來會發生的事。」

「你要求要和羅南度的靈魂說話，我來了。」蔻爾比的聲音突然變得低沉有磁性，我感應到一股堅毅權威的能量。

「謝謝你願意加入我們。你是不是計畫了讓羅南度在童年時期經歷貧窮的生活，如果是，爲什麼？」我以這個核心問題開場發問。

「這其中有非常重大的學習課題。」羅南度的靈魂回答：「貧窮只是一小部分而已。我已經在多次的人生中親身體驗過貧窮了。爲了要眞正了解某件事的深度與廣度，我們必須從反面來學習。我的靈魂家族非常勇敢，他們和我一起探索人性欲望與需求的叢林，而我非常感激他們。沒錯，這是我計畫的，而一切也都經過大家的同意。我們能夠從肉身所創造出的匱乏、效率和貪婪之中學習到很多，而這些訊息都能夠帶回來給更多小組中的靈魂分享。

「我很贊同你所說的，但是羅南度在兒時經歷的一切，對他和家人造成了極大的痛苦，對我們人類來說，這是很殘忍的事，因爲一切都是人類在承受，靈魂並不需要分擔。」我相信羅南度的靈魂能夠理解我這麼說的用意是想要了解這樣的人生計畫，而非批評或抱怨。

「你這麼說就是把自己和靈魂分開了。」他這麼回答：「小孩子可能會跟大人說：『我不喜歡你幫我打預防針，因爲這讓我很痛，你眞是殘忍。』但是小孩子完全不了解什麼是病毒、接種預防或免疫系統。這類的童言童語我們完全可以不必理會。貧窮就很像是這樣，但是眞正進化的靈魂並不會因爲貧窮而受苦。看到地球暖化的消息，有人可能會說：『這眞是太糟糕了。我們應該要做點什麼才對。』但是當你眞正站在乾涸的湖邊，看到人們因爲沒有水喝而接近渴死的邊緣、植物無法生長、動物死亡殆盡，這才會眞正打到你心裡。」

「你希望羅南度能從貧窮的經歷中獲得什麼？」

「慈悲心會因此有所增長。同時，他體內的每一個細胞都能了解並直覺感受到，一切都很充足，完全不虞匱乏。海洋中的魚不會擔心有沒有足夠的海藻可以吃，老鷹不會站在山頂上數兔子還剩幾隻。對比愈強烈，效果就愈大，而想要改變的念頭也就會愈旺盛。」

「在你創造羅南度的時候，你有沒有給他什麼特別的特質或特性，協助他度過貧窮的經歷？」

「一顆好頭腦。」羅南度的靈魂說道：「他的記憶力非常強，對聲音、文字和感受的記憶能力都很敏銳，這些都是他的燃料。而他的感情也比其他人豐富。還有，他的慈悲更是比一般人多了兩倍。除了是一般男性會有的同情心之外，他還有一種母親對幼子的憐愛之情。我在這個肉身之中放入了許多偉大的特質，也期望能夠看見長足的進展。」

「等羅南度的肉身生命結束後，他經過強化的慈悲心對身爲靈魂的你將會有什麼幫助？」

「慈悲心就像是水源。隨著一次又一次的轉世，慈悲心愈見加深後，就會愈來愈自表面泉湧而出，而人格也會更願意爲己所用。」我明白羅南度靈魂的意思是，羅南度在過去的人生中已經累積了深厚的慈悲心，足以讓他在這一世中運用。「人們常常對身邊的人充滿慈悲，對待自己卻連狗都不如。此外，慈悲也經常伴隨著愧疚感。若能讓眞正的慈悲心取代愧疚感，這就是一大進步。」

「就你身爲靈魂的觀點來看，爲什麼人們不對自己更慈悲呢？」

「他們都太專注於外在世界了。人會用外在的一切來和自己作對：時代的潮流、其他人的意見等。如果他們眞的好好看了自己、深入內在、觸碰到自己包裹在殼中的靈魂，無論時間多麼短暫，都能夠因此充滿了同情、感恩和敬重，更加看重自己的價值。當人與神之間的連結滿布泥濘、混濁不堪時，你想要在這個世界散布的無條件的愛，就會無法穿越，人與神之間的連結就會遭到阻斷。而貧窮正是確保羅南度在童年時期不會遭遇到這種阻斷的方式。**一個什麼都有的小孩，根本就不需要往自己的內在探尋、連結自己的同理心**，或者是對教室裡坐在自己隔壁的同學出感同身受的話。在過去的時代中，同理心比較容易湧現。

「可是，如果靈魂想要讓自己的人格向內在尋求、去感受並且理解自我的價值，而且如果現代生活有這麼多的干擾，爲什麼不就挑其他的地點和時間就好呢？你大可在其他的時代和地點體驗貧窮。」

「我們在這個緊張的時代學習到的東西，跟在十八世紀學到的不同。但是，同理心、維持生命的力量、平靜的心、自我價值及與神的連結，是超越時間、亙古不變的。你們現在這個時代，只是一堂進階課程。」

「讓我們談談羅南度的投胎和他所經歷的貧窮吧。爲什麼你會選擇那個年代？」

「二十世紀中葉是個經歷巨大變遷的時代。原子彈的發明對之前和之後的能量振動所產生的影響，到現在我們仍然無法完全掌握。我的家人和我在一起經歷過好幾次投胎轉世了。在人世，被認爲很痛苦、很難面對的一件事情就是分離。但是當你知道自己永遠不會與任何事物分離，就不會擔心擁有的東西不夠。你知道自己與一切萬有相互連結，而你所需要的一切你都會擁有。所以，置身在一個對貧窮甘之如飴的家庭中，所有人都眞心認爲事情背後其實有更高的目的，這其實讓人很安心。當然，如果讓羅南度處在一個大家或多或少都經歷過的貧窮，覺得這不過是件稀鬆平常的事，對他也沒有好處。貧窮一定要夠苦、夠深刻，才能夠讓他的心有所體會，因此啓動。

「如果你想要羅南度經歷貧窮來培養更深的同理心，那麼爲什麼不選擇在相對比較富裕的美國，只要在過程中讓他經歷到重大的經濟損失或困境就好了？」

「因爲這種狀況我已經經歷過了，不要忘了，我們都有過好幾世人生。我曾經探索過貧窮、富裕、自私、無私、想要與不想要等經歷，其中也經歷過極度富有的時代。**貧窮和富裕一樣都很有幫助，貧窮並不是一種懲罰，而是一種工具**。對貧窮深入的探索將會帶來心靈上的富裕，也會對這個世界帶來明顯的釋放。我認爲是個值得探索的領域。」

「我想你一定也很清楚，羅南度童年時有三年特別辛苦，當時他和家人依靠製作手工洋芋片去街上兜售來餬口。這也是你計畫的嗎？」

「是我計畫的沒錯。這是爲了讓他在很小的時候就被迫要達到極限的狀態。羅南度是有選擇的，他可以不做功課，生活在貧困之中；或者上街賣洋芋片，然後把錢偷走。但他並沒有這樣做。這麼計畫是爲了讓他從小培養出堅忍不拔的毅力和信念，讓他能夠無怨無悔去追求他想要的東西，而他想要的就是受教育，脫離貧困。羅南度大部分的力量和『一定有辦法可以解決』的想法，都是在那三年之中培養創造出來的，他做得非常好。」

「現在羅南度已經到了這個位置，他已經培養出了深厚的同理心，你希望他怎麼做？」

「首先我希望他好好將同理心發揮在自己身上，將他兒時的那段苦日子看作是磨練砥礪的課程，而他的學習成果非常優秀。接著，我希望他找到最能觸動他的心的事情來做。如果他看到了挨餓的孩子，他就餵飽他，而讓彼此受惠。」

關鍵是脫離「貧窮意識」

「即便在富裕的美國，還是有很多人身處貧窮之中。」我提出，「如果這些人之中讀到你剛剛說的話，可能會說：『我明白這種經歷對我的靈魂有好處，但是我的生活已經水深火熱了，我需要一些更實用、更實際的幫助。』」

「**沒有人是注定一輩子貧窮的，**」羅南度的靈魂回答：「沒有人強迫你一輩子都無法翻身。永遠不要失去對明天的期待。要明白，**你的價値並不會因此受到貶低，你的心並不窮**。如果你的頭腦很清醒、你的心很堅強，你就一定會找到方法脫離貧窮。不過於此同時，對自我的批判、對貧窮的憤怒，或是對那些擁有比你多的人的痛恨，都會讓你無法跳出貧窮的深淵。貧窮不是應不應該的問題，而是夠不夠勇敢的問題，以及你自己做了什麼樣的選擇。許多人花太多時間去找藉口告訴自己爲什麼事情無法改變，但其實他們只需要拿這些時間來踏出第一步就夠了。當然你可能需要花好幾年，就像羅南度一樣，或是好幾個月的時間才能辦到，但是你一定能夠從現在的處境中找到讓事情好轉的方向。只要記住：你一定要相信，一切都很充足，不會少了你的那一份。你一定要相信，這個世界不虞匱乏。你不能夠想：『如果我先拿到而他沒有，至少我還有手上這些。』這種想法就是認爲世上的資源不夠所有的人享用，也會阻礙你對他人及對自己的慈悲。如果你認爲你必須要爭奪才能獲取所需，你心中那扇通往慈悲的大門就會從此緊閉。憤怒與爭奪不見得能夠增強你的力量。記得，**要帶著愛和希望去追求你想要的東西**。」

「我們已經知道你想要羅南度經歷貧窮的原因了。還有哪些其他原因會讓靈魂計畫去體驗貧窮，或是經濟上的困境呢？」

「對羅南度來說主要是培養發揮他的慈悲心，但對某些人來說，則是要激發自己的創造力。在困苦之中更能夠激發出心智的潛力，創造出更多發揮面向。也有人希望自己不必去承擔因爲擁有太多而必須負起的責任，他們想要專注在一個目標上，不希望金錢對他們造成影響。此外，**貧窮也是消除恐懼的好方法**。當你經歷過某件你所恐懼的事，你就會學習到該如何面對這樣的情況，而通常恐懼就會消失了。」

「靈魂所認爲的『足夠』是什麼？」

「**平靜**。『足夠』並不是量的問題。如果一個人的心很平靜，那他就會覺得滿足。對某個人來說，三小時的睡眠就足夠了，但另一個人可能需要九小時。這時候數量不重要了，而是每個人需要不同的睡眠長度，才能讓自己頭腦保持清醒，心境保持平和。」

「對於貧窮，你還有什麼想要補充的嗎？」

「請大家了解，**貧窮並不是一種罪。貧窮是種觀點，而且是種不論窮人富人都會有的觀點**。大家害怕，如果不論優劣好壞，每個人得到的報酬數量都相同，那就不會有人想要努力去做任何事了。『如果我再怎麼努力工作都還是拿同樣的薪水，那我何必？』你們會庸人自擾。貧窮只是一種工具，如果人們能夠眞正理解，夠了就是夠了，那麼這個世上就不需要貧窮的存在了。」

成爲窮人，竟是行善與救贖的終極方法
——潘蜜拉與約書亞靈訊的解讀

顯然，羅南度已經用了好幾世的人生來培養並呈現自己的慈悲心。不過我也感覺得到羅南度同時也在尋求療癒。他在談話過程中流下的眼淚，**部分是發自對窮人的同理心，部分似乎是來自他內在尚未解決的痛苦**。我希望潘蜜拉和約書亞能讓我們更了解爲什麼靈魂要計畫貧窮的經歷，以及如何療癒這樣的體驗所帶來的痛苦。

「我看到了某次前世，」潘蜜拉對我們說：「羅南度，這一世的你身在希臘。你非常富

有，總是想著要爲窮人出頭。你成長在窮困的環境中，家裡有六個孩子。你有一顆溫暖慈愛的心，一家人融洽過日子對你來說最重要。你寧可心安理得地餓肚子，也不願意去和別人衝撞爭奪以求得溫飽。你的理想就是做到平等誠實的共享，因爲即便你還是個孩子時你就感覺到，分享能夠強化你的家庭和社區，也能讓大家在困苦的日子中過得稍微輕鬆一點。

「長大後，你脫離了貧困的生活，成爲社會上有頭有臉的人物。你既聰明又能幹，更重要的是，你從來不覺得因爲出身微寒，你就有任何地方比別人差。你相信自己的理想。這不但幫助你脫離了物質上的貧困，也脫離了貧窮的意識，而跟你一起長大的人大多擁有這樣的意識。貧窮意識就是，潛意識裡相信因爲我很窮，所以我比不上其他人，這會將人的尊嚴消磨殆盡。

「因爲你對自己並沒有這些負面想法，你才能成爲成功的貿易商，從貧窮中翻身。等到你年紀更大一些，你向當時的統治集團請願，希望能修正一些法律條款，讓窮人得到更公平的對待。但是他們拒絕了你，因爲他們根本看不起窮人，視他們爲低等族群。這件事讓你非常失望，並且點燃了你內心的怒火，深深撼動了你存在的核心。你決定要付諸行動，用自己的力量來幫助窮人，然而，你還是感到挫敗，因爲你無法幫助到每一個人，同時你也正面接觸到了這些窮人的貧窮意識。有些人變得非常依賴你，每次都來向你索求更多的幫助，而當你偶爾拒絕時，他們就會非常憤慨。這眞的讓你非常難過。你發現，要幫助窮人脫離困境，不能只是給他們物質上的東西，也要幫助他們培養更深刻的自我尊重意識，以及奮發向上的力量。

「你在那一次前世中就有了這種覺醒意識，但你的內心仍然因爲你遭受到的磨難而傷痕累累，因此你死後還是帶著這個傷。你深深感覺到自己必須幫助窮人，你把他們當成自己的手足看待。不過，因爲你也在某種程度上成了局外人，所以你覺得很孤單，經常想著自己沒有達成靈魂的任務，沒辦法爲窮人伸張正義。這對你來說非常痛苦。

「你還是想要在這一世完成這個任務，不過，現在你的靈魂已經有了更大的覺醒和智慧，所以你的靈魂想要用『以身作則』的方式來完成。想要幫助窮人脫離貧困，就要讓他們知道他們做得到。他們需要擁有信念而且相信自己，而你就是這個信念與信賴的榜樣，因爲你不但擺脫了物質上的貧窮，也超脫了心理與靈性上的貧窮意識。做你自己，**透過你的能量振動，就能創造出讓其他人得以遵循的能量軌跡，而你也對其他人散放出解決問題的能量。你的這份能量將加入衆人的集體意識之中，所有人都能夠分享**。

「還有另一次前世也値得一提。這一世裡你是位統治者，也是壓迫社會大衆的部分力量來源。你在嚴格的紀律下長大，強調的大部分都是男性能量，屬於女性特質的感覺和同理心則受到壓抑。那在西元前的羅馬帝國時代，你還是個小男孩時，就必須放棄自身敏感、關懷他人的一面，專心致力於男性特質中的領導能力、競爭和野心這些部分。等你的年紀到了，就繼任爲統治者，而你認爲你得仿效前人才能獲得大家的支持。

「你很害怕無法達到他人的期望，便做了許多違背自己良心的事。你用非常不公平的方式來對待那些無法保護自己的人。你總是擔心別人密謀推翻你。你在憤怒中死去，同時感到深深的愧疚和罪責，你覺得失去了一部分的自己。這一世之後，你的靈魂渴望能彌補之前犯下的錯。**你想要去幫助窮人，讓靈魂得到救贖。」**

貧窮的靈性意義

潘蜜拉所提供的資訊，和我進行談話的羅南度完全符合。現在是時候來了解更多有關羅南度的出生前計畫了。

「約書亞，是羅南度自己計畫了貧窮的體驗嗎？如果是，爲什麼？」

「是的，是他自己計畫的。他已經用了好幾世的人生來探索貧窮與富裕這兩個議題。**他的靈魂想要了解貧窮背後所蘊含的靈性要義，以及如何教導其他人脫離貧窮的生活。」**

「羅南度是不是在出生前就計畫好他會從尼加拉瓜來到美國？若是，爲什麼他既想要體驗自己國家的貧窮生活，又想要體驗相對比較富裕的美國生活呢？」

「是的，這也是他計畫的。他想要體驗在兩種不同國家的生活經歷，這是因爲他的靈魂富有冒險的精神。此外，美國精神、自由，以及標榜著『靠自己打拚』的處世方式，都和羅南度內在經歷的發展產生很大的共鳴。而且，到了美國的他，才能憑藉著他的成長背景散放出能量，療癒並幫助其他人。」

「爲什麼貧窮的經歷對羅南度很重要？」

「因爲羅南度的靈魂想擺脫以貧窮或富裕來爲個人做身分判斷的牽絆。一旦他擺脫了，他就能夠在完全不考慮社會背景的狀況下，去和其他靈魂連結。而這種不以貌取人的能力、這種發覺一切生命神聖核心的意識，正是基督意識的一部分。羅南度想要在這一世裡實踐基督意識，而這也是實踐基督意識的方法之一。」

人類能真正掌握住吸引力法則嗎？

「一百年、三百年、五百年後，地球上的財富分配會是什麼樣的狀況呢？」我問約書亞，「大家對富有和貧窮的態度又會有什麼改變？」

「這要看人類做了什麼選擇。」約書亞說道：「人類的集體意識具有某種振動頻率，而這個頻率所發出的能量能夠吸引某種特定的未來出現。現在這個時間點的地球發生了許多令人不知所措的狀況，像是經濟問題、環保問題等，對全人類造成了極大的衝擊。藉由這些災難，人類開始團結一致，展開全球性的合作，並且終於認知到究竟人生中什麼才是最重要的。這些災難真正的意義就是要讓人回到生命最基本的狀態，也是要讓大家體認所有生命的價值。你們生存其上的星球，已經因爲人類的種種干擾而危在旦夕了。

「現在有愈來愈多人已經意識到大家需要改變。在全球最富裕的幾個國家，許多人清楚體認到，或者是潛意識裡明白，自己應該要回到生命的基本，過簡單卻充實的生活，不過度依靠物質財富或社會地位，而是與他人展開眞誠的連結，去做自己眞正喜愛的事。

「接下來會怎麼發展？這眞的很難說，一切端看地球上數十億人如何選擇。唯一可以確定的是，每一個人都可以貢獻一己之力，透過覺察自身的神性及與一切萬有的連結，來改變地球上衆人的意識狀態。如果你感覺到自己很想掙脫社會的束縛，與內在的渴望和願景連結，那麼，我要請你相信自己的力量。你是神聖的存在，你能夠改變這個世界。相信自己，你就會找到屬於自己的那條路，用你自己的方式來轉化這個世界的意識。」

我問約書亞，人類最終能否眞正掌握住吸引力法則，使貧窮永遠銷聲匿跡。

「這絕對是有可能的。」他告訴我：「現在地球上充斥著恐懼，而恐懼會阻斷人對自身創造力的信心。克服恐懼的最佳處方，就是找到你內在那個不需要依靠任何外在人事物的自己，而那個神性的自己，就是你的靈魂。**靈魂知道自己能從內心深處的渴望和願景來創造現實，它完全明白吸引力法則如何運作。**

「當你與自己的神性連結時，靈魂將不會再吸引貧窮到來，因爲貧窮代表的是匱乏，而你體驗到的是充實與豐盛。無論你是否擁有財富，都不重要，你心中的體驗才眞正有意義。許多用靈魂來生活的人，根本不需要物質的財富，因爲靈魂的熱情已經給予他們超越物質財富所能提供的滿足感。」

療癒匱乏的感受

「約書亞，對於正在經歷貧窮生活或遭遇財務困難的人，你還有什麼想對他們說嗎？」

「**即便情況看起來走投無路，也不要絕望**。要知道，任何事都有可能改變，希望永遠都在。**找出你在人生中很感恩的兩件事，可以是你擁有的東西，或是一個你愛的人，然後讓自己接受這一**

切。看看你所擁有的，這能讓你轉化匱乏的念頭，以豐盛取代，如此你的能量就能改變。

「改變你的能量、你的感覺，這是最重要的。光靠頭腦想改變這個狀況是行不通的，現在的你得先繳械投降，接受眼前的一切。當你處在接受的狀態，就能感覺到悲傷難過的情緒湧上心頭，就讓它們出現、伸手擁抱它們。然後，在你認同這些情緒之後，你的心就會感到平靜，連結到你的靈魂，奇蹟就將從這個連結之中出現。你可能不明白貧窮背後的意義何在、你可能現在還沒有解決的方法，但是你會以這最深沉的內在連結得到力量，而改變一定會出現。」

「若我們是因爲對財富有某種反面的看法，才在出生前計畫了貧窮的經歷，我們該如何療癒這些看法？萬一這些看法是潛意識的呢？」

「若靈魂是爲了要反映出『自己不配』的想法而選擇了貧窮，那麼它就會計畫讓自己療癒這種想法。通常，這一類的靈魂會計畫讓自己在人生中找到脫離貧窮的機會。這個人格必須不斷挑戰對自己的信心，並找到內在的力量，脫離貧窮，創造出更有意義的人生。

「這種想法通常都是出自潛意識，」約書亞指出，「這就是爲什麼它們這麼難消除。這是你們文化的一部分，讓人覺得自己不值得更好的事物。想療癒這種自己不配的想法，你們必須要了解神無條件地愛著你。」

「約書亞，我們還能夠做什麼來療癒這種想法？」

「首先，你們一定要承認自己擁有這樣的想法。許多讓人受苦的想法和信念都被視爲理所當然。你們必須體認到，這些想法並非牢不可破。當你們體認到這一點，就打開了一個新的意識空間，也創造了改變的可能性。

「要讓這個改變真正發生，你們必須拔除這些不真實的想法，不止是從頭腦中捨棄，也要從自身的感覺、情緒之中捨棄。這也許會花上很多時間，但這是辦得到的，只要你們有耐心，願意一次又一次真誠面對自己的情感。

「情感的療癒絕對是可能的，一旦愈來愈多人開始這麼做，想要改變社會的文化也會愈來愈容易，人們也會開始懂得如何用尊重自己與他人的方式來生活。」

自殺

失去心愛的人是件非常痛苦的事，但如果心愛的人是因爲自殺而離開人世，那樣的痛苦更加令人痛徹心肺。通常被留下的人都會深受罪惡感和自責所苦，也可能會對了結自己生命的親人感到憤怒。悲痛如此深刻強烈，似乎永無止境，心裡纏繞著無數揮之不去的疑問。

在接下來的故事中我們可以看到，**自殺並非靈魂選定的結局，而應該說是在計畫人生挑戰時所安排的一種可能性**。也就是說，我們在人生中經歷到某些狀況時，自殺是一種可能的選擇。而和我們一起經歷人生的靈魂家人，也都在規畫出生前藍圖時就知道自殺是可能的選項，但爲了加入我們的人生，他們願意接受這樣的可能性。

全世界每年有超過一百萬人死於自殺，大約有一至兩千萬人試圖自殺。爲了要了解並療癒生命中曾受到自殺或試圖自殺所影響的人，我訪談了卡洛琳（Carolyn Zahnow）。她的兒子卡麥隆在十八歲時自殺身亡，自從那時起，她就成立了一個自殺防治支援小組，並且寫了《拯救青少年：青少年自殺、憂鬱與成癮症防治手冊》這本書。

我想知道的是，卡麥隆自殺身亡後發生了什麼事？那些一樣選擇自殺的人發生了什麼事？

神如何看待自殺？我們的社會應該如何給有自殺傾向的人更多的愛和療癒？以及，那些因自殺而失去親人的人，該如何療癒這個深深的傷口？

敏感的青少年突然自殺，留下心碎的母親
——卡洛琳的故事

「每一張照片裡的他都很開心。」

這是卡洛琳看著她幫年少的卡麥隆拍的照片時的感受。自從他在四年前過世後，卡洛琳就一直把這張照片放在客廳裡，照片中的卡麥隆兩歲，「身上穿著印有熱帶植物花紋的T恤和短褲，笑得像陽光一般燦爛。這張照片總讓我回想起過去那些快樂的時光。」卡洛琳悲傷地說。

卡洛琳和前夫吉姆在卡麥隆出生三個月後就離了婚。當時三十歲的卡洛琳獨立撫養卡麥隆，直到他六歲上了小學，才回到父親身邊生活。

「我得回到大學去把書念完，才能夠靠自己賺錢來撫養他。我怎麼能放棄自己的兒子這麼多年呢？」

卡洛琳回想卡麥隆幼時就非常喜愛動物，還養了烏龜和小雞。他參與青少年發展培育計畫時，還養了一隻小綿羊，暱稱是「咩咩」。小羊長大後在拍賣會上賣出，卡麥隆還特別問買

主：「你們不會殺牠吧，對嗎？」

「不會，我們不會殺牠。」那男人很溫柔地回答。

「那就好。」卡麥隆問完，還再三確認小羊會得到完善的照顧。

卡洛琳四十歲時與現任丈夫再婚，而卡麥隆在十一歲時搬去與他們同住。

「卡麥隆搬到德州後抗拒了一整年，但交到朋友之後，一切都沒問題了。他的個性本來就很活潑外向，很容易與人相處。」

長成青少年的卡麥隆還是很熱愛動物，投入了動物救援活動。他也對素描和攝影感興趣，展現在這方面的天分。此外，他也很受女孩子歡迎。「女孩們都覺得他是個帥哥，而且他非常貼心、懂得照顧人。」卡麥隆十五歲生日時，跟他的第一任女友要了兩隻兔子當生日禮物。

卡麥隆的人生在高一那年因父親過世而遭逢巨變。父親過世時，卡麥隆隨侍在側。「我們從喪禮回到家後，卡麥隆就出現憂鬱的症狀。他還是會和朋友出去，卻完全沒和任何人提起這件事，他把自己的內心封鎖起來。

「那年他一直在學攝影，有次他的作業是要在不同地點拍攝蛋的照片。拍完之後他問我：『媽，我可以把這些蛋都砸爛嗎？』我讓他對著一棟大樓的側面牆壁把這些蛋砸爛。他實在太傷心了，需要破壞些什麼來發洩。」

爲了鼓勵卡麥隆打開心房談談深藏心中的痛苦，卡洛琳和他說了許多他父親的事情。

「噢，天啊，我眞的很努力了！但他什麼都不說。他太想念他父親，把一切都埋在心裡。」

在父親過世後幾個月裡，卡麥隆的成績一落千丈，他開始抽菸、喝酒，甚至嗑藥。卡洛琳帶他去看勒戒門診，療程中他們鼓勵病人用畫圖的方式來表達內心的感覺。「他們告訴我們要好好觀察孩子畫出來的畫。如果這些畫是黑白的，那就表示孩子有憂鬱的症狀，因爲他們的生活已經失去了色彩。而卡麥隆的畫就是黑白的。」

「卡洛琳，他都畫了些什麼？」我問道。

「很邪惡的卡通畫，像是抽菸的兔子。我在勒戒門診時得知，卡麥隆選擇吸食的是甲基安非他命（譯注：俗稱「安公子」，比一般安非他命藥性更強的興奮劑）。在他生命的最後一年裡，他吸安吸得很凶，而他畫出來的畫裡面都有一張很可怕的怪物嘴巴。這個怪物甚至沒有眼睛，就只有一張血盆大口，口水還從牠的獠牙上往下滴。他不停地畫這個怪物。我想這張畫的意思代表卡麥隆感覺到毒品正逐漸在吞噬他整個人。」

高中三年，卡麥隆持續苦苦掙扎於成績和毒品之間。不過勒戒治療、抗憂鬱藥物及心理諮商三管齊下，的確幫助他撐到了高中畢業。「他還是畢業了，」卡洛琳驕傲地說道：「那是我人生中最高興的日子。他還因爲在藝術課的出色表現而得到了榮譽畢業獎。他眞的很有藝術天分。

「他在五月二十八日畢業，隔天就是他的十八歲生日。我們去我們最喜歡的餐廳幫他慶生，但是他情緒非常低落，完全沒有吃東西。大家一起拍了張大合照，除了卡麥隆，照片中所有人都很開心。這是他的十八歲生日，而且他才剛剛高中畢業，爲什麼他一點都不高興呢？」

幾天後，卡麥隆開始在一家相機店打工。卡洛琳很期待這份工作能讓卡麥隆提起精神，還特地幫他買了新衣服。「他對我說：『謝謝妳，媽。』然後從側邊給了我一個小小的擁抱。這是卡麥隆最後一次擁抱我。」

這天，卡麥隆在相機店工作了一整天。隔天凌晨，天色還很暗，這時的卡麥隆應該在家裡的床上睡覺，而卡洛琳一個人在廚房吃早餐。突然之間，「卡麥隆出現在後門，因爲門上裝的是玻璃，所以我能看到他，他穿著一件黑色T恤。我嚇壞了，因爲他看起來就像是個幽靈！我想那就是事前預兆吧。」

「你今天要上班對嗎？」卡洛琳很關心地問卡麥隆。

「對，但我還有時間，」卡麥隆回答：「我現在先去睡覺。」

「當時他看起來完全沒有任何異狀。他身上有點潮濕，因爲那天晚上下著小雨。那天是八月十一日，天氣很熱，那是德州嘛。我心想：『我也要回床上再睡一會兒，時間還很早，開著天花板上的風扇睡覺會很舒服。』

「七點時卡麥隆手機的鬧鈴響了起來，卻沒有人按停。第一次我不想管，但到了第二次我就從床上爬起來，到樓上去看看。我看到閣樓的伸縮樓梯被放了下來，心想：『爲什麼樓梯會放下來？眞是奇怪。』我往前更靠近一點看，結果看到卡麥隆的腳懸在那裡。『噢，不！』我一抬頭，看到卡麥隆在那裡上吊了。我跑上閣樓把他抱起來，心想也許他才剛剛上吊，還來得及救他。我一直大叫：『噢，拜託你，卡麥隆，不要這樣！你想要什麼我都給你，拜託你不要離開我！』

「把他往上抱不是辦法，所以我去拿了剪刀把繩子剪斷。他用的是痲繩，所以在那之後好幾年，我都不敢看到痲繩。我把繩子剪斷，卡麥隆掉到走廊上。我打了一一九，依照總機的指示對他進行口對口人工呼吸。儘管時間已經過了這麼久了，我到現在還是清楚記得當時卡麥隆的觸感，也還能夠聞到他的味道，因爲他當時已經尿失禁了。

「接著救護車到了，救護人員幫他打強心劑，希望恢復他的心跳。他們進行急救時，我跟他們說：『他已經死了。』

到了醫院，他們問卡洛琳想不想見卡麥隆最後一面。

「我走到他身邊，跟他說：『你不止是我的兒子，也是我的朋友。我愛你。』」

卡洛琳哭了起來。我們靜靜坐了好一會兒。

「我還記得那天的一件事。卡麥隆的眼睛並沒有完全閉上，他的眼睛微張，所以我看得到他咖啡色的眼眸。我一直看著那對眼睛。天啊，我永遠沒辦法忘記那對眼睛。」

我問卡洛琳接下來的日子是怎麼過的。

「剛開始的幾天，我一直用力用雙手環抱住自己，因爲太用力了，我的手臂上都是瘀青。洗頭的時候也是，我非常用力地抓頭，希望讓自己感覺到痛。我只是想要讓自己感覺到一些什麼，因爲我整個人依然處於震驚的狀態中。

「我沒辦法睡覺，眼前不斷重演當時的畫面。我的腦子裡充滿了各種思緒，根本停不下來！我一直想，如果我在卡麥隆嗑藥的第一年就帶他離開這裡，事情是不是就不會發生？如果我沒有讓卡麥隆去和他父親一起住是不是就不會這樣？如果我這樣做的話呢？如果我沒有那樣做的話呢？」

接下來一年，卡洛琳同時做兩份工作，讓自己盡可能保持忙碌。同時，她也開始計畫和丹一起搬回北卡羅萊納州。最後一切底定，終於到了得收拾清掃卡麥隆房間的時候，這樣他們才能把房子賣掉。

「我就進去把該做的事都做了，沒有在房裡待太久。卡麥隆的鞋子還保持原狀留在地板上，房裡的每一件東西都原封不動。然後我看見電腦旁邊放了一張摺起來的紙，上面寫了像是告別的自絕詩。

「上面寫了什麼？」我問。

「意思大概就是，他從來沒有想過自殺，一直到最近。他已經在車子裡放了一條打好的繩圈。他是個很聰明的孩子，但是他刻意把繩圈（noose）這個字錯拼成北卡羅萊納一條河的名字（Neuse）。他知道這個字的正確拼法，所以我認爲這是他表達自己要回家去了的一種方式。」

「卡洛琳，現在我們來談談妳的療傷過程吧，這一切是什麼感覺？」

「第一年我一直處於震驚之中，我經常哭，不過慢慢隨著時間也就哭得比較少了。一開始我是每個小時哭，到了第二年我就比較能夠走出來了。我開始學習面對各種紀念日，像是母親節之類的節日。這些日子對我來說已經完全不同。

「我代表的是只有一個孩子的母親。有很多孩子的人在失去其中一個孩子的時候會說，我得好好活下去，因爲我還有其他孩子要照顧。但是我沒有。我只有丈夫、自己和一隻狗。光是要照顧我自己就已經夠困難的了，我還得努力對抗醫生不要給我抗憂鬱的藥物。我的想法是，我在哀悼之中，如果我現在不好好去感受這份悲痛，遲早我都還是要去面對的。

「被留下來的人經常也都會想要自殺，我也想過。我清楚記得有一天我開車去上班，那時卡麥隆已經過世好幾個月了。我心想，曾經有人直接開車衝出道路外去撞樹，一了百了，當時我用盡了全力才能克制自己這樣的衝動。我停下車來，坐在車裡想，我要爲了什麼活下去？我現在成立了自殺防治支援小組。卡麥隆自殺時，他把活在他心中的卡洛琳也帶走了，現在的我是全新的卡洛琳，我下定決心要幫助受憂鬱症所苦的青少年和其他人。」

「卡洛琳，妳現在每天的生活過得如何？」

「好多了，但是我還是每天都在思念卡麥隆。我想如果他還活著，現在他會做些什麼。我不再覺得自己是個好母親，因爲我失去了自己的兒子。我沒辦法讓他好好活著。不過我已經愈來愈好了。

「但你永遠沒辦法回到之前的你了。」她補充說道：「一切都不一樣了，完完全全不一樣。」

「卡洛琳，妳還有沒有什麼想補充的？」

「卡麥隆在死前的最後一個禮拜寫了日記。他在封面上寫：『美麗的災難』。這幾個字道盡了一切。他很美，而發生的一切卻是場災難。那是跨不出內在牢籠的他。

「我們所有人都很想念他甜美的微笑、他的笑話、他傾聽時的模樣，但是我最想念的是他的友誼。

「卡麥隆，希望你一路好走。」

自殺竟是爲了獲得希望？
——潘蜜拉及約書亞的解讀

在與卡洛琳的對話中，我感受到她對卡麥隆深深的愛，以及她所承受的巨大痛苦。潘蜜拉告訴我，她可以呼喚卡麥隆前來。這是卡麥隆死後，卡洛琳與他的首次對話。我知道她非常渴望能和卡麥隆說話，想知道他過得好不好，向他發問許多待解的疑問。我希望以下這段與卡麥隆及約書亞的對話，能爲卡洛琳以及其他因自殺而失去親人的人，帶來療癒。

「你爲什麼要自殺？」卡洛琳一開口就問卡麥隆這個問題，這四年來她一直想知道答案。每當夜深人靜，她不知道要問自己這個問題多少次。現在她提出這個問題，不是質問，而是眞心想要了解。

「首先，我非常抱歉我的離開讓妳和其他人這麼痛苦、這麼難過。」卡麥隆說道：「我從來沒有想要傷害妳。我選擇自殺的時候，完全找不到其他解脫方式。我走投無路，只想要趕快了結，我想要一次把所有憂鬱都徹底給結束掉。其實我在之前就已經想過自殺，不過那也一樣是因爲我走投無路。」

「我很愛妳，而且非常在乎妳。」卡麥隆對卡洛琳說：「我的行爲是我自己的選擇，妳不需要自責。其實到處都有希望，妳知道的。這是我在死後到了這裡才學到的。每個人都有希望，如果你願意接受幫助、向外求援，你就能離開那個黑暗的角落。我現在知道了，因爲他們幫了我很多。

「我剛到這裡時非常困惑、混亂。我在自殺時完全沒想到死後還有另一個世界。不過在我到達時，指導靈出現召喚我靠近他們。能見到他們的我眞的很幸運。我請他們協助我，所以他們告訴我發生了什麼事。『你已經來到了彼岸世界。』他們這麼對我說，而我因爲太難過，震驚得說不出話來。他們還帶我去看了我的屍體，**讓我相信自己真的已經死了**。當時的我還沒有意識到這件事，因爲自殺時的我完全處於焦慮恐慌的狀態。

「在我來到了死後的世界，指導靈帶我去了恢復區。剛開始那段時間非常難熬。**我好想回到人世、回到妳、家人和朋友的身邊**。我滿心後悔，慌亂不已，根本無法平靜下來。我經常回去找妳和我的朋友，我好想跟他們說話，讓他們知道我就在他們身邊。有些人聽得見，有些人我沒辦法接觸，還有另外一些我是在夢境中和他們相見。

「我和妳當然有過接觸，我們在夢裡有過幾次非常深入的談話。妳非常傷心，滿腹疑問。

談話過程中我的指導靈得站在我旁邊，因爲我自己也充滿了悲傷與哀痛。我只想要回到妳身邊再努力看看。**我花了很長的時間才接受自己真的自殺死了**，我眞的拋下自己的人生一死了之，現在我得重頭再來過了。在我們的談話中，我一直試著要告訴你，我眞的很感激妳是我的母親，而妳沒有任何對不起我的地方。沒有任何人對不起我。我希望自己這個念頭能夠幫助其他想要自殺的人，還有我也衷心感謝你，羅伯特，以及這位通靈者給我這個機會。」

卡麥隆的話深深感動了我。我很難過他不只在世時苦苦掙扎，就連到了死後世界回歸靈魂的過程中，也吃了不少苦。不過我很開心的是，他的指導靈在彼岸入口迎接他，而儘管他在困惑不已的狀態下，還是能夠看見他們。

「你會在這一世裡以另一個人的身分回到我身邊嗎？」卡洛琳發問。「我會認出你來嗎？」我可以感覺到她迫切的思念。

「我還沒準備好計畫下一次人生，」卡麥隆說：「我還在恢復區裡，但是我可以很驕傲地說，我已經進步很多了。我現在甚至還幫助輔導因爲自殺死亡而來到這裡的青少年，協助他們了解狀況，一起走過哀悼的階段。就算你是自殺，來到死後世界，你也和被留在人世的親人一樣，需要經過一定的哀悼期。你得放下你所愛的親友及罪惡感。

「不過，我還沒有準備好要計畫下一段人生。現在在這裡的生活對我來說非常有意義，他們會讓我知道我什麼時候可以再回到人世。」

這時一直在場的約書亞也回答了卡洛琳提出的問題。

「目前還沒有讓卡麥隆再次投胎的計畫。這一切都要看他的成長。等到某個時間點所有發展性和可能性都匯集完整後，他就會有機會開始去創造新的人生計畫，現在毋須妄加揣測。毫無疑問的是，妳和卡麥隆彼此之間有著非常深的連結，你們一定會再度相遇，無論在人世或是在投胎轉世的過渡期中。你們現在其實也是連結的，儘管對身爲人的妳來說很難相信。他已經進化了，妳可以以他爲榮！他已經能夠面對、接受自己所做的事，也願意爲自己負起責任。」

「你後悔結束自己的生命嗎？」卡洛琳問卡麥隆。

「是的，非常後悔。」他回答：「我來到這裡之後，才看到我所拋棄的人生中其實有各種可能性，如果當初我選擇活下去，故事還是有很多可能的選項可以發展。發現這點其實讓人很難受。不過陪在我身邊的指導靈非常有技巧，他們讓我知道，**犯錯並沒有關係，一直責怪自己也於事無補，還有，就算你結束了自己的生命，你永遠都還有其他機會，神是慈愛寬宥的**。我很感激有他們的幫助，現在我已經慢慢克服了自己悔恨和罪惡感。

「我一直想要告訴妳我很愛妳，還有我很抱歉，我犯了錯，而我很想回到妳身邊。我很沮喪自己沒辦法用正常的方式和妳說話。當時的我很想不開，**但我也想讓妳知道，現在的我過得很好**。」

「你還會繼續來看我嗎？至少在夢中？」

「會的，我會。」卡麥隆肯定地說：「有了指導靈的幫助，現在我的覺知清醒很多。我現在知道該在什麼時候接觸妳才對，現在的我平靜很多。而妳還在想辦法調適接受我的死，這就是我們的夢中對談要一起努力的課題。我最想做的就是幫助妳療癒這個創傷。我們已經有了不錯的進展了，夢中的會談裡，妳身邊也有指導靈陪著妳。他們非常溫柔，也非常有愛心。

「媽，妳必須完完全全接受我的死。我知道這很難，但這是妳唯一能繼續好好活下去的方式。**我希望妳能對我的死完全釋懷，讓妳的心平靜。我希望妳能看見，是我自己做了這個決定。我要為自殺的舉動負完全的責任，而我也想要這麼做，我不希望被人看作是受害者。**妳可以想念我，但別再去想『要是當初我怎麼怎麼做，也許就不會發生這種事』了，**放下吧**。我們現在已經回不去了，我已經回不去了。**我希望和妳在新的層次上合作，讓世界有所不同，我們可以幫助其他青少年，讓他們不要輕易結束自己的生命。**」

「你介不介意我和其他人分享你的故事、你的詩，以及那些描繪出你的憂鬱症狀的圖畫？」卡洛琳問道。她很希望卡麥隆的死能爲其他人帶來貢獻。

「當然不介意。我很高興能和大家分享，讓大家了解我發生了什麼事。有時候大人很難了解年輕人腦袋裡在想什麼。在從孩子變成男人或女人的這個轉換期，其實還滿難熬的，這時期的青少年常會有許多的困擾和疑惑。

「對青少年來說，能夠開誠布公讓他們說出心裡的不安和恐懼是很重要的。他們很少會這麼做，這是因爲他們正在向外在的世界建立自己的身分認同，他們比較在乎外在的其他人怎麼看他們，而不是自己內在的感覺。他們藉由創造一個別人能夠接受的人格來消除他們的不安與恐懼，他們會去尋找這個社會中所謂好的、迷人的男人和女人形象來遵循，但這些形象通常和靈魂想要的不同。因此，這時外在世界呈現出來的樣貌與個人內心世界的真正感受之間，就出現了落差。一個人很難長時間處於內在不認同的狀況之下，這時候像是恐懼或憂鬱這類的心理問題就會出現。」

「卡麥隆，我要怎麼幫助青少年脫離憂鬱？」卡洛琳問。

「首先，最重要的是發現憂鬱的徵兆。如果青少年很不尋常地離群索居，或是封閉自己，就要注意了。通常青少年都會反抗父母，向父母據理力爭。如果發現他們和父母之間完全缺少這樣的溝通，那就一定要去找出他們生活中是不是發生了什麼事。如果青少年完全不和任何人進行情緒上的交流，那就一定是有問題了。或許父母親不一定是他們最親近的人，但是一定會有一些可以和他們分享情緒的人。這一點很重要。

「接下來，讓青少年知道他們可以把自己的不安或恐懼說出來。要讓他們知道，重要的是他們這個人本身，而不是他們在這個世界上的成就如何。他們需要表達自己內在的情感，這會讓他們感到釋放。幫助他們的人需要做好心理準備，接受他們這些情感的深度，不帶任何批判，並且鼓勵他們表達內心最深沉的陰暗面。最嚴重的莫過於長期封閉內心的想法和情緒了，如果能讓這些想法或情緒釋放出來，就一定能找到解決的方法。」

自殺只是靈魂的選擇

「自殺並沒有錯，」約書亞如是說道：「對靈魂來說，自殺純粹只是一種選擇，也不一定是最糟糕的選項。

「有時候人會困在某種情緒或思緒之中無法自拔，若不採取激烈的處置，很難跳脫出來。人生就是一連串的改變。若你困在某種思緒狀態中很長一段時間，就會變得難以忍受，這時生命就會強迫你去做些什麼來改變，即便是結束自己的生命。

「以卡麥隆為例，他陷入深深的憂鬱中，嘗試了各種方法想要跳脫。他已經盡了全力來面對這個痛苦的情緒狀態。他的脾氣狂暴，同時又有著非常敏感、善良的一面，這讓他難以平衡。再加上他內心還有一份他不敢去面對的憤怒情緒，所以他的能量卡住動彈不得，最後他已經無法維持與自己內在感覺的自然交流，所以把自己關閉起來，他覺得自己就像是行屍走肉。表面上他是因為憂鬱症而自殺，但實際上這也是一種希望：**希望能夠獲得改變，任何一種改變**。

「如果他沒有自殺，現在的他是不是就可以得到療癒呢？這我們無法確定。但我們知道的是，在他結束自己的生命之後，他立刻就找回了自己的感情。他在震驚之中清醒過來，發現自己已經永遠離開了自己所愛的人身邊。當他還活在肉身之中，他感覺不到自己對他們的愛；當他死了，**他才又再次找回自己完整的愛**，從靈魂的角度來看，這是一個非常大的突破。**自殺迫使卡麥隆有了改變，而在他的案例中，這個狀況可說非常成功。對他的靈魂來說，自殺是個轉捩點**。

「但這個方式並非對每個人都有用。每個人對自殺的反應不同。我並不是建議在這個案例中應該採取自殺的做法，只是說明從靈魂的角度來看，沒有哪個舉動絕對是錯誤或有罪的。最深沉的自我背叛可以讓人重新認清自己，最黑暗的地方也可能是邁向光明的起始點。你瞧，靈魂進化不一定是直線進行的，它會運用不同階層的明暗來創造各種面向與變化。

「我這麼說的目的是希望消除傳統上對自殺的批判，認爲結束自己的生命是件罪大惡極的事。神或靈魂並不這麼覺得。神對那些結束自己生命人懷抱著最大的憐憫。在彼岸世界裡永遠都有人願意幫助他們，他們從來沒有被棄而不顧。

「卡洛琳，妳在幫助青少年的工作中最主要的目標應該是鼓勵青少年分享他們肩上的負擔、敞開心房，讓他們把內心最深的恐懼告訴妳。只有當妳願意開放所有的可能性，才有機會聽到他們內心眞正的聲音，並且以同情心來撫慰、協助他們。當然，這一定會減少他們自殺的風險，即便這個青少年最後還是選擇自殺，但只要妳曾經觸碰到他的心、感動過他，那麼他就永遠不會忘記。」

在發問完有關卡麥隆的問題後，卡洛琳向約書亞提出了其他的疑問：「約書亞，我該如何幫助有憂鬱症傾向的人呢？」

「幫助他們更了解自己。他們需要更清楚自己發生了什麼事。這不是妳拿本書或是拿張評量表讓他們自己去閱讀查詢就能解決的事。**他們需要有人完全不帶批判地傾聽他們內心的故事，這樣他們才有機會更了解自己**。一旦他們願意敞開心房訴說自己的故事，妳就有機會幫他們找到其中的意義。妳可以幫助他們在這個混亂的世界中找回理智。我這裡所謂的理智指的是信任、同情、鼓勵和啓發。讓他們發現自己的力量，通常這些人的自我評價都偏低，需要更清楚看見自己的美好及不可估量的力量。

「妳幫助憂鬱症患者的方式會隨著時間而進步，」約書亞補充道：「當妳懷疑：『我該不該這樣做？』妳可以自問：『我想不想這樣做？這麼做會不會讓我感覺到愉快、振奮？』靈魂會透過妳的感覺與妳溝通，讓妳知道自己是否做對了，特別是愉快的感覺。

生命藍圖隨時可能調整，帶來成長的契機

「約書亞，靈魂是否會在出生前計畫中安排自殺？若是，爲什麼會有人同意和計畫了要自殺的人一起經歷人生呢？」

「靈魂不會在出生前就計畫好要自殺，」約書亞說道：「靈魂在自己的人生藍圖中安排了某些特定事件，還有一些是根據肉身人格所做的選擇而產生的可能狀況。但自殺從來都不是計畫好一定會發生的特定事件，而是一種可能的選擇，且在某些狀況下的可能性很高。

「有些靈魂會選擇靠近有嚴重心理失衡傾向的人，有可能是因爲想要更了解人類的心理狀態、更有同理心，或想學習保持個人領域界線的適當距離，避免自己因他人的痛苦而受到影響。」

「約書亞，人在自殺後會發生什麼事？」

「這要看個人的心智程度來決定，但是無論如何都一定有人會來協助。指導靈會出現，向逝者說明狀況，並且幫助他們前往所謂的恢復區。不過，有些靈魂聽不見、也看不見他們的指導靈，因爲他們太過沉溺於自身狀態及憂慮的思緒之中。他們可能會毫無目的地遊蕩一段時間，直到找到光的所在。而這個恢復區可以幫助他們來面對自己所做的事、正視自殺背後的原因，並找到方法來處理隱藏在之下的傷痛和情緒。」

「他們會繼續學習相同的課題嗎？」

「是的，他們會在不同的狀況下學習相同的課題。」

「約書亞，在卡麥隆自殺後，卡洛琳的靈魂針對自己的出生前計畫做了哪些調整？因爲卡麥隆無法繼續扮演她兒子，所以她的靈魂是不是會另找一個人，來讓卡洛琳學習原本卡麥隆要教導她的課題？若是，這些課題又是什麼？」

「的確，卡洛琳的靈魂是在卡麥隆死後做了一些調整。她經歷了一段密集劇烈的心理成長過程。這份激烈的情感啓動了另一種不同的計畫。生命計畫就像是一張充滿了各種可能性的網，在卡麥隆死後，其中某些可能性開始發亮，並受到啓動。這些可能性起初沒那麼明顯，現在則比較實際可見了。

「至於另找一個人來代替卡麥隆教導卡洛琳相同的課題，這應該是不太會出現的狀況。應該說，她以非常激烈的方式學習到了原本該學習的課題，她的功課難度增加了。也就是說，其所帶來的內在成長也更爲顯著。卡洛琳在這世想學習的是保持眞我，不要因爲照顧他人而放棄太多的自己，並且不要太急著付諸行動，反而是要學習放鬆、放下，**讓生命自己找到方向**。原本如果卡麥隆還活著，她會慢慢學習到這些，但現在她以更急速、更強烈的方式學到了。路途變得更加險陡，但是卻能夠引導她看見另一番美妙的風景。

「此外，在人活著的期間，生命藍圖也隨時被檢視著並進行微調。」約書亞補充，「有時我們會訂出新的計畫，不過這些計畫原本就是以一種可能的替代方案存在著。我知道這從人類的觀點來看是有點讓人搞不懂，但是神的思維無遠弗屆，就算只是一段人生，也存在著無限的可能。」

關於自殺的療癒

我問約書亞，面對摯愛的親人自殺身亡，那些人該如何療癒心中通常會出現的罪惡感和自責的情緒？

「罪惡感和自責都是人對自殺產生的反應。起初，這兩種情緒幾乎會全面攻占人的身心。請不要對抗這些情緒。一旦你願意敞開自己，站在其他人的角度來看待發生的事，你就不會再被這些情緒困擾了。通常這些情緒會讓你看見摯愛親友的另一面。慢慢的你就會了解，他們的生命屬於他們自己，他們的靈魂也只對他們自己負責，**即便你已經盡了最大的努力要幫助他們改變或恢復，最終掌握他們人生的方向，還是他們自己**。

「你會慢慢了解你已經盡力做到最好了，但是你無法阻止他們自殺。對那些考慮要自殺的人來說，他們自有做出選擇的決策過程。這是他們的選擇，尊重他們。說到底，**罪惡感與自責其實也是一種對自身力量的高估**。沒有人有這樣的力量。接受並尊重他人的人性，這能夠幫助你釋放罪惡感和自責的情緒。」

「約書亞，通常被留下的人都會對自殺的親友感到憤怒，我們要如何療癒這樣的憤怒？還有該如何處理心中排山倒海般的思念？」

「療癒真正的意思是什麼？」約書亞指出，「療癒並不代表一個人能回到事情尚未發生前的狀態。**療癒，其實就是改變**。真正的療癒，代表的是完全接受已經發生的事，即便這些事情依然讓你感到傷痛。當你接受了已經發生的事，你就能夠平靜地容許心中哀悼與憤怒的情緒洶湧，也讓罪惡感與自責的思緒翻騰，卻不會一味沉溺其中。

「從親人的自殺中恢復絕對是可能的。當然，你對人生的感受不會再像過去一樣了。在你經歷了哀悼的過程，心中的罪惡感和自責也不再緊緊抓住你不放，你就能認真思考、保持平靜，真正開始回味收藏過去快樂的時光。**終有一天，你將能深深感激已逝的親人曾經出現在你的人生中，並在心底誠摯祝福這位遠去的親人一切安好，重新讓生活重心回到自己身上，去做那些讓你感到快樂、充實的事情**。這就是真正的療癒。

「憤怒是哀悼過程中必然會出現的情緒，伴隨出現的還有思念。對於憤怒的情緒，很重要的是你必須允許自己感覺到它的存在，並用安全的方式發洩出來。如果你這麼做了，你就會發現隱藏在憤怒之下的其實是痛苦，當你觸碰到這份痛苦，你就會開始哭泣。這是好事。哭泣是種釋放，非常具有療癒效果。

「至於思念摯愛的已逝親人，這是種誠摯的感情，你只需要去感受就好，不要抗拒。盡情把眼淚流乾，這麼做能夠洗滌你的內心。思念將會一直都在，但它的內涵將會有所不同。它割人的銳利邊角會漸漸圓潤起來。」

「約書亞，請你對那些正在考慮要自殺的人說些話。」

「自殺是種選擇。在高度進化的社會中，有自殺念頭的人可以把自己的想法拿出來與諮商師討論，再決定要不要進行。治療師會對此保持開放接受的心態，不會在一開始就立刻將這個選項排除在外。這麼做，反而對這些人比較有幫助，也能讓他們放下自殺的念頭，思考其他可能的解決方式。

「當某件事情被禁止，它就會變得格外有吸引力。若自殺完全是種禁忌，深受憂鬱所苦的人更會受到自殺吸引，也會因爲自己竟然想自殺而更加憂鬱。若大家能夠用更開放的心態來和這些想自殺的人討論，爲什麼他們想要結束自己的生命、想用什麼方式來進行，這麼做就能夠釋放這份壓力。

「對於那些想要結束自己生命的人，我想對你們說的是，不要因爲自己有這個念頭而感到羞愧，**你只是在尋找一種跳脫痛苦的方式而已**。我要告訴你們，無論你們做了任何事，神對你們的愛都不會改變。你永遠都能找到幫助，無論是在人世還是在彼岸。神和靈魂對自殺完全沒有譴責，反而是對考慮這個選項的人充滿了仁慈與同情。若人們願意讓自殺成爲一種可能的解決途徑，就會發現自殺的人數將開始減少。」

用同理心對待自己，分辨悲傷與哀痛
——與芭芭拉及亞倫的通靈會

我深深感覺到，與卡麥隆對話、知道他一切安好、聽到他說愛她，已經使卡洛琳獲得極大的療癒；我也感覺到，卡麥隆願意對自己做的事負起責任，對卡洛琳釋放心中的自責，也有很大的幫助。約書亞給了我們許多有關療癒的智慧，包括不對自殺抱持批判的態度。現在，卡洛琳和我已經準備好要和亞倫說話，我知道他能提供我們不同的觀點。

「亞倫，請你對正想著要結束自己生命的人說些話。」

「我會請他們再多想想，能投胎為人是多麼珍貴的禮物，雖然有時很痛苦。我想請他們試著想想，若他們願意繼續留下來，那麼或許在幾年後，他們就會以不同的角度來看待事情，可能會因此學到非常珍貴的一課。**我想要提醒他們自殺不是罪，卻是種損失，他們將因此失去學習的機會**。他們經過這麼多辛苦的努力才投胎進入人世，準備開始學習他們追尋的課題。我想請他們問問自己：『除了結束自己的生命之外，我還有沒有其他路可走？』

「最後，我想問：『你想要自殺的理由是出於恐懼，還是出於愛？』若是出於恐懼、憤怒、感到被背叛、無助，或者因爲受到極大的身體痛楚，所以想要逃脫，那麼請記住，所有負面情緒仍然會伴隨著你由生跨入死。除非你是因爲愛而選擇離開。比方說，你有著重大的傷病，承受著無比的痛苦，你看到這個狀況已經讓你身邊的人筋疲力竭，你知道自己不能再繼續活下去，所以對自己說：『我準備好了，我不要再繼續這樣下去了。』然後帶著開放平靜的心離去。

「伴隨著自殺，通常都會出現憤怒、困惑、責怪和罪惡感。因爲癌症或車禍失去摯愛的人已經非常難熬了，大家經常都會自問：『是不是我當初如果做了什麼，一切就會不同？』而像是自殺這般暴力對待自己的狀況，被留下的人更容易出現憤怒的情緒。對這些人來說，很重要的是對自己寬容一些。光是說『不要再生氣了』，並不會讓憤怒消停，反而會帶來更多怒氣。而『我才不要生氣』這句話，其實是非常憤怒的一種表達。

「要如何帶著對自己的善意與慈悲來體認憤怒的存在呢？慈悲與寬容的力量本身就能創造出溫柔與愛。當你學會用同理心對待自己，你就學會了如何用同理心去對待那個逝去的人。

「不要害怕心中升起的任何情緒，也不要陷落在自編自導的故事當中。『我到底做錯了什麼？』這就是自編自導的故事，『爲什麼他要這麼做？』『我應該怎麼做才能阻止這件事發生？』同樣也都是故事。你只要單純去體驗這個失去、哀痛、憤怒與困惑的過程，寬容地對待自己就好。

「我眞的很想念我兒子，」卡洛琳突然插話：「我該怎麼做才好？」

「卡洛琳，妳能夠做的就是和他說話。不要懷疑他是否聽得到妳，告訴他，妳很想他；告訴他，你愛他；告訴他，他的哪些地方對妳來說非常特別、哪些特質又爲妳帶來了至高的快樂和滿足。當妳用這樣的方式來愛他，這份愛同時也幫助他去愛自己，並支持自己繼續成長。

「當妳用這樣的方式來愛他，你也要繼續覺察失去與悲傷的存在，記得要分辨悲傷與哀痛的差異。悲傷是失去時自然會出現的感覺，它的基礎是一顆坦然的心，以及既存的愛與思念。

「但是哀痛則奠基於恐懼之上。『他過得好嗎？』『我會沒事嗎？』『失去他我要怎麼活下去？』哀痛會發出拉扯的能量，一股張力因此存在。隨時注意這股張力的出現。當妳感覺到哀痛，要知道這是哀痛，然後看看妳是否能找出隱藏其下的那份直率、坦然的悲傷。哀痛不會一直存在。

「現在的妳已經歷練到許多了。當妳想到自己失去了兒子的陪伴、失去了他的擁抱和笑容，想想還有哪些部分的他依然留在妳身邊、想想有哪些是永遠不會失去的，然後好好享受。

「靜靜看著哀痛的能量出現，把它們標記出來：『這是哀痛、這是恐懼』，如此就好。這是不是大腦想藉由創造出某些故事來逃避憤怒或其他的痛苦呢？妳明白我說的差異嗎？」

「我明白，」卡洛琳說：「我現在的悲傷多於哀痛，不過一切還是很難。謝謝你。」

「卡洛琳，請記住，妳的兒子現在很好，也感覺得到妳的存在。他愛妳，而且會一直愛妳。他在做的是他需要去做的事，如此才能平衡他的生命和死亡、幫助其他人成長，並且爲他自己的下一步做好準備。」

強姦

有段時間我到阿拉巴馬州的伯明罕教堂進行巡迴演講，期間我受到該教堂兩位教友貝芙莉和她男友湯姆的招待。

有天晚上我和貝芙莉聊天，她對我吐露多年前曾被強姦。因爲我的工作與出生前的人生挑戰計畫有關，所以有人和我分享這類非常私人的事情並不罕見，罕見的是貝芙莉在敘述時提到的一個小細節。

她告訴我，在強姦結束後，那個男人躺在她旁邊睡著了。爲了抓住這個機會逃跑，貝芙莉悄悄溜下床，朝房門口的方向前進。就在她經過這個強姦犯睡著的床邊時，她做了一個在當時她自己也完全無法理解的舉動。

「我彎腰在他的臉頰上親了一下。」

這件事讓我愣住了——不止是因爲貝芙莉親吻了那個強姦她的男人，也因爲這個吻立刻讓我聯想到這是可以用出生前計畫來說明的事情。我感覺到貝芙莉和這名強姦犯之間應該有著某種連結，而她在出生前應該就知道這件事很可能會發生。兩年後，我爲了本書鼓起勇氣詢問貝芙莉是否願意分享，在接下來的對話中，我發現貝芙莉歷經了一段艱辛卻深具療癒的旅程。因強姦事件而受到嚴重心靈創傷的貝芙莉告訴我，她一度是個酒鬼、離了兩次婚，並且有很長一段時間無法擁有健康的性欲。然而，現年五十五歲的她，已經能夠非常享受與男友間情感與身體上的親密關係，也完全原諒了那個強姦她的男人。在我們談話之後沒多久，她接下性侵害輔導中心的志工工作。

我想知道的是，貝芙莉如何療癒自己的創傷，並且最終能夠原諒？她的療癒是否已經完成？如果尚未完成，還有哪些事情是她可以做的？

在閱讀貝芙莉的故事時，請記住，並非所有強姦都是出生前事先計畫好的；有些人是出生後依照自由意志選擇的結果（應該說大部分的強姦都是如此）。至於事先計畫好的強姦經歷，結果究竟會不會發生，還是要看情況才能決定。如果你曾經歷過強姦，你的直覺是你最好的指引，讓你分辨這是否是出生前計畫的一部分。你的直覺是靈魂與你溝通的管道，會帶領你得到最真實的觀點，因而讓你獲得最有助益的療癒。

在強姦犯臉上印上離奇的一吻

——貝芙莉的故事

二十歲的貝芙莉離家上大學，想趁著暑假回德州探望父母和高中老同學。

一天晚上，貝芙莉與老友蓋瑞和艾美開車到休士頓去享受夜生活。當時，迪斯可舞廳是最熱門的去處，貝芙莉和朋友挑了一家樂聲震耳欲聾的迪斯可俱樂部，因為那裡有寬闊的舞池。貝芙莉對朋友說，一定會很好玩，大家可以盡情放鬆。

當晚稍後，貝芙莉和友人坐在桌旁閒聊，這時一個快五十歲、穿著西裝的男子史提夫來到他們身旁，自我介紹。原來他是這家俱樂部的經理，他說自己從沒在這裡見過他們，並禮貌性地問了幾個問題，藉此拉近彼此的距離。

「之後，我到吧台去買飲料，」貝芙莉回憶著說道：「史提夫看到我，他走到酒保身邊跟他說：『這杯算我的。』我說：『謝謝你，但不用了。』所以我自己付了飲料的錢。我心想這情況真是有點奇怪。沒多久，史提夫又過來了幾次。我跑去問酒保：『這個人真的是這家俱樂部的經理嗎？』酒保說：『噢，是啊，這地方是他在經營的。』那時候我覺得安心不少，就又回到位子上坐下了。」之後貝芙莉才知道，酒保其實是在幫史提夫撒謊。

夜漸漸深了，蓋瑞和艾美到俱樂部的另一區去玩，貝芙莉則一個人和自稱是史提夫的朋友、名叫約翰的男子一起玩棋。接著史提夫又出現了。

「蓋瑞邀我去他家玩，」史提夫騙貝芙莉：「我跟他說妳和約翰會搭我的車過去。」

「不，我想要搭蓋瑞的車。」

「喔，他們已經先走了。」

貝芙莉正覺得奇怪，她的朋友怎麼會丟下她先走？所以她走到停車場去找他們的車，史提夫在後面跟著她。就在怎麼找都找不到車子時，她跟史提夫說她要回俱樂部去找他們。「不，妳不用回去找他們，」史提夫命令道：「妳留在這裡。」

「那時候我開始很緊張，也有點被嚇到，」貝芙莉回憶著說：「所以就呆呆站在那裡動彈不得。現在回想起來，我一直很納悶，爲什麼那時我不乾脆拔腿就跑？」

接著約翰把車開了過來。史提夫打開一邊車門，把貝芙莉推了進去，然後自己也上了車坐在她的右手邊，把她困在前排座位的中間。「蓋瑞和艾美一定已經先走了，」他跟約翰說：「我們也走吧。」

「我對休士頓不熟，但我知道蓋瑞家的方位，要到他家，得朝達拉斯的方向走。但是，車子開始朝與達拉斯相反的方向前進。當貝芙莉指出車子行進的方向有誤，史提夫說他們得先去他家拿點東西。

「我記得當時自己只是愣愣地看著他們開的那輛凱迪拉克車的標誌。」貝芙莉說道，此時她的聲音中多了幾分情緒。「那個標誌……我已經嚇到有點精神解離了，因爲我完全不記得中間過了多久。等到我突然回過神來，車子已經停在一間房子的車道上了。」貝芙莉完全不想下車，史提夫一把捉住她的手臂，把她強拉進房，穿過廚房，進入一間臥室。

「拜託，」貝芙莉哀求史提夫，「沒有人知道我在這裡，如果你把我放了，我就叫輛計程車自己走，我不會跟任何人說這件事的，你不會有麻煩。拜託你、拜託你，讓我走！」

「不。」

「如果你傷害我，我的家人絕對不會放過你的。」

「妳嚇不倒我，因爲妳再也見不到妳的家人了。」

這時貝芙莉開始啜泣，而史提夫叫她把衣服脫掉，貝芙莉不肯。

「然後他就過來把我的衣服脫了。」這時貝芙莉的聲音開始顫抖，「他爬到我身上的時候，我就像在車子裡一樣，完全失去意識……我什麼都不記得，我躺在那裡盯著天花板看。不知過了多久，我發現他躺在我旁邊，我心想，這是我最後的機會了。有多少人在這屋子裡？我出得去嗎？我在床上慢慢挪動身體，穿上褲子和襯衫，手裡提著我的鞋子。當我走到他睡的那一邊時，我彎腰親了他的臉頰一下。我走出房間時，還小心地把門關上。

「貝芙莉，」我插嘴問道：「妳爲什麼會想親他？」

「我不知道，我自己也嚇到了！我一直沒辦法跟別人提起這件事。怎麼可能會有人接受呢？我要怎麼解釋？」

貝芙莉心臟如擂鼓般狂跳，拔腿在街上狂奔。因爲怕被約翰和史提夫發現，她盡量避開路燈，貼近附近的鄰房走。她敲了第一棟亮著燈的房子。「我被強姦了！」她朝來開門的男人尖叫，但他並沒有開門。「妳得去找別人幫忙。」那個男人這麼說。

貝芙莉跑到隔壁，這次的住戶讓貝芙莉進了屋子。她打電話給父母，告訴他們發生了什麼事。

「奇怪的是，當晚我妹在我父母家，在我打電話之前，她突然從夢中驚醒，情緒非常低落而且一直哭，她說她做了一個歷歷在目的夢，而她在夢裡被人強姦了。我母親起床來安撫我妹妹。不久我母親回到床上想要繼續睡，電話就響了。這通電話是我打回去的，我在電話中告訴她我被人強姦了。

貝芙莉的父母打了電話報警，警察帶著貝芙莉回到案發現場，她在那裡指認了還在睡覺的史提夫和約翰，兩個人都遭到逮捕。貝芙莉被帶到醫院的急診室，接受了盤尼西林的注射。「之後我就開始對盤尼西林過敏，」她說道：「一旦你受了創傷，你的身體就會對與之相關的任何東西感到反感。

「接著我回到我父母家。我蜷縮在床上，雙手抱著頭，緊緊縮成一團，放聲尖叫。我還記得母親問我還好嗎，我說：『他把我偷走了，我這個人已經什麼都不剩了，貝芙莉已經不存在了。』」

隔天，貝芙莉的父母親打了電話給艾美的父母親，告訴他們貝芙莉遭到強姦的事。「我後來才知道，艾美的父母親因爲這件事很看不起我，他們說很可能是我自己招惹了對方來強姦我。得知這件事的感受實在太糟了。怎麼可能會有人這樣想呢？我受到極大的震撼。

受審時，史提夫宣稱貝芙莉是他的女朋友，而且是自願跟他回家的。讓貝芙莉更爲震驚的是，那個不願意幫助她的鄰居，居然還配合史提夫的說法。辯護律師問貝芙莉當晚喝了多少酒，以及爲什麼要跟史提夫一起走去停車場，話中暗示他們是男女朋友。然而，最後史提夫還是被定罪，判刑二十年。在服刑五年後他獲得假釋，並在出獄十六年後死去。

憤怒其實是療癒的力量

我問貝芙莉被強姦之後有什麼感覺。

「我覺得自己很骯髒，」她表示，「我完全無法想像自己還會想要和人發生性關係。我完完全全被人侵犯了。我覺得我自己像是個殘缺破損的東西，我覺得自己永遠都沒辦法恢復了。」

「妳是怎麼度過那些日子的？」

「中間花了好幾年的時間。我用酒精來麻痺自己的感覺。我說服自己已經沒事了，其實我只是再給自己胡亂下藥，想讓痛苦消失。一直到我三十歲，我才去看心理治療師。從我三十五歲到四十歲這段期間，我才眞正開始療癒。我去了戒酒無名會，讓自己戒除酒癮，直到那時我終於才有一些進展。

「當時我的婚姻很幸福，但是性生活一直有問題。我不知道自己還能不能當任何人的伴侶。我對丈夫感到抱歉，因爲我無法在床笫關係中扮演那個他需要且應得的角色。

「直到我進了戒酒無名會，我才打破心防說出心裡的話。我一直以爲，如果我試著去面對被強姦這件事以及自己的情緒，就等於給了那個強姦犯力量，讓他繼續影響我往後的人生。我不想這樣，所以不願意表現出痛苦和憤怒，但這麼做卻徹底毀了我自己。」

「貝芙莉，妳如何釋放痛苦和憤怒？」

「我開始去看治療師。我參加了一個爲期十天的療癒人生工作坊，動筆寫下了很多東西。我們進行了很多活動來釋放憤怒，像是沙包，還體驗了很多呼吸法；有一堂課教我們用一些例行儀式來釋放心中的各種問題。我有一張他的照片，而我在活動的最後一天寫了封信給他。我在大家面前讀了那封信，然後把這封信和他的照片一起燒掉。」

我問貝芙莉她在信裡寫了些什麼。

「我告訴他，他騙了我，而且帶走了某樣珍貴、對我的身體擁有掌控權的東西。」貝芙莉哭了起來，「你就是再也不覺得自己對任何事情有掌控權了。如果我連要讓誰碰我或是要和誰發生親密關係都沒辦法掌控，我還能掌控什麼？在信裡我還提到我要如何讓自己放下。儘管我不想承認這件事對我造成了影響，但如果眞的有，我還是想要擺脫。

「我還記得我問過某個人：『我要怎麼知道自己已經得到療癒了呢？這種感覺什麼時候才會停止？』當時看起來完全是不可能的事。」

就在貝芙莉把她的故事告訴戒酒無名會的小組成員時，重大的療癒就出現了。「那是我做過最困難的一件事了。我哭泣、顫抖，但我還是把一切都說出來了。讓人驚訝的是，這麼做之後，我感覺好多了！我發現，只要把事情說出來或寫出來，就會有如此大的不同！在那之後，只要我想哭，我就讓自己哭，不管是爲了什麼而哭都好。我發現如此一來，只要是正確的時機，我就會知道自己該知道的事。我不需要強求任何答案。

「貝芙莉，妳提到有關親密關係的問題，妳如何療癒這個部分呢？」

「我還記得自己曾這麼想，我不在乎這輩子還能不能再和別人發生性關係。一直到我進了戒酒無名會戒了酒之後，我的身體才開始擁有正常的性能量。我有時會從睡夢中醒來，體驗到性高潮，這就是多年來我壓抑住的性欲。這已經不是我自己的決定，是我的身體在告訴我，對，就是這樣。藉由譚崔性愛瑜伽和性治療，這個問題慢慢得到解決。我既擔心和伴侶的親密關係，也希望自己能趕快戒除酒癮。這過程很可怕，因爲我不知道自己最後會如何。經過一段滿長的時間，我才來到一個能夠稍微超脫自我的境界，也才明白原來性欲可以是健康、靈肉合一的。

「我最驕傲的一件事情是，我已經不恨那個人了。」

「那妳現在對他是什麼感覺？」

「我爲他祈禱，而且我也不再隱藏、逃避發生在自己身上的事。我過著健康、熱情、坦誠的生活。」

「貝芙莉，對那些因被強姦而深受創傷，正在療癒自己的人，妳有什麼想對他們說？」

「**不要放棄，**」她熱烈地說道：「**你一定可以恢復到更好、更完整、更健全的地步**。現在的我已經比較能掌控自己的人生了，我和自己的關係更加親近，甚至比被強姦之前的我更完整。某種程度上是我自己選擇了這條路，所以我來到了目前所在之處。我很高興能與自己和靈魂有這樣緊密的連結。」

學習捍衛女性的能量，劃清個人界線
——潘蜜拉與約書亞靈訊的解讀

與貝芙莉談完話後，我唯一還不能確認的，就是那個吻。這是唯一可能證明貝芙莉與強姦犯之間曾做過出生前計畫的證據，加上我還是不太能接受靈魂願意並同意介入或進行強姦，所以我非常急切地希望能向潘蜜拉和約書亞發問。貝芙莉和史提夫是否在投胎前就認識彼此了呢？他們是不是都知道強姦這件事很有可能會發生？如果是，爲什麼他們要這樣計畫呢？

在解讀開始前，貝芙莉告訴潘蜜拉，她會爲史提夫禱告；她還問潘蜜拉，要如何才能夠化解他們之間的因果？

「貝芙莉，我在進入妳童年時期的能量時強烈地感覺到，妳來到這一世的目的是爲了要處理別人對妳的侵犯，在妳自身周圍劃出界線，不讓別人侵入，進而深入妳的靈魂和身體之中。這一世妳希望自己能做到爲自己挺身而出，對抗他人。這一切都與自我評價有關，並且學習不受他人能量的牽引，特別是那些妳感覺到不太對勁的人。

「我感覺妳的個性非常甜美善良，很能夠配合他人，但在較低的兩個能量中心點卻存在著憤怒，對妳自己的需求被否定和受到侵犯的憤怒。若可能，最好是能夠在妳遭到強姦的當下回到妳的身體裡去處理。我知道這很困難，但是妳在肉體和心靈上受到的傷害還深深留在妳的身體之內，需要妳進行各個層面的處理，如此妳才能夠完全得到釋放。」

儘管貝芙莉已經療癒得非常成功了，但潘蜜拉的話並不讓我驚訝。貝芙莉在被強姦的當下因爲精神解離而完全無法記憶，但是她的潛意識和身體的基本意識都清楚感知到侵害。雖然之後貝芙莉透過治療課程有意識地釋放了部分的憤怒情緒，但顯然還不夠。

潘蜜拉繼續說道：「說得更簡單些，這世的妳最主要就是要有意識地利用含藏在憤怒與各種情緒之中的療癒力量。憤怒，如果妳能夠用開放的態度來接受它、處理它，那麼它就能夠讓妳更明白自己的界線，幫助妳更有主見、更有安全感。若妳能再次回到被強姦的當下，想像自己沒有離開自己的身體，而是在其中眞正去感受當時發生的一切，妳就會經歷到那份羞辱、絕望和無力感，以及對那個男人的憎恨和憤怒，因爲他以暴力侵犯了妳的個人界線。去感受這些情緒是非常重要的，雖然再次去經歷那樣的過程會讓人非常崩潰，但是這麼做能夠讓這些情緒從妳的能量和身體中釋放，妳也會因此感覺到不再受束縛的自由。」

潘蜜拉描述的方法具有強大的療癒力量。但是重演遭受強姦當下經歷的過程必須循序漸進，並且有受過訓練的專業顧問人員在旁協助；否則很可能會受到二次傷害。家人及朋友的愛與支持對於這個療癒過程更是格外重要。

「在遭到強姦的過程中，妳無法承受這些情緒。」潘蜜拉對貝芙莉說道：「事實上妳的情緒非常強烈，甚至連妳妹妹都接收到了。她感受到一部分妳自己都沒有感受到的憤怒。妳的憤怒能量飄移在空氣中，不受妳的掌控。而與妳在情感上有所連結的妹妹接收到了這份能量，雖然不是在妳體內，而是藉由她身體的實際感受來替妳分擔了部分重擔，協助妳穩定並整合這些情緒。妳並不欠她什麼，這是她想為妳做的，雖然可能並不是有意識的行為。妳在當時的反應是精神解離，這也沒有關係。重要的是接受已經發生的事，並記得用慈悲來對待自己。

「現在回到妳心裡去重新經歷那次的強姦。想像自己正在承受那樣的行為發生，妳是一位天使，站在自己的身旁。妳可以看到自己身為天使的模樣，妳看到自己像個孩子般大哭大叫。問問這個孩子：『妳現在的感覺是什麼？』藉由與妳內在的孩子對話，妳就能夠幫助她面對眼前的狀況，並且整合當下所有的情緒；因為妳內在的這個孩子代表的就是妳最純粹、最自然的情感。」

那一吻，竟是前世愛恨交織情感的體現

「我可以看見，當時發生的事其實讓妳內心對那個強姦你的男人充滿了矛盾的情緒。身為人的妳完全被這件事嚇壞了，妳內心非常恐懼，但有一部分的妳卻隱隱感覺到自己與那個強姦犯之間的連結。這在當下讓人完全無法理解。不過事實上，你們的關係要拉回到前世，妳是認識這個男人的。

「某次前世中妳曾經是母親，而他是妳的孩子。他在年紀很小的時候就和妳分開了，他傷心欲絕，從來沒有原諒妳。

「在這段前世裡，妳的母親是個善良慈愛的女人，非常愛妳。她算是個愛做夢的女人，喜

歡幻想，比較不切實際。而妳的父親是個信仰虔誠、謹守道德教條的男人，非常勤懇認眞。

「當時妳年紀還小，大約四歲，妳母親過世了。妳與父親的關係並不融洽。妳覺得母親拋棄了妳，留下妳孤零零一人，所以妳覺得很生氣，但也感覺到父親的哀傷。妳幾乎認爲這一切都是妳的錯。妳常爲了別人的哀痛而自責，即便這一切根本不是妳的錯。

「妳試著幫助父親從失去妳母親的痛苦中站起來，甚至試著扮演她的角色，而他對此的感受也很複雜。一方面，妳父親是個謹守道德規範的人，不懂得如何處理自己的情感，也不懂得該怎麼接受他人的情感。另一方面，他也受到妳的性吸引。妳在他身邊讓他覺得很安心，彷彿妳就是那個他失去的女人。而這對妳來說非常混亂。有時他會用不恰當的方式觸碰妳，要妳跟他睡在一張床上；他會抱著妳尋求慰藉，但不止是以父親的身分。其實他自己對於性欲也是一知半解，他很瞧不起這東西，卻又無法壓抑自己。在這樣的狀況下，妳很難清楚劃出界線，也沒辦法對他生氣。妳覺得很愧疚，甚至會想：『我是不是應該再多給他一些什麼？』這些想法一直在妳心中纏繞。

「到了妳十八歲，他要妳嫁給一個男人。妳並不愛這個男人，但還是同意了，因爲妳不敢反抗父親。在妳心中他還是個充滿智慧、懂很多事情的人。妳一直都像個孩子倚賴著他，所以妳信任他。

「妳和丈夫相處起來並不自在。他是妳父親的朋友，是個占有欲很強並善妒的男人。妳很怕他。婚後不久妳懷孕了，生下一個男孩。這個孩子的靈魂就是史提夫。他出生後妳緊緊擁他入懷，感到非常快樂。

「這是妳人生中最美好的時刻，妳欣喜若狂！在妳臂膀裡的孩子如此美好，有生以來妳第一次感覺到有某個人完全屬於妳，妳終於有一個妳可以愛的人、有一個讓一切不再那麼難熬的人。妳滿心期待成為他的母親，給他最好的照顧。但事情並不如想像。你丈夫非常嫉妒自己的兒子，因為妳全心都放在他身上。他發現妳跟這個孩子在一起時，是發自內心真正感到快樂，這讓他非常生氣。他甚至開始對妳動粗，而且對妳疑心重重。

「我就稱這個孩子史提夫吧，他很討厭父親，跟他完全處不來。他覺得自己有責任要保護妳。同時他也很依賴妳，因為妳是他人生中唯一的光亮。他想要永遠和妳在一起，就像個小孩子一樣。

「等到史提夫快要十歲時，你丈夫強迫你們分開。史提夫被送到外地的學校去受嚴格的軍事化教育。你丈夫告訴妳這對孩子比較好，因為『你們兩個人的關係不健康，你們太親近了。』他還是很嫉妒而且猜忌，他的心理相當病態。然而，妳又再次軟弱了。妳無法反抗他。因為妳很害怕他又會打妳，或者是傷害兒子。妳決定尊重他的決定，內心卻像是被撕裂般痛苦萬分。妳不想和兒子分開，而他也同樣不願和妳分離。

「妳把史提夫送到學校，沒告訴他妳將離他而去。妳害怕告訴他，因為妳知道他的脾氣也不小。他有很執著的一面，如果妳不照他的意思做，他也會大發雷霆。當你們被學校人員強制分開時，妳的心都碎了。史提夫根本是被人強力拉開帶走的。他一直對著妳大聲尖叫，非常憤怒妳竟然就這樣讓他走，也很氣妳沒有反抗丈夫的決定。

「妳覺得自己背叛了他，感到愧疚自責，在對丈夫及對兒子的忠誠之間，妳完全無所適從。就在分離的那一剎那，史提夫深深感到自己遭受背叛和拋棄，因此在心中升起對妳強烈的怒火。當時的這份憤怒啓動了你們之間的因果能量，**對他來說，他想要報復妳，卻又很想再次親近妳。而對妳來說，終其一生妳都無法擺脫那份罪惡感，妳對自己感到嫌惡。**」

現在我們知道，兩個靈魂之間沒有化解的情緒，特別是沒有得到寬恕的部分，將會產生因果的糾結，而這份糾結必須得到化解，如果不是在這一世，就會是在下一世。很多人都說，原諒是化解恩怨的不二法門。

「從這個經歷中要學習的是，妳必須捍衛自己及自己的女性能量。」在此，潘蜜拉指的不是強姦這件事，而是指貝芙莉人生中出現的各種狀況。「強姦這件事將妳帶到妳此生任務的中心：**學習應付自己的情緒，真正尊重自己、捍衛自己的立場，妳可以是個充滿愛心的人，但也懂得保護自己，妳得學習如何在施與受之間維持平衡**。

「在現在這個階段，進一步療癒自己最重要的事，就是去處理因爲被強姦所引起並尚未化解的憤怒，以及妳人生中出現過的其他形式的男性侵犯。讓自己感覺到這些憤怒的感覺，有時是很困難的事。讓身體表達這些憤怒情緒也會很有幫助，身體能夠幫助妳喚醒內在的憤怒。

「憤怒可以是一種療癒的力量，它並不是件壞事。只有當我們壓抑自己的憤怒，並覺得自己會生氣實在很沒有用，我們的內心才會因此而扭曲、難過。然而，最原始的憤怒只不過是種狀態：『不，我不想要這樣。』這是最眞實的回應。我感覺到妳已經很習慣壓抑自己內在的這個回應。

「回到最原始的感覺裡，不要干涉，就讓它去。接著，就像海洋裡的巨大波浪一樣，在達到最高的浪頭頂點後，它就會消退沖流到海灘上，慢慢平靜下來。情緒有自己的運動模式，如果妳任其自由發揮，就會爲妳帶來平靜和自由。」

對自身的因果負全責，停止當受害者

「妳跟我說妳會爲史提夫的靈魂祈禱，而且無論你們之間有什麼樣的因果牽連，妳都已經在這一世療癒化解了。妳問我實際上是否如此，如果不是，妳還能夠做些什麼來了結這件事。

「首先妳要化解自身的因果。因果並不是可以和他人共同承擔的東西。大家都可以努力在與他人的關係中化解自己的因果，但是妳有自己的因果，他有他的。**你們兩個人都該對各自的因果負全責**。史提夫必須爲他對妳所做的事懷抱深深的罪惡感，甚至是罪該萬死的悔意。現在的他已經離開肉體回到另一個世界，他開始了解到，妳必須爲發生在妳身上的事負責，就像他也必須爲他自己所做的事，以及發生在他身上的事負責一樣。」在這裡，潘蜜拉指的是靈魂層面，而非人格層面。「這份理解讓他得以釋放自己黑暗面中對自己的憎惡。他在另一個世界中得到了幫助，正在學習並且成長。但是，我想說明的是，無論他能否從過去學到教訓，那是他的事；無論他是否能化解他的因果，對妳都不會有任何影響。

「眞正會影響妳的，是妳如何處理自己的問題：**原諒自己讓這樣的事情發生**。某種程度上妳應該爲吸引這些事來到妳生命中負責，而看清這個事實需要極大的力量和勇氣。放下認爲自己只是受害者的想法，明白妳有絕對的力量掌控自己的生命，這是非常重大的靈性突破；要知道，妳不止是吸引了事情的發生，還從中超脫，並療癒了自己。

「妳已經有了這樣的覺知，現在妳必須以慈悲心來看待自己，讓因爲強姦事件而受創的那部分自己完整表達出內心的感受，如此妳才能達到平衡。藉由釋放受壓抑的情感，妳就在對妳內在的小孩說：**『我非常愛妳，妳完全值得人愛，而我允許妳完整表達妳自己，因為如此妳才能夠再次感受到妳真正所是的喜悅與愛。』**若妳能允許這些負面情緒存在，並表達出來，這孩子最眞實的本質將會重新展現。

「若妳要爲這名強姦犯的靈魂禱告，記得深入妳的內心，看清其中是否有些許的罪惡感存在。有些被強姦的人會覺得愧疚，認爲自己也對強姦犯做了些什麼。妳可能會想：『這個人是因爲我才會下地獄。』這是不正確的，妳不需要因爲這個原因而爲他的靈魂祈禱。不過，如果妳是因爲對自己感到深深的同情，並且釋放了所有因之而來的情緒，妳就可能達到妳所說的那個境界：『我原諒他。我知道這都是因爲他的過去才導致他這麼做，我明白他爲什麼會做出這種事。』這般的原諒才是眞正釋放妳自己，而這是一件非常美好的事。

「當妳眞正愛自己、原諒自己，並能夠擁抱那個受到嚴重傷害的自己，這時原諒就會自然而然出現。等到妳能夠這麼做的時候，妳已經原諒他了。

「妳不需要因爲罪惡感而爲他祈禱。**為自己祈禱吧，祈禱妳在這一世中療癒自己。這麼做也能夠讓他自由，因為當他的靈魂感受到妳釋放了因強姦所帶來的痛苦，他的痛苦也會減少一些。**只有先幫助並療癒妳自己，妳才能夠幫助他成長，獲得靈性的進化。

「至於我剛剛提到的前世因果，現在已經化解了。若用人類的語言來說，你們已經互不相欠了。但是要眞正『釋放』這段因果，還是需要妳看清自己在這件事中所需負起的責任，並且療癒妳受傷的情感。這才是化解因果眞正的意義。」潘蜜拉補充說道：「而妳正在這麼做。如果妳想要自我療癒、想要變得更堅強，擁有更高的自我評價和價値感，那麼，我想妳沒有必要在這麼痛苦的狀況下再和史提夫碰面了。你們不會再吸引彼此靠近了。」

那一吻，也是靈魂的諒解

貝芙莉和我爲了更深入了解，便向約書亞發問，請他針對爲什麼靈魂會在出生前計畫如此痛苦的挑戰做回答。

「我們希望妳知道，我們非常敬重妳選擇了這條路。妳非常勇敢，願意去面對自己生命中最黑暗卻也最重要的事件。貝芙莉，妳的靈魂已經漸漸覺醒，對妳充滿感激。它在生命歷程中經歷了種種黑暗與艱困，從中學習了如何超越這些挑戰，用最大的愛來擁抱眞正的自己。我們建議妳應該每天花點時間來讚美自己、榮耀自己，每天都讓自己知道，妳已經努力了很久，也有了很大的進步，還有現在的妳是多麼美麗、貴重。」

「約書亞，爲什麼貝芙莉會在離開房間前親吻了這個強姦她的人呢？」我問道。

「她這麼做的時候，她靈魂中前世的母性情感產生了作用。前世的糾葛在強姦的過程中顯現了出來，某種程度上她非常抱歉前世的自己棄他於不顧，所以這個吻是靈魂的一種表態，告訴他，她原諒他對她所做的事。但就生活在人世的人格來說，她還是得去處理因爲強姦所導致的各種強烈情緒，像是恐懼、憤怒與悲傷等。」

「那麼對於批評貝芙莉親吻強姦犯的那些人呢？」

「聰明的人知道不要只看事情的表象，而應該以開放的角度來看待受害者與加害人之間的關係，這其中存在著非常複雜的糾葛。若讓貝芙莉以清醒的理智來做選擇，她也絕不會親吻這個強姦她的人。但她就是吻了。當時的她其實處於半夢半醒的狀態，而前世的記憶促使她做出了這樣的舉動。批評這樣的狀況其實只會讓受害者感到羞愧和充滿罪惡感，也忽略了事情的複雜度，要知道，只有完全出乎預料的事情或所謂禁忌的情感，才能讓人把狀況看得更清楚，更深入地去了解受害者的感覺。」

「是貝芙莉在出生前計畫了這件事嗎？若是，爲什麼？」我問道。

「貝芙莉的靈魂知道自己必須面對否定自我這件事，這在她過去許多前世中裡的主要問題。在潘蜜拉描述的那次前世中，貝芙莉沒辦法反抗男性權威的脅迫，也沒辦法防衛自己的女性界線。她之所以會做出這樣的計畫，是因爲她想好好處理這些問題。透過被強姦這件事，她被迫去正視自己內在深層的無價值感、軟弱無力及無法捍衛自己立場等問題。這會給她的靈魂一個機會去超越這些情緒和舊有的負面想法。同時，她的靈魂也覺得自己虧欠了這個強姦犯，因爲她在前世拋棄了當時是她兒子的他。

「爲什麼這個強姦她的男人要做這樣的計畫？」

「這個強姦犯的靈魂仍然感受到憤怒、受傷，並且對貝芙莉在前世拋棄了他而耿耿於懷。他靈魂中傲慢自大的那一部分採取了憤怒的作爲，選擇要爲自己報復，而他靈魂中較高的那一部分允許了這較低的部分這麼做，因爲它知道透過這樣的行爲，**他很有可能最終會了解到，任何人都無法透過暴力而得到另一個人的愛**。愛是自然而然、心甘情願給予的，否則那只是服從與恐懼罷了。這個強姦犯必須學習這一點，而現在他已經學習到一些了，雖然他還是得去面對自己內心強大的恐懼和混亂。

「生命計畫通常會穿越好幾世人生來進行，靈魂可以用好幾世的生命來努力完成某一個課題，每一次都會有一些進展。計畫一個人生挑戰，迫使自己去正面迎擊某個特定問題，使得靈魂有機會重新做出更好的選擇。

「進化的靈魂會在人生藍圖中計畫強姦，不那麼進化的靈魂也會。他們認爲這件事能反映出他們內在某些根深柢固、覺得自己沒有價值的想法。在內心深處，每個靈魂都想要去面對自己的黑暗面，並且超越。同類相吸，靈魂會藉由吸引外在反映內在黑暗面的事件，來照亮自身的黑暗深處。

「一般說來，進化程度較高的靈魂較能面對強姦的靈性挑戰，因爲它們擁有較強大的靈性連結。這些人看起來會讓人覺得非常堅毅、正面，而且通常都是其他人的榜樣。至於進化程度較低的靈魂可能就比較容易被困在創傷及沉重的情緒之中，並需要更多的時間，甚至更多次的生命才能夠成長並進化。

「貝芙莉的心理有種否定自己的傾向，她總是給別人太多，卻忽視自己的需要，最終連自己的神聖性都全然拋諸腦後。這種否定自我的痛苦模式，最終吸引了強姦這件事發生在她身上。某種程度上她允許這個狀況的發生。在這種相信自己沒有價值的負面想法層面上，她允許了強姦犯進入她的肉體現實中。

「現在，在這件極端暴力的事件發生後，貝芙莉可說是站在一條交叉路口：她可以讓自己沉溺在被害人的痛苦之中，難以自拔，又或者選擇站起來，看清楚這樣的痛苦來自她內在的負面想法模式；因爲被強姦，這個模式清清楚楚地顯現了出來，等待她去處理，並透過她清明的意識將之釋放。強姦是靈性的催化劑，邀請她正視缺乏自我價值感的問題。

「深層的她其實在強姦發生的當下就知道了。靈魂知道這樣的事件會讓他們來到交叉路口，他們也知道是自己吸引了這樣的事情發生。他們知道這件事提供了改變自己內在的可能。要選擇不讓自己成爲受害者，而是擁抱挑戰並從中成長，這是靈魂的勝利。每當你看到有人選擇這條道路，你都能看見他們的神性與偉大閃閃發光。」

提早覺醒，將改變出生前計畫

「約書亞，貝芙莉有沒有可能做些什麼事來防止強姦的發生呢？更普遍地來說，若某人計畫了這個痛苦的經歷，他有沒有可能在出生後用比較不那麼痛苦的方式來學習這些課題呢？」

「提早在人生中覺醒絕對是有可能的，某些原本可能會發生的事情也會因此取消。理論上，貝芙莉是可以提前覺醒，讓強姦這件事不需要發生。我這麼說是希望大家了解，每個人隨時都可以改變自己的人生。我也並非在批判貝芙莉的決定。事實上，她一開始就選擇要帶著前世的記憶來展開這一世，這就讓強姦這件事非常難以避免了。

「無論靈魂最後有沒有去執行自己在出生前所計畫的挑戰，我們都不會做任何批評。不管靈魂是透過自我察覺而避免了挑戰的出現，又或者靈魂是經歷了挑戰並透過受苦而學習，我們都一樣尊重，也一樣高興。兩種情況下的靈魂都非常勇敢，都擁有澄明、堅決的心靈。

「要達成讓自己更有覺知的這個目標，主要是透過發現自己的神性與創造力，並從喜悅而非從痛苦中成長。靈魂的本質是喜悅，痛苦是不必要的。當你困在二元對立之中無法動彈，你可以利用吃苦來讓自己覺醒，但這不代表痛苦是絕對必要存在的東西。

「若你希望藉由反省自己的人生、心理狀態，以及與他人之間的關係來啓發自己覺醒，如果你願意面對自己情感上的創痛，敢去正視自身內心的黑暗面，這絕對會對你在人生中吸引來的情況和事件帶來影響。如此一來你很可能就能避免生病、丟掉飯碗或發生意外。你能夠清醒自覺地掌握自己的人生，儘管你可能不知道自己已經靠著清明的覺知繞開了原本你爲了讓自己成長所安排的道路。出生前計畫充滿了彈性，你內在的成長能夠改變這些計畫。」

受害者要自己判斷「為自己負責」的觀點，對療癒是否有幫助

「約書亞，有些人可能會因爲上述這些話語而感到被冒犯、生氣，甚至震驚不已，因爲他們可能會覺得這些話詆毀了被強姦的人，或者是有幫強姦犯脫罪之嫌。」

「沒錯，說受害者要爲自己被傷害負某種程度的責任，的確很牽強。說這種話要非常小心。我的建議是，**受害者自己要判斷這樣的觀點對她自身的療癒有沒有幫助。沒有人應該對一個被強姦的女性說某種程度妳要為自己被強姦負責**，特別是受害者已經非常容易有罪惡感或覺得丟臉了。這些受害的女性應該要用安全的方式來發洩她們對強姦犯的所有憤怒，但到了某個時間點，她們可能也會覺得自己得負一部分責任，不是爲了事件本身負責，而是爲了自己處理這件事的方法。她們會發現，負起該負的責任反而能讓她們重新取回自己的力量。若她們能接受靈性的觀點，那她們甚至可以接受，就靈魂來說，強姦這件事是她們自己吸引來的。**唯有這樣的觀點讓她們感覺到解放、輕鬆，這觀點才具有真正的靈性價值**。

「在現實的法律層面，強姦犯絕對應該要爲自己的行爲負起全責。司法系統其實也反映了靈性的實相：所有女性的性自主權都應該被尊重，暴力行爲是錯的。司法系統不是要反映出被害人和加害人內心深處的黑暗與傲慢之處，而是要如同燈塔的明光一般，照亮這些黑暗的盲

點。藉由讓強姦犯爲自己的罪行負責，司法系統映照出的是一個正面的結論，讓大家知道，在一個進化的社會中，人應該如何對待彼此。」

「約書亞，強姦這個行爲對人來說實在是太過可怕的暴力，很多人都無法相信一位慈愛的神會允許這種事發生。」

「神允許靈魂在毫無限制的狀況下去體驗人生。若把某些經歷排除在外，即便這些經歷是非常黑暗可怕的舉動，這都違背了神的本質，因爲神本身就是沒有界線的。但是，神絕對不會袖手旁觀。神會陪伴在被強姦的人身邊，一起經歷各種痛苦。神並不是個旁觀者。你們自己就是神，是擁有人類經歷的神。」

「爲什麼貝芙莉的靈魂不計畫一些不那麼痛苦的經歷來學習這些課題呢？」想到之前約書亞說痛苦不是必須的，我這麼問道。

「通常靈魂需要從外在事件中看見自己的負面想法，才會明白這些想法根本不眞實。有時候，要等事情到了極端的狀態，你才會明白自己是神的一部分，神無條件地愛著自己。等到這個時候，你們才能夠在歡快中成長，而非痛苦。」

放膽運用男性能量：約書亞給貝芙莉的建議

「所有你提到有關我的痛苦掙扎，以及我必須在這一世學習的課題——難以處理男性壓逼、無法劃定健康的個人界線——這些我都很清楚，也很認同。」貝芙莉對約書亞說道：「請問對我來說處理這些問題最好的辦法是什麼呢？」

「使用妳的男性能量，也就是妳內在那個堅定、認同自我並以自我爲中心的自己。妳的問題來自妳對自身男性能量的不信任。妳在好幾世裡都很抗拒自己的男性能量，因爲對妳來說男性能量會讓妳聯想到侵犯和壓迫。所以妳躲進自己的女性能量之中，但是缺少了男性能量就不可能有平衡的人生。男性能量最主要的功能就是健全地區分出『我』與『他人』之間的界線。練習在妳不想要的時候說『不』，放膽相信自己的直覺。當妳感覺到憤怒時，允許自己生氣；和憤怒做朋友，把它當作是傳訊人。當妳開始信任這個朋友及它所傳遞的訊息，學習劃出個人界線就會容易多了。妳會壓抑憤怒，是因爲妳害怕它的力量，但是妳也可以讓它成爲妳的力量啊。接受自身的黑暗情緒能讓人完整並發出光芒，從這份接受中浮現出來的力量並不是壞的力量，而是妳眞正的自己。」

「在我人生中一些最親近的關係都是和男性的關係，像是我父親、兄弟和姪子。」貝芙莉說道：「所以對我來說，與男性之間的關係既是正面、強大的，同時也是負面而暴力的。」

「妳同時吸引了正面與負面模式的男性能量來到妳的生命中，」約書亞指出，「那些正面的關係是妳的靈魂渴望與男性能量和平共處的結果，無論是內在還是外在都一樣。非常久遠以前的妳誤用了妳的女性能量，以此來控制並凌駕於男性之上。之後妳不想再這麼做了。妳完全捨棄了自己的力量去走另一個極端，也就是讓自己全然無能爲力、受人欺凌，而且持續了好幾世都是如此。妳的靈魂試圖在這個充滿控制欲的女性能量，以及另一個過度軟弱服從的女性之間尋找出一個平衡點，而答案就在**讓自己接受一份平衡的男性能量**。事實上，妳同時吸引了正面與負面的男性關係來到生命中，這也表示妳已經化解了過去的一些因果，並因此有了收穫，但妳還需要繼續努力去解決剩下的問題。」

因果的化解與平衡

爲了知道更多貝芙莉的出生前計畫及如何療癒這份創傷，貝芙莉和我與亞倫進行了對談。

「你們好，致上我的愛與祝福，我在此爲你們服務。」亞倫以溫暖的問候開場。很高興又能再次與他談話。我請亞倫談談貝芙莉在投胎到肉身之前所做的計畫。

「在出生前計畫中規畫這個狀況，部分原因是**為了要學習如何對有虐待傾向的人懷抱同情之心**。」亞倫如是告訴我們：「即便不能原諒，但妳能否在自己內心找到對這個強姦犯最起碼的同情呢？妳能否同情、了解這名強姦犯同樣也是這個狀況下的受害人呢？

「貝芙莉，絕對不是妳導致了強姦事件的發生，但在某種程度上妳也一同創造了這起事件，因爲妳讓自己在那個時間點來到了事件發生的地方，而這就是因果發揮作用之處。大家都會問：『爲什麼我會在那個時間去那個地方？爲什麼我不去別的地方？爲什麼我不是在其他的時間去？爲什麼是我？』要知道，這其中必定有某種協議存在。

「這名強姦犯也在進行他自己那有害身心的輪迴。在某種程度上，妳同意要經歷這樣的創傷，促進自己開發同情心，也從這一世開始去理解這名強姦犯，以及其他做了各種壞事的人，其實同樣也是他們自身環境、文化及因果下的產物。他們的確要爲自己所做的事負責，但是我們一定還是要對他們抱以同情之心，而非憎恨他們。

「被強姦的人很容易陷入受害人的角色之中難以自拔，並且在微妙的潛意識中，持續不斷吸引類似的受虐行爲來到自己的人生之中。換句話說，這是一個徹底扭轉個人生命與性格的經歷。對遭受強姦的人來說，最重要的問題是：『我要如何從這裡重新開始？』不止是要療癒被人侵犯的傷，同時也要培養自身的同情心，**用充滿同情心的態度來對別人或自己折磨自己的行為說『不』**。

「我即將開始擔任義工，協助那些遭受強姦的人。」貝芙莉說道：「這可能是一種彌補我在過去的前世中無法幫助他人的方式。」

「貝芙莉，妳說得沒錯，我很高興妳看到了這一點。因果通常有兩種處理方式：化解與平衡。化解因果需要的是了解、同情，以及原諒。但是，因果也需要平衡。這份工作讓妳能透過對他人的幫助來平衡因果，對妳來說是相當好的一個舉動。

「此外我要補充的是，在我看到的阿卡西紀錄中，其實妳已經是個老靈魂了。這就有差別了。老靈魂對體驗的思考和年輕靈魂不同。年輕的靈魂可能會受到暴力行爲的刺激和影響，就像一般人看到暴力電影或目擊意外發生時一樣。若是老靈魂目擊到意外發生，那麼他會走上前去，爲那些受傷的人祝禱祈福。這不是好壞的問題，只是成熟與否而已。不過，對老靈魂來說，出生前計畫最主要的目的就是要結束前世中累積的因果、爲他人服務、學習更深刻的愛與同情，並且放下對他人與自己的批評。被強姦的經歷是達成因果淨化的一個步驟。」

「亞倫，讓我們來談談療癒吧。請對那些正在療癒被強姦的創傷的人說一些話。」

「我要提醒各位兄弟姊妹，**不要讓任何人，包括你自己內在的聲音，對你說：『我應該要原諒。』**你要做的是，**盡可能用愛來看待內心所有的痛苦，不去批判**。然後慢慢從中領悟到，世上有許多人都在承受著受他人折磨的痛苦，而那些施虐的人，也因爲自己必須透過虐待他人來紓解自己，而痛苦不已。透過這樣的體悟，同理心將漸漸滋長，而少了同理心，就絕不可能抵達『原諒』這最後一步。**原諒是個過程，而不是一件事**，要做到原諒，必須循序漸進。」

「亞倫，我已經不再否定自己內心的痛苦，我需要去感受那些痛苦，才能獲得療癒。我知道我已經走過了某些階段讓我能夠放下，讓這件事對我不再有如此負面的影響。」

「我的姊妹，妳非常有智慧。沒錯，人需要親近自己內心的痛苦。一旦這麼做了，這份痛苦就不再只是妳個人的痛苦，而是成了所有人類的痛苦。這世上有太多人遭受各種形式的強姦和虐待，我們每一個人都無法脫離干係、我們每一個人都彼此相連。大家不會再問：『爲什麼是我？』而是開始問：『要如何才能療癒這個世界？』這是個完全不同性質的問題，而唯有不再否定痛苦，讓自己願意去接觸這份痛苦，才能辦到。」

強迫自己回歸內在
——史黛西進入阿卡西紀錄解讀

爲了進一步了解爲什麼要在出生前安排被強姦一事，我請史黛西進入阿卡西紀錄中有關貝芙莉與史提夫兩人的部分。

史黛西對貝芙莉說：「透過在死後世界的反省，以及與妳的指導靈和靈魂小組成員的討論，妳開始明白自己在其他前世中不甚光彩的行爲之所以會發生，是因爲妳總是向外，而不是向自己的內在去尋求答案；要知道，妳想要的一切都存在於妳自己之中。因此，妳想要強迫自己回歸內在。當妳遭到他人強姦，妳就必須更努力地去尋求情感上的健全。從靈魂的觀點來看，這就是妳這一世想要追求的目標。」

「此外，另一個課題是學習提升自我價值。妳想要學習在這一世善待自己，好讓自己培養出對自我價值的認同。藉此，妳也能發現眞實的自己。雖然對妳來說眞實的東西，對別人來說並不一定如此，但這是非常重要的事，並且具有一定的價值。一旦妳能夠察覺這點，妳就會更有自信做自己，呈現出豐富完整的妳，而不是隱忍退縮。當妳被人強姦，妳會想要躲進自己內心的殼中，永遠都不出來見人，而這正是妳好好滋養自己的所在，直到強姦這件事能夠給妳的養分完全被妳吸收、這已經不再是妳個人的問題爲止。

「現在我的指導靈告訴我，史提夫這個靈魂有個習慣，他在為過去的前世創造人格架構時，總是會把這個人格設計得思慮過多，於是這個人格總是會反覆一再思來想去，腦中出現了與事實不符的幻想，讓他以為自己的所作所為都是正確的。他在過去幾段前世中養成了一種信念，認為自己不需要像他人那麼努力也過得去。

「他覺得自己可以隨心所欲奪走不屬於自己的東西，這是在過去幾次前世中共同發展出來的想法。」史黛西的指導靈如此告訴我們：「於此同時，史提夫也培養出自己不值得人愛的感覺。這是積累了好幾世對愛與照養求而不得的結果。這些感受，再加上他那種一切都屬於他的態度，在他的意識中演變成了他可以對貝芙莉予取予求。」

「如果強姦這件事沒有發生，對貝芙莉會有什麼影響？」我問道。

「貝芙莉得繼續面對她內在缺乏自我滿足的空虛感，而這會比她處理被強姦這件事花上更長的時間。」

「對於那些因為被強姦而與隨之而來的各種情緒拉扯角力的人，神想對他們說些什麼？」

「我們要說的是，被強姦這件事給了你一個機會，**讓你學習去愛自己**。因為愛自己是這個人世間一切事物、一切成長的基礎，我們希望有這種經歷的每個人，都能將之視為一個立足點，並從這裡邁開步伐，踏上前往『完整』的旅程。這是朝向無條件的愛與完整的一條捷徑。

「羅伯特，我們也要請你注意，一定有些人會因為你說強姦具有如此高尚、高貴的目的而深感憤怒。我們要說，往後退一步，試著從更高、更廣的角度來看這件事。當你深陷憤怒之中，你便無法成長。把這樣的經歷看作是練習寬恕的一個新方法吧。**通常這也代表除了寬恕他人，你也要寬恕自己。我們要請這些人允許生命的過程自然展開，先保留自己的批評和判斷，直到更大的覺知與了解出現。**透過親身經歷或是閱讀強姦事件，靈魂得到了一個獨特的機會來爲自己定義何謂正確與公平，哪些事可以寬宥，哪些事絕對無法容許。而在此所做出的結論，就是一種成長。人的靈魂因此而進化，並繼續朝向更高的靈性啓發邁進。」

精神疾病

這是個對精神疾病充滿批判性的社會，認爲罹患這種疾病的都是不好的人。如果我們在別人身上貼上精神疾病的標籤，很可能會對他們感到懼怕，程度之強甚至連我們自己都不知道。若別人在我們身上貼上了精神疾病的標籤，他們也可能會懼怕我們。若我們在自己身上貼上了精神疾病的標籤，我們也會對自己內在的黑暗感到恐懼。這個標籤所引發的恐懼，形成了全球性的障礙。

了解靈魂層次上精神疾病的意義，能減少這樣的恐懼，創造一個更有愛的世界，增進人類的一體性。而在探究的過程中，我與米凱拉（Mikaela Christi）進行了談話。我深受米凱拉的故事吸引，因爲她經歷過許多不同的精神疾患（精神病、躁鬱症、焦慮症、強迫症，以及心因性暴食症），她也有通靈的能力，可以自行取得出生前計畫的資料，更重要的是，她帶著滿滿的勇氣，以無比的智慧療癒了自己，開創了歡欣愉快的人生。

爲什麼我們會在出生前計畫好要經歷精神疾病呢？而當我們在肉身中面對精神疾病時，又該如何才能療癒？我望向米卡凱拉，希望她能給我答案。

長達三十年的精神折磨

——米凱拉的故事

「我選擇了一個非常棒的家庭，也挑選了一個經濟良好、氣氛愉快的時間點誕生。」米凱拉對我說道，「我擁有最好的狀況來讓自己療癒許多精神、心理甚至生理上的問題。我覺得自己會挑選這些條件，**就是為了讓自己不受到打擾，專心地進行療癒**。

「在看出經歷精神疾病其實是靈魂的選擇之前，精神與情緒上的不平衡會一直讓人覺得是種疾患。我現在明白這一點了，但是在長達三十年的時間裡，我一直以爲是自己有問題，也很努力要矯正。所以，別人的話我都信以爲眞。」

「米凱拉，妳的家人對精神疾病的反應是如何？」

「我和我爸不太會談這方面的事。他是我見過最穩定、適應能力最強的人，卻無法坦然面對這件事。我母親正好相反，她的慈愛、同理心和同情心多到讓人無法置信，是位眞正的聆聽者。她總是會用正面的角度來看待任何事情，好讓我不會凡事都往最糟糕的方向去想。這對我的幫助很大，因爲要克服這一切，眞的很困難。

「多年來我一直都擁有多重症狀，即便我們那麼努力去尋根究底，這些症狀都還是沒有明確的診斷。上帝知道我們完全無法找到病根，這一輩子都不可能。」

米凱拉的精神疾病在四歲時伴隨著惡夢開始，而一直到四十五歲，這些惡夢依然驚擾著她。

「夢裡的影像盡是巨大的蟲、蜘蛛、鯊魚、怪獸。」她回憶著，「有時候它們不是那麼清楚；比較像是有東西在後面拚命追趕著我，而我就快要因此喪命了。

「有時我醒來，很清楚知道那只是夢。但是有些時候我醒來後，在惡夢中看到的所有怪物都還在那裡！我會在床上翻滾、緊緊抓著床單，最後摔到地板上。我知道我已經醒了，但是那隻粗壯、發著綠光的大蟲還是一直不斷地對我發出唧唧聲，我真的非常、非常害怕！

「我還記得一個惡夢，當時我和我先生在床上睡覺。我醒來時，有個不知道是什麼的東西跑到牆壁上，然後這個東西竟然變成了牆壁，整面牆開始移動。它很噁心地蠕動著，像昆蟲一樣，而且非常巨大，它朝著我的方向靠近，最後變成了我。我放聲尖叫，緊抓著我先生。他真的很了不起，他醒來後只是看著我，淡淡說了句：『噢，妳又做惡夢了。』

在青春期，米凱拉開始出現躁鬱症的症狀：先是精神處於極度興奮高亢的狀態，接下來則是一段極度憂鬱的時間。

「我很喜歡躁症的狀態，它讓我完全從現實和責任中逃離。我覺得自己站在世界的頂端，任何事都不能傷害我，就像我可以從屋頂跳下來然後開始飛翔。結果我因此做了很多蠢事。我把信用卡刷爆、整晚跳舞跳個不停、跑去昂貴的餐廳和酒吧盡情吃喝。我很幸運我從沒有出過什麼重大意外。

「鬱症就完全相反了，它讓整個世界都變成灰色。我對任何事情都沒有興趣。有次我請了病假，只是傻傻躺在床上。當時我有了自殺的念頭。我腦子裡一片模糊，所有事情看起來都已經沒有希望了。」

「米凱拉，還是孩子的妳，在這樣的狀況下如何同時應付上學和交朋友這些事情呢？」

「我沒有朋友，」她難過地說道：「我一下課就直接回家。我很難和其他小朋友相處，我不覺得自己是小孩子。有次我因爲不想參加校外教學而請了病假。我就是沒辦法和一群小朋友一起過夜，因爲萬一我因爲做惡夢驚醒，誰知道會發生什麼事？」

儘管如此，米凱拉仍然順利上了大學。在那裡，她遇見了她將共結連理的人。

「我們像是早就約定好了似的，我可以毫無顧忌地做我自己，完全不必擔心。」我猜測米凱拉選擇這位丈夫的原因可能和她選擇她的父母一樣——爲自己創造出安全穩定的環境，讓她得以盡可能地療癒自己。

米凱拉和丈夫過了十年幸福的婚姻生活，但最後還是分手了，因爲他決定要生孩子。

「我將全副精神投注在自己的內在生活，努力找出我的治療師和我服用的藥到底在搞些什麼鬼。我是不可能照顧小孩的，我自己都很勉強才能過正常生活。」

「米凱拉，妳還經歷過哪些精神疾病？」

「鬱症發作時，我會出現一些執妄的想法，這時的我會有強迫性的行爲。舉例來說，我要出門前，一定要再三確認所有開關都關上了，而且鎖門一定要鎖兩遍。還有些時候，我會覺得一些虛妄的想法和故事會擅自跑進我的腦子裡。」

「像是什麼故事？」

「有個故事是在文藝復興時期的義大利。這一世的我走在街上，但是在我腦子裡的我卻躲在一張桌子下面，身陷險境。我的身邊滿是我的敵人，而且我隨身帶著毒藥。這兩件事就這樣同時發生。之後我才知道，這些片段來自我的某次前世，但當時對我來說，這些畫面就這樣突然跑進我的腦子裡。」

之後米凱拉服用百憂解，這讓她保住了工作，卻也讓她的情緒像直線般全然麻木。

「我什麼都感覺不到，」她說起服藥時的狀況，「我根本沒有感覺，只是看著那些妄想在我腦子裡來來去去。

「從十八歲開始，我就一直有心因性飲食失調症，我會暴食，也會厭食，但通常是暴食的情況比較多。多年來我不停地大吃大喝，又狂拉猛洩。

「感覺起來好像是我內在有什麼東西想要出來。」她對自己經歷過的一切下了結論。「慢慢的我開始順隨內心的衝動來行事，尋找能處理這些問題的其他方式。一旦我開放自己接受它，問題就開始一一迎刃而解。」

讓體內的情緒流動而療癒

「米凱拉，哪一種療癒方式對妳最有效？」

「體察法（focusing），」她回答道：「這是一位名叫尤金（Eugene Gendlin）的治療師所發明的。他發現光是談論問題，在腦子裡來回思考並沒有幫助，一定要與自己的情緒和情感連結。他發現，只要你看著自己身體中感覺到情緒存在的部位，你就可以很容易找到需要處理的地方。然後你就專注地去內觀那個部位，這麼做會喚醒某些東西，帶來一些影像、認知、情緒或曾經發生的事件和情況。這些東西存在於那些細胞之中，而你與它們重新連結。這麼做的目的是去感覺存在那裡的一切。當這些情感開始流動，你的身體也會開始扭動。」

第一次的課程中，米凱拉看到了一艘像城堡一般的大軍艦。突然間，她開始頭痛，而且是從頭的正中央向外散射。她直覺知道自己正處於那艘軍艦的中央，而那艘軍艦（也就是她的頭）正在以某種方式保護她。當她去內觀那份疼痛，她的身體開始朝後彎曲。只要她的身體保持彎曲的姿勢，疼痛就會消失。

「當我告訴治療師這個狀況並去感受它時，它就好了。這對我來說是個非常關鍵的體驗。又上了幾次課之後，感覺起來這就是我所需要的療癒方式。」

我們的身體很聰明，當我們在療癒的過程中將身體納入其中，奇蹟就會發生。情感是流動的能量，需要自由流動。當它們無法自由流動、受到壓抑或控制時，就會在我們的細胞和脈輪中形成結晶體。藉由內觀遭受凍結的情感和情緒，米凱拉釋放了它們。當她的身體扭曲時，那些情感掙脫了束縛，重新開始流動起來。她的心智意向和注意力，加上身體本身的智慧，形成了療癒的最佳夥伴。

就在進行體察治療幾年後，米凱拉開始研究生物動力療法（Biodynamics）。

「生物動力療法的治療師會使用電磁波來進行治療，那是一種靈氣狀態。」米凱拉告訴我。「你躺著，閉上雙眼。治療師幾乎是與你同時感覺到你身體裡的症狀出現在哪裡，然後她會把手放在那個部位或那個部位的上方。你們兩人一起進行內觀，接著你會出現某種感覺或看到影像，或是發現到自己身處在另一個地方。」

「能談談妳自己接受治療時的例子嗎？」

「我變成了另外一個人。我還是感覺到自己身在治療室中，但是同時我也在一間刑求室裡，他們想讓我招供一些事，而我根本不打算說出來。我身體裡的感覺和當時的狀況緊緊相連。

「就在我專注在那個情況之中、開始願意這麼做之後，非常強烈的情緒即刻湧現。起初我沒辦法一直待在那個狀況中，有時我自己會跳出來。然後我的身體就開始扭動拉扯，呼吸變得更深沉。我讓體內的情緒在我之內流動，儘管那個在刑求室裡的人沒辦法這麼做。這就是療癒，而且非常有效。無論我看到的是我的某次前世，又或者那純粹只是我自己投射出來的象徵性故事，都不重要。」

米凱拉持續進行生物動力療法，也嘗試過前世療法、靜心、觀想自己創造出來的狀態等。

在每一種療法中她都重新連結到不同前世裡的某些時刻，而那些時刻中的她都不允許自己出現或接受強烈的情感。通常這些前世都以片段的瞬間出現在她腦海中，而經過這麼多年，她已經感受並因此釋放了無數曾被凍結的情感。

突然有一天，她就能夠通靈了。

「我和兩個朋友坐在客廳裡聊天，其中一位問了個問題，而我就在那時候進入出神狀態。他們在之後告訴我，我用另一個人的聲音說話，還回答了我朋友的問題。我完全在狀況外，甚至不知道自己說了些什麼。

「對我來說，能夠通靈是這趟旅程的高潮，因爲我一直在尋求新的了解。通靈這件事改變了一切。這讓我記起了眞正的自己及事情的實相，無論是個人還是集體的實相，一切都遠超過了我的認識。我了解到，某種程度上一切對我來說都已經達到平衡，而我們的靈魂其實認爲不平衡是件非常好的事。**我們會受到不平衡的吸引，是因為意識一定能找到辦法重新平衡自己，而這是一個很棒的挑戰**。

「我開始明白自己不止是人類的軀體和心智，也是所有曾經經歷過的生命、是靈魂、是這一切事情的創造者。我開放自己去接受新的理解，那是在我認爲自己只是眼下這世人生中的這個人時，所無法擁有的理解，包括爲什麼我的靈魂要選擇精神疾病，以及我的靈魂和身爲人的我對這一切的感受可能非常不同。」

精神疾病其實重現了前世的內在情緒？
──米凱拉的出生前計畫

「米凱拉，妳覺得妳的出生前計畫會是什麼？妳曾經罹患的精神疾病，是否都是出生前計畫好的呢？」

「我認爲所有的可能性都在出生前就先挑選好了。還有一些可能性沒有呈現出來。

「我選擇要在井然有序之中經歷混沌的狀態，而瑞士是個狀況良好的地方。我想要這樣安排是因爲我不想自己最後完全支離破碎。此外，我會選擇這個時代是因爲，在這個時代裡，有關『正常』的想法與批判，非常有可能產生快速並深入的進化。在我出生的年代，我的狀況可說是在正常人的邊緣。幸好我的父母，特別是我母親，沒有讓我長成一個不正常的人。」

「米凱拉，爲什麼妳會覺得那些精神疾病會發生，是妳在出生前計畫中安排的呢？」

「會選擇這個計畫，最主要的目的就是**去療癒多次前世中未完的任務，並且記起自己是誰。我的靈魂一直在療癒那些被阻擋、被凍結的情感，因為這些情感一直不斷重蹈覆轍，吸引相同的行為模式在生命中出現**。這樣一來你根本哪兒都去不了。」

「妳的意思是，妳所經歷的這些精神疾病，都是爲了要重現妳內在的情緒，好讓妳能夠感受它們，然後將之釋放？」

「是的。」

「藉由療癒這些情緒，妳同時也療癒了那些前世中妳的靈魂？」

「我完全記起自己是誰，也與自己的靈魂完全整合，是靈魂創造了我現在的人生及過去的生命中的一切。它們就像是結合了光影、色彩與聲音的一支舞，向我流動而來。這實在非常神奇！」

我問米凱拉有哪些事是她過去在尚未療癒前無法去做，現在卻可以做的。

「我終於可以浸淫在人生的挑戰之中。我可以創造自由、歡樂、愉快的心情，以及一切我所追求的感覺，只要我能選擇以自己的方式來體驗人生，無論當下發生了什麼事情。

「我也有每個人都要面對的生活挑戰。我的母親現在病得很重，而且可能活不了太久了。我在工作時和所有其他同事一樣清醒理智。但是，現在我可以從全然空無的狀態中創造出我想要的感覺。我不需要改變外在世界中的任何事物；我只要啓動自己的感覺就行了。我與自己同步。每個人都能夠在每天的日常生活當中走進那條通往自己內心的路，而那也正是你在靜心時會到達的地方。這麼做大概只需要花半秒鐘的時間。」

「妳是怎麼做的呢？」

「我讓自己專注在靈魂的心，那是個比肉體的心更高的地方，也是我在生物動力療法中所感覺到的平靜中心，感覺起來就像是一池溫暖的水。你可以在那裡創造出所有東西。所以，當我在醫院陪伴我母親，看著她身在痛苦中，讓我也感到非常難受和無助，但同時，我還是可以從自己內心創造出喜樂。我不受任何一種單一情緒的束縛，我可以在同時擁有許多不同的感受，正是我所經歷過的歷程讓我能夠做到這一點。」

「米凱拉，有些人在了解原來是自己在出生前就先做好了人生計畫，就開始對自己、對自己的靈魂，或是對神感到非常憤怒，爲什麼竟允許這麼多痛苦折磨發生在自己身上。」

「你，這個人格的呈現，擁有一定程度的獨立性，**但靈魂和你並不是分開的**。你同時既是靈魂，也是你自己。我能了解有人會出現沮喪或是憤怒的反應，我也曾經有過。我也想過：『我怎麼可能選擇讓自己變成這樣？』但是，這整個歷程讓我知道，每件事的發生都有其目的。一切都是爲了讓我們想起自己是誰，這是最重要的部分，而這麼做也會開啓其他的部分。記起我們是誰，能夠讓我們遠離糟糕的狀況，也不會讓我們覺得自己是這些事件的受害人。這只是眼下看起來的模樣而已，那不是眞正的我們。」

「米凱拉，妳會對正在經歷精神疾病，並努力想要找出事情更深層意義的人說些什麼？」

「**你絕對不希望永遠迷失在精神障礙的狀況中，**」米凱拉回答：「**你必然已經吸引了外界某些能讓你好轉的方法來到你身邊**。你的靈魂會尋找能幫助你達到平衡的事物，這最基本的信任能讓你更快找到出口。你自己——我們每個人——的內在，都有著自然進化的程序。請相信這一點。」

「妳是不是很感激自己有機會經歷這個挑戰？」我問道。

「我不會用任何東西來交換這樣的經歷。能到達我目前所在的境界，一切都非常值得。」

與大靈對談

米凱拉在出生前究竟計畫了多少種的精神疾病呢？打造一個如此艱困的計畫，還有哪些意義呢？大靈可以提供那些受到精神疾病折磨的人，以及那些照護他們的人什麼建議？

我一開始希望米凱拉能通靈聯繫到自己的靈魂，結果是出人意料之外的意識體現身，我感到十分驚訝。

「請告訴我你的名字，如果你有的話。」我如此問道。

「今天來到這裡說話的這個能量體，是因為你的提問聚集而成的。我們了解你希望接觸的是米凱拉的靈魂，但就我們的觀點來看，現在正在說話的那個人就是她的靈魂。一般說來都是這樣，就像大部分的人類一樣，她在這世同樣也忘了這件事。現在她已經記起來了，所以根本沒必要再找她的靈魂來通靈，因為她的靈魂一直都在這裡。我們是未來的你們。」

我為這個答案感到興奮不已，顯然我所發問的問題召喚了未來的我們的集體意識前來。這是個非常難得的機會，我們能夠聆聽未來更進化的人類對我們說話。於是繼續提問：「米凱拉安排這樣的出生前計畫，其中一個目的是不是希望能夠療癒自己所經歷的精神疾病，並藉此療癒她的靈魂在前世中所受的創傷？」

「確實如此，這個計畫的目的是療癒，但是從我們的觀點來看，**所謂療癒就是讓自己再次變得完整，看見原來以為是分離的，其實是一體**。療癒能夠帶來平靜，讓一切如是存在，就能允許一切的發生。**允許，是一種主導的力量**。一個人如果不能允許創造階段中所發生的一切，那麼他就無法主導這個創造的過程，因此，允許低頻率的情感流動，和允許高頻率的情感流動是同樣重要的事。

「她會選擇經歷躁鬱症，就是要能夠隨著高昂與低落的情緒起伏，並不爲所動。這麼做並不是要讓情緒不再波動，而是要像米凱拉這樣，即便在非常低頻率的情緒下，都還是能讓自己歡欣鼓舞，然後讓自己抽離；這樣一來，無論發生什麼事，她都不會受到影響。」

「我想很多經歷過躁鬱症的人可能都會說：『在這種折磨之下我怎麼可能還歡欣鼓舞得起來？』」

「就米凱拉的狀況來說，她是在經歷了整個過程的大約百分之八十五之後，才開始能夠讓自己順著情緒的低潮落下，也隨著情緒的高潮起飛，但卻不需要刻意強迫自己去做什麼。在這之前，當她刻意強迫自己快樂，她的情緒可以更加高昂，但是當她情緒開始低落時，她卻會跌得更重。療癒的過程最終會讓人處在某個狀況中，卻不需要完全專注其中，或與之認同。」

「請再多談談米凱拉所經歷的其他精神疾病有什麼樣的目的。」

「其中最重大、也最重要的目的，可能也是最難以被人接受和理解的，就是：讓惡夢延續到白天的意識之中。雖然心理治療師一定會認爲這是無法分辨現實的症狀。米凱拉漸漸願意接受這些現實，並允許它們的存在。這種能力、這個接收的通道，讓實體及非實體的其他生命經歷得以進入她，於是最終她變成了他人口中所謂能夠聽見、看見並感受到另一個世界的人。這個過程開啓了米凱拉這個生命存有的其他部分。當初在配置父母、時代以及治療師時，就曾經仔細地指引過他們，確保他們不會過早做出診斷和判斷，導致米凱拉接受藥物的治療來壓制那些惡夢，因爲允許這些過程發展到一定程度是非常重要的一環。」

接下來我請他們談談米凱拉還面對了哪些挑戰。

「暴食症的發生主要有兩個原因。第一個是她想要迎合社會上對體型的要求，但這樣的體型本來就不是她天生的樣子，因此她開始進行所謂的節食減肥。此外，她也想要讓自己散發出甜美的氣質，在外型上如此，在象徵意義上也如此。她自小就生長在一個很重視女性甜美氣質的家庭中，而她擁有的原是個不願屈意迎合的靈魂，所以暴食症等於是這個狀況下的一種補償作用。在她開始朝內在尋求答案時，這個症狀就慢慢停止了，這也是爲什麼有些療癒法必須**在對的時候**使用才會有效果。若米凱拉在二十或三十歲時嘗試最基本的行爲療法來控制暴食症，她應該沒辦法做到；然而到了四十歲，她已經能夠使用這種療法了，而暴食症也就此銷聲匿跡。

「要在人生中記起自己眞正是誰，需要你往自身的內在探尋。對我們來說，內在與外在原是同一個世界，只是同一個實相的不同呈現罷了。但對人類來說，卻分別有一個內在世界、一個外在世界存在。在你們的社會中，轉往自己內心探尋似乎不是很受鼓勵，因此許多狀況都用藥物來進行調整。這些狀況都被認定爲是一種病。」

「從你們的觀點來看，在目前我們的世界中，療癒精神疾病最有效的方法有哪些？」

「從我們的觀點來看，標準的照護方式只適用於早期，或是事情有點失控，當事人無法抽離時才適用。我們並不反對讓事情暫時先緩和下來的作法，不過，我們不認爲藥物治療很重要，它只不過是暫時的緩解之計罷了。畢竟藥物無法帶領你用不同的角度去看事情，而這才是眞正需要去做的事。

「如果你保持開放的心態，願意用不同角度來看事情，新觀點就會出現在你面前。這是一定會發生的事，因爲將之召喚前來的正是你自己的渴望。愈是敞開，你就愈能接受某些不被世俗認爲是標準的治療方法。我們並不是要推薦這些方法，而且這麼做也不太好，因爲不同的人會找到不同的方法。一旦你對某件事情感覺到興奮或是迫切渴望，或者是與某件事感到共鳴，你就能夠找到屬於你自己的方法。」

「閱讀本書的讀者可能有親人罹患某種精神疾病，他們會很想知道自己可以如何給予罹病的親人最好的幫助。」

「你們能夠給予他們最好的禮物就是照顧好自己，讓自己健康快樂。接下來，你們可以傾聽他們的聲音，並對自己內在所出現的指引，保持開放接受的態度。讓自己平靜穩定，盡可能不批評。不要以爲你們知道他們需要什麼，沒有人可以知道另一個人需要什麼。允許他們自己去找到對他們最好的東西。問問自己：『**我要如何讓他們將注意力轉移到對他們人生最有幫助的**

事情上？我可以如何幫助他們去做我為自己所做的事情？』視他們爲堅強、有技巧、有能力去做自己想做的事的人，相信他們能夠在自己的路途上向前邁進，**幫助他們看見他們自己的力量和能力；幫助他們看見，他們其實是有選擇的。」**

「對於精神疾病這個主題，你們還有什麼想要補充的嗎？」

「你創造出精神疾病，是爲了能夠藉此達到心靈的進化。當你能夠以這樣的角度來看待它，你就能夠爲其負責。當你能夠爲其負責，你就知道這不是身爲人類的你所創造出來的，而是更高層次的你的靈魂。而那就是你記起眞正的自己是誰的時刻。」

療癒前世的靈魂創傷
——潘蜜拉及約書亞靈訊的解讀

現在讓我們來聽聽潘蜜拉與約書亞的觀點。米凱拉經歷的精神疾病具有什麼樣的意義？約書亞會如何幫助患有精神疾病的人來療癒身在肉身中的自己，而我們又可以如何來應用這些智慧呢？

「妳是個非常敞開、敏感的人，像孩子一樣脆弱。」潘蜜拉開始說道：「妳與自己幾次前世的身分之間的界線非常模糊，那些過去受到創傷的能量依然存在於妳的靈魂中。妳似乎沒有在出生時完全進入妳的肉體，之後也沒有完全穩定下來，因此前世的能量很容易就會進入妳的意識。

「我也感受到妳內在的力量，妳擁有內在的力量來處理這一切狀況。而在試圖找出這些難搞能量背後意義的過程中，妳已經深刻了解到自己是誰。妳認同我的說法嗎？」

「完全認同。」米凱拉回答。

「我也可以感覺到妳的躁鬱症。我感覺到妳的憂鬱非常深刻而陰暗。我現在看到影像跟這份憂鬱有直接的關聯，影像中的妳不是被迫害，就是遭到暴力性的抗拒。」有趣的是，米凱拉並未與潘蜜拉分享任何前世的資訊。「我感覺到妳進入這一世時的狀況，妳很害怕，但也很強烈地知道：『我想這麼做。』妳再次回到人間是爲了要處理過去在這個空間中所產生的痛苦和創傷。這是非常勇敢的一步。」

「我只能藉這一世來療癒了。」米凱拉確認，「這一世對我來說是個機會，無論挑戰有多艱難。」

「潘蜜拉，可以請妳看看米凱拉的前世嗎？特別是與這一世有關聯的前世。」我插入發問。

「我看到了好幾次前世，不過我現在正專注在看出現在我眼前的這一段。我看到妳在這次前世中是個男性，妳有一段逃亡的生活。妳身處荒野之中，有人正在追捕妳。

「我現在回到這次前世中妳的幼年。那是個很溫暖的國家，所有人都住在帳棚裡；那裡的土地非常乾燥，風沙很大。我看到妳是個擁有不同覺知的人。妳與太陽之間有某種連結，而且感覺到生命比一般人所想的還有更多面向和意義。我看到了妳的母親，她也和妳一樣感覺到生命的神祕，妳們經常私下討論。

「我現在看到的妳是個大約十九歲的年輕人。妳想要離開家，開始旅行，而最後你碰到一群人，妳感覺得出他們與自己的心有非常緊密的連結。這是妳在人生中第一次與他人之間產生靈性上的連結。他們和其他人不同，他們是有願景的人。

「一段時間之後，妳決定向這些人傳遞耶穌的能量和訊息卻碰到了很大的抗拒。妳從馬上被人硬拉下來，一路拖行，然後被關進監獄。妳覺得自己快要發瘋了，最後還被殺。妳不太能理解這樣的暴力行爲，所以在妳死後，這部分成了妳靈魂的創傷。

「來到目前的這一世後，妳還是能感受到前世那個男子的寂寞、孤立和絕望。當妳連結到那些非常痛苦的心情和黑暗時，妳就進入了那次前世，就像妳也會進入其他的前世裡。這些感受希望得到療癒。我連結到那次前世時，感覺到那個男子的創傷已經有部分得到療癒，這是因爲妳在這世裡的努力，他也想要和妳連結。他代表了妳的男性能量。他想讓妳知道，現在的妳還是可以讓自己穩定、堅毅地表現出眞正的自己，並設定自己的界線，而這些都是在前世中很難做到的事。所以，你們之間一定存在著某種互動。」

接下來我請潘蜜拉詳細說明米凱拉如何帶給前世那位男子療癒。

「他最大的一個傷痕是，他覺得自己的靈性啓發不受世人的歡迎。他覺得做眞正的自己是件很不安全的事。而米凱拉在這一世裡接觸到了自己的靈魂，穿越繁複的外層進入內在，觸碰到了靈性的核心，並爲自己創造了內在的安全感。只要她做了任何相信生命、感覺穩定的事情，這都能影響前世的男子和其他前世，這些人和前世現在都依然存在、活著。」

接著米凱拉告訴我們，幾年前她出現過一些類似的前世影像。在那一世中她被人行刑拷問，然後被一群教堂成員放火燒死，只因爲她想要向人佈宣靈性的知識。「在我死亡的那一刻，我完全不能理解爲什麼人類可以對另一個人類做出這麼殘暴的行爲。這也是爲什麼我在這一世出生的時間比正常的預期晚了一些，因爲我不是很確定自己到底要不要來。這也是爲什麼我一直很怕人，雖然事實上我的生活中並沒有發生過什麼事。這份恐懼來自我的內在。」

在我個人對出生前計畫的探究中，我了解到一般人都是透過反面經歷來學習，但是米凱拉卻爲自己挑選了非常良好的家庭。我想知道爲什麼有些靈魂會選擇投胎在安全的環境中，有些靈魂卻選擇了缺少關愛的家庭。我請約書亞回答。

「靈魂會選擇最適合自己的環境，一個最能夠讓自己達成學習目標的生長背景。」約書亞透過潘蜜拉說道：「當靈魂計畫好要去面對內心深層的問題，有時必須要處在安靜平穩的外在環境。這樣的安排讓靈魂能夠去處理其他現實與向度中的問題，而如果靈魂在童年時期遭遇到顛沛流離或心情擺盪，就很難進入那樣的狀態。」

接下來約書亞直接對米凱拉說話。

「妳非常勇敢，我愛妳。妳心中所感受到那來自許多前世經歷的火焰，是一種啓發，讓妳體認到一切生物皆爲一體。妳現在已經能夠隨自己的心生活了。再多一點信任，放膽去做自己。

「我知道妳是誰。妳有許多東西可以提供給同在這一條道路上的人，妳懂得聆聽，並且能夠了解他人。眞正看見妳的美好。這就是自我價值之所在：眞正看見自己的純眞無瑕、尊嚴和勇氣，全心接受自己黑暗與光明的部分。這會讓妳在人世間更加穩定、更能呈現自我。」

「精神疾病究竟是什麼呢？」我問約書亞。

「一般說來，患有精神疾病的人內心有太多需要處理的問題。**人的肉體和精神都需要穩定地存在於當下，唯有如此一個人才能整合自己的各種情緒、感覺和想法**。而患有精神疾病的人並沒有這樣的基礎，他們的這部分是破碎的，他們的靈魂沒有辦法在人世間找到基石，所以不斷漂流。而在幻覺或憂鬱之中，根本找不到平靜。於是靈魂就此迷失了。

「幫助這些人最好的方法，就是試著**去看見他們內在的靈魂核心、去感受他們的靈魂所散放的光**。我們都有能力去感受靈魂的存在，這麼做有時能幫助他們重新回到肉體中，甚至再次與人溝通。

「舉例來說，若一個人出現了幻覺，這時的他並不存在於肉體中，而是漂流在其他向度裡。這個人沒有辦法整合他在那個地方所看到的東西，因此，與人世及肉體之間的連結就非常重要了，有了這樣的連結，在其他向度看到的影像及接收到的資訊才會有意義。精神疾病患者的經歷是有意義的，只不過對患者本身及他身邊的人來說，非常難以理解與掌握。」

「約書亞，米凱拉從惡夢中醒來時，她在夢中所看見的影像依然在她眼前。這是怎麼一回事，背後又有什麼樣的靈性意義？」

「這是因爲來自其他向度與前世的眞實能量進入了她的現實。她的氣場對這些資訊呈現敞開接受的狀態，而這也是原本就設定好會發生的事，因爲如此一來她就會走上通往內在的道路，在過程中探索，並在最後了解這些影像的意義。就心理上來說，這些能量的情緒重量實在太過沉重，所以從前世中『滲透』到了這一世，希望能夠在這一世中得到解決。它們的呈現會比實際的物質環境更強烈。」

「米凱拉出門前都要反覆鎖好幾次門，約書亞，請你告訴我們強迫症是怎麼一回事。」

「大腦想要找一些方法——某些行爲或例行公事——來控制自身的恐懼和其他情緒。這就是大腦卡住的地方。因爲大腦辦不到，而這是非常痛苦的事。所以，強迫症是爲了逃避自己內在的痛苦。而解決這種症狀最重要的方法就是，直接去面對痛苦，有時候你會需要別人的幫助。不拒絕恐懼，而是張開雙臂歡迎它，如此你就能更了解它，而它最終就會離開。」

「約書亞，是什麼引起了米凱拉的暴食症？這對她的靈魂又有什麼幫助？」

「米凱拉曾經在前世體驗過飢餓和匱乏，造成了她與食物之間矛盾的關係。一般來說，進食象徵的是願意擁抱生命。米凱拉想要活著好好體驗人生，但同時也憎恨生命，想要離開。暴食症將她內在的疑慮呈現於外，她不確定自己是不是想要活在人世間。

「暴食症和厭食症絕不止和吃有關，這些症狀與你如何照顧自己有關。你夠不夠信任他人，信任到願意接受他們給予的東西？又或者，你希望食物不但能夠給身體營養，還能夠滋養心靈？你能不能擁抱生命？你能不能做自己？這些都是存在飲食失調症背後的問題。這些失調症狀都是控制恐懼的方法，而且可能相當頑固難解。」

靈魂永遠與你同在，等著幫助你

「約書亞，你會對現在經歷各種精神疾病而痛苦不堪的人說些什麼？」

「**遭受這種巨大痛苦的人都擁有非常高的自我評判標準**。他們討厭自己，覺得自己很失敗。你也許會覺得自己的人生深陷泥淖，完全動彈不得，但是有一股能量——你可以稱之爲靈魂或神——**從來不批判你**，而且一直提供你新的機會再次向前邁進。生命永遠不會結束，死亡也根本不存在，所以，信任生命是很重要的事。**生命想要給你幫助**。

「在現在這個時代，精神上更容易出現不平衡的狀態，因爲這是一個大家開始覺醒，並且試著跟隨心之所想來生活的年代。人們的敏銳度開始提升。無論狀況有多困難，試著找到一個能讓自己沉靜下來的地方。對深受自我批判及恐懼所苦的人來說，願意接受他人的幫助是非常重要的一步。有時候你得強迫自己這麼做。如果你願意敞開自己，生命會聽見你的召喚。

「最好的藥就是愛自己、接受自己。每當你感覺到對自己的負面情緒或不滿，用父母般溫柔的眼神來看待它們。之後你就能在生命中的任何時刻裡創造出對自己的愛。這是一份非常溫柔的力量，人類需要重新發現這股力量。

「人生也許看起來是一場非常孤單的旅程，即使你身邊沒有實體的幫助，但靈魂的能量一直都在，『家』的能量一直都在。這只是一場遊歷人間的短暫旅程。如果你能時時刻刻感受到來自『家』的愛，一切對你來說都會容易許多。開放自己接受這份愛，它一直都在，你不需要去創造。生命自然而然就流動著這份愛。我想說的是：『幫助唾手可得，而你永遠不孤單。』」

尾聲

無論你的人生路途是順遂或顛簸，你的生命是春風得意或傷痕累累，你都可以確定一件事：**你是宇宙間最勇敢的靈魂之一**。如果不是，此時此刻你就不會出現在這裡。你選擇要投胎進入肉身、你同意踏上這段由靈魂所規畫的旅程，這都是勇氣非凡的舉動。而你想探尋這趟旅程背後更深刻的意義，這更是非常需要勇氣的行爲。當然你尋求療癒的意圖則是另一個勇氣的展現。宇宙萬物皆對你肅然起敬。

你還可以確定：**你正在療癒之中**。一旦你了解到自己的經歷背後有更深刻的意義，你就開始了對自己的療癒。當你看見事情背後的意義，你就會釋放自己，不再感覺自己是受害者，也會明白是自己創造了這場人生。你會放下經由學習而得來的批判習慣，你會直覺地知道，一切都很好、一切都在神聖力量的掌控之下，即便你的理性頭腦不同意你的看法。你不再受到大腦的干擾和影響，反而會聆聽內心的聲音、仰賴心的智慧來決定你的方向。你明白想法和感覺都不能代表你，你也允許負面情緒和想法靜靜流過你的意識，就像雲朵漂流在天空一樣。你不再認同你的恐懼和憂慮，而是把它們當作需要你的愛的小孩，開始去愛它們。

現在，你放下你在人生中的執著。

現在，你全然歡迎生命到來，無論是喜悅或哀傷。

當你還在永恆的家園中時，你就已經知道人世生命的美好、偉大與神聖，所以你全心擁抱自己即將擁有的生命。現在的你療癒了自己，並且帶著同樣美好、偉大與神聖的認知，來擁抱自己的重獲新生。

在永恆的家園中的你也已經知道，人世的生命歷程不過是一面鏡子，讓你看見自己。你在人生中所見到的美好、偉大和神聖，也是你自己的倒影。當你無法從內看見這一點，任憑你如何向外尋求，也是徒勞無功。現在的你療癒了自己，也擁抱了重獲新生的自己，你知道自己就是那份美好。

偉大，是你。

神聖，也是你。

The Eurasian Publishing Group
圓神出版事業機構
用心與你對話・網野無限寬廣
方智出版社
Fine Press

http://www.booklife.com.tw　reader@mail.eurasian.com.tw

新時代系列 162

靈魂的出生前計畫：你與生命最勇敢的約定

作　者／羅伯特・舒華茲（Robert Schwartz）
譯　者／張國儀
發 行 人／簡志忠
出 版 者／方智出版社股份有限公司
地　址／台北市南京東路四段50號6樓之1
電　話／（02）2579-6600・2579-8800・2570-3939
傳　真／（02）2579-0338・2577-3220・2570-3636
郵撥帳號／13633081　方智出版社股份有限公司
總 編 輯／陳秋月
資深主編／賴良珠
責任編輯／溫芳蘭
美術編輯／劉鳳剛
行銷企畫／吳幸芳・簡　琳
印務統籌／林永潔
監　印／高榮祥
校　對／賴良珠
排　版／莊寶鈴
經 銷 商／叩應股份有限公司
法律顧問／圓神出版事業機構法律顧問　蕭雄淋律師
印　刷／祥峰印刷廠
2013年4月　初版
2024年8月　38刷

定價 330 元　ISBN 978-986-175-302-7　　Printed in Taiwan

你本來就應該得到生命所必須給你的一切美好！
祕密，就是過去、現在和未來的一切解答。

——《The Secret 祕密》

國家圖書館出版品預行編目資料

靈魂的出生前計畫：你與生命最勇敢的約定 / 羅伯特．舒華茲（Robert Schwartz）著；張國儀 譯.-- 初版. -- 臺北市：方智，2013.04
368 面；14.8×20.8公分 --（新時代系列；162）
譯自：Your soul's gift : the healing power of life you planned before you were born

ISBN 978-986-175-302-7（平裝）
1. 超心理學　2. 靈修

175.9　　102002863